倭戮略

侵华日军制造的大屠杀事件罪行辑录

主　编　彭明生
副主编　王　剑　彭兴旺

·广州·

版权所有　翻印必究

图书在版编目（CIP）数据

倭戮略：侵华日军制造的大屠杀事件罪行辑录/彭明生主编；王剑，彭兴旺副主编．—广州：中山大学出版社，2015.7
ISBN 978-7-306-05368-8

Ⅰ.①倭… Ⅱ.①彭… ②王… ③彭… Ⅲ.①日本　侵华　史料 Ⅳ.①K265.606

中国版本图书馆 CIP 数据核字（2015）第 166277 号

出版人：	徐　劲
策划编辑：	潘　隆
责任编辑：	杨文泉
封面设计：	林绵华　陈秉德
责任校对：	王　璞
责任技编：	何雅涛
出版发行：	中山大学出版社
电　　话：	编辑部 020-84110283，84113349，84111997，84110779
	发行部 020-84111998，84111981，84111160
地　　址：	广州市新港西路 135 号
邮　　编：	510275　　传　真：020-84036565
网　　址：	http://www.zsup.com.cn　E-mail:zdcbs@mail.sysu.edu.cn
印 刷 者：	虎彩印艺股份有限公司
规　　格：	787mm×1092mm　1/16　24.75 印张　300 千字
版次印次：	2015 年 7 月第 1 版　2015 年 7 月第 1 次印刷
定　　价：	49.50 元

如发现本书因印装质量影响阅读，请与出版社发行部联系调换

编 辑 说 明

编辑《倭戮略——侵华日军制造的大屠杀事件罪行辑录》是以辞条形式精简于国内出版发行的若干卷本侵华日军屠杀罪行录，将千万言书，精简为30多万字，供历史研究者与广大青少年在短时间内就可大致了解侵华日军给中国人民造成的巨大灾难。为减少文中注释文字，又因引择书名义多重叠，故用出版社简称代书名。

一、《倭戮略——侵华日军制造的大屠杀事件罪行辑录》精简资料来源及简称：

1. 佟冬、闫希文、施宣岑主编：《东北历次大惨案》8，中华书局1989年9月第1版，共714页，520千字。简称（书局）。

2. 解力夫著：《战争狂人东条英机》，世界知识出版社1985年第1版，共467页，328千字。简称（世）。

3. 中共河北省委党史研究室编：《长城线上千里无人区》，中央编译出版社2005年6月第1版，共五卷本，共1657页，2067千字。简称（编译）。

4. 李秉刚著：《万人坑——千万冤魂在呼唤》，中华书局2005年7月第1版，共210页，180千字。简称（书局）。

5. 邓一民、高思文、张丽华主编：《承德抗日斗争史料选》，人民日报出版社，1997年5月版，共512页，421千字。简称（人）。

6. 彭明生主编：《罪证》，中共党史出版社1996年7月第1

版，共251页，170千字。简称（党史）。

7. 李秉新、徐俊元、王玉新主编：《侵华日军暴行总录》，河北人民出版社1995年2月第1版，共1275页，1472千字。简称（冀）。

8. 禹硕基、杨玉芝、邢安臣主编：《日本帝国主义在华暴行》，辽宁大学出版社1989年12月第1版，共641页，470千字。简称（辽大）。

9. 李秉刚主编：《历史的疤痕——辽宁境内万人坑》，东北大学出版社2004年6月第1版，共420页，370千字。简称（东大）。

10. 中共河北省委党史资料征集编审委员会编：《侵华日军暴行录——河北惨案史料选编》，内部出版，1985年8月第1次印刷，共（一）（二）本，共739页，540千字。简称（冀内）。

11. 中共承德地委党史资料征集办公室编：《暴行与血泪》，1985年9月内部出版，共169页，130千字，简称（承地内）。

12. 中共兴隆县委党史资料征集办公室编：《十万骸骨的碑记——"无人区"史料选编》，1985年10月内部出版，共219页，160千字。简称（兴内）。

从以上12本书共7274页、7028千字中精简成《倭戮略——侵华日军制造的大屠杀事件罪行辑录》一书，文后仅注出版社简称及作者姓名。在此，向各书作者、主编、编辑、出版社致谢，为历史研究者与广大青少年珍惜宝贵时间之计，敬请原谅编者略去详注。

二、惨案辞条基本上以发生时间为序排列，辽宁省列首位，河北省内惨案也照大致时序排。为缩减文字，发生惨案时间一律用公元纪年，省略公元后括弧农历纪年月日。

三、侵华日军在华暴行，罄竹难书。为减少文字，避免每起案件重复，编者把侵华日军在中国制造惨案村、万人坑施用的多种多样的野蛮手段和兽行，统一归纳成文，作为一章，放在惨案之前，供睹其兽行之状，其后的惨案，是兽行之果。此种写法，省去了原著每起案件酷刑记录，再加之省去详注，总共节省几十万字，使广大读者在薄书短文中可大致了解侵华日军惨无人道的反人类罪行。

四、由于编著者水平有限，也不可能占有全部史料。客观上，罪案产生时至今日已80多年，历史上无法记录全时全事。因此，《倭戮略——侵华日军制造的大屠杀事件罪行辑录》一书只是侵华日军罪行录的一部分，而不是全部。

编 者
2014年12月

影 鉴

书中件件案案录与相仇，实录生星火，国耻化光辉，后人彭明生

图 片

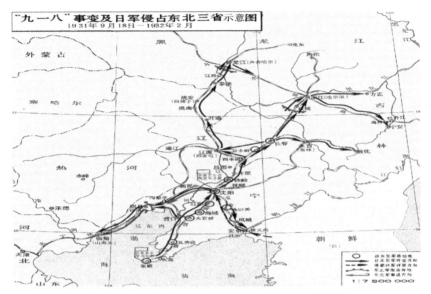

"九一八"事变及日军侵占东北三省示意图

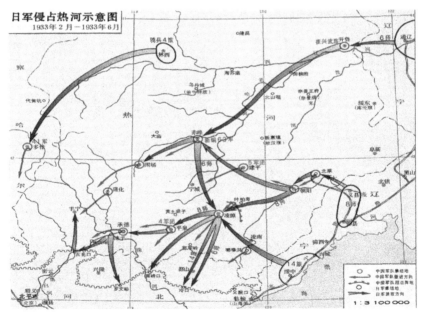

日军侵占热河示意图（1933年2月—1933年6月）

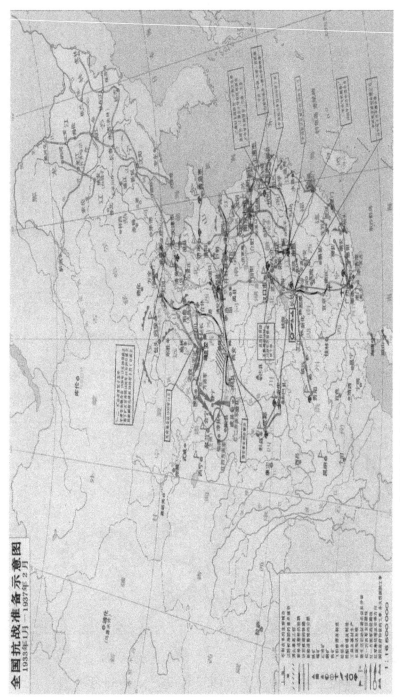

全国抗战准备示意图（1933年1月—1937年2月）

图 片

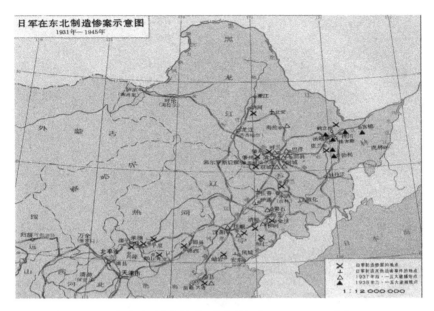

日军在东北制造惨案示意图（1931—1945年）

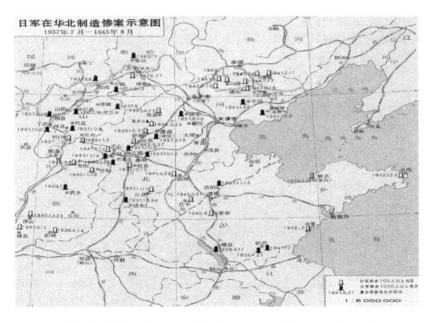

日军在华北制造惨案示意图（1937年7月—1945年8月）

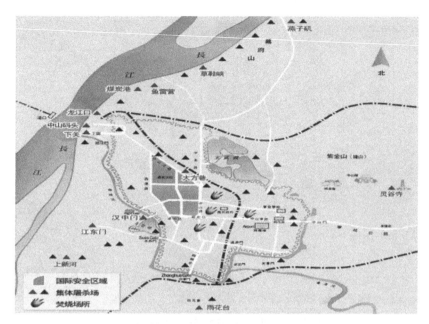

侵华日军南京集体屠杀场地

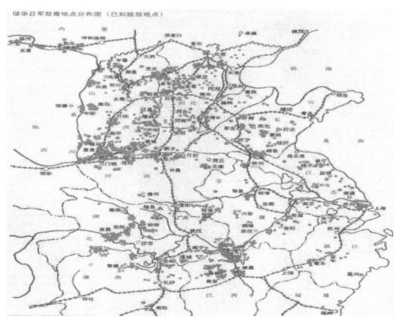

日军在中国18个省投放化学武器地点

图 片

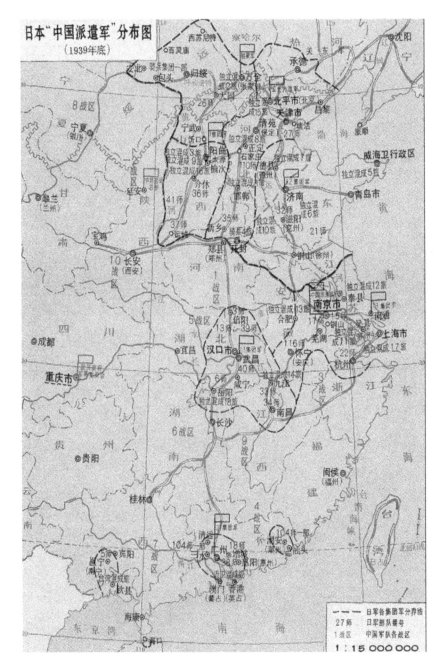

日本"中国派遣军"分布图（1939年年底）

东北抗日义勇军斗争形势图（1932年2月—1933年1月）

华北抗日根据地军民反"扫荡"斗争形势图（1939—1940年）

图 片

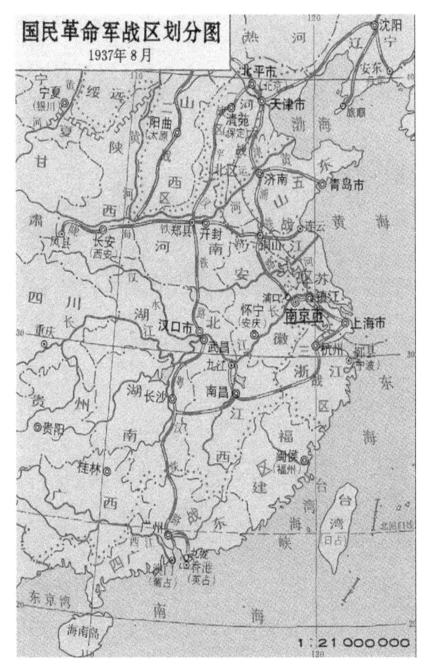

国民革命军战区划分图（1937年8月）

水泉沟万人坑无字碑(承德市人民政府为纪念被日军屠杀在水泉沟万人坑的殉难者,于1963年清明节召集万人大会建立这座无字碑)(党史-1页图1)

日军屠杀我同胞后,将人头挂在电线杆上示众(辽大-6页)

承德市水泉沟万人坑遗骨(图为1945年11月热河省第一届人民代表大会代表在收集的部分遗骨)(党史-1页图2)

图 片

1937年8月,侵占上海的日军残杀上海平民(冀-1页图1)

1940年6月,日军飞机轰炸重庆(冀-4页)

1941年4月10日,在海南岛海口市一批我国同胞被日军绑走(辽大-9页)

◎倭戮略——侵华日军制造的大屠杀事件罪行辑录

被日军先奸后剖腹的中国女同胞（辽大-12页）

被日军炸死的上海市民（辽大-4页）

惨遭杀害的我国衡阳军民遗骨（辽大-2页）

图 片

大石桥镁矿虎石沟万人坑局部（东大-5页）

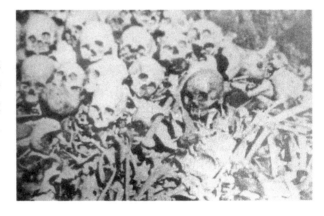

河北承德"无人区"我国惨死同胞部分遗骨（辽大-1页）

江南农村妇女被日军一批批押送到军营，横遭凌辱、轮奸和残杀（冀-21页）

辽宁金县龙王庙万人坑部分白骨（辽大-1页图2）

旅顺万忠墓外景（东大-1页）

辽宁凌源被日军杀害男女同胞之惨状（辽大-5页）

图 片

南京大屠杀中被日军枪杀的
3岁儿童（冀-3页）

平顶山惨案遇难同胞部分遗骨
（东大-2页）

日本侵略军在北京前门大街上（世-1页）

日军把中国青年当刀靶练刺杀（冀-10页）

日本战犯受审
（世-4页）

日本侵略者屠杀中国人的刑具（辽大-14页）

图 片

被日军残害的中国百姓的遗骨（冀-16页）

日军砍杀被俘的中国军人（冀-1页图2）

日军侵入沈阳（世-1页）

15

◎倭戮略——侵华日军制造的大屠杀事件罪行辑录

日军驱使军犬撕咬中国平民（冀-11页）

日军在旅顺进行野蛮的血腥大屠杀（辽大-8页）

日军在南京活埋当地居民的残酷情景（冀-2页）

图 片

在辽宁铁岭龙尾山,集薪待焚

这是从庞家堡铁矿"肉丘坟"发掘的尸骨。死者生前被日军用钢丝从口腔穿透下颌(箭头所示)并敲掉牙齿数颗(冀内二-1页图2)

左边坐着的是日军中垣曹长,自称"试刀太君",是一个杀人不眨眼的魔王(冀内二-1页图3)

17

目 录

序 言 ………………………………… 周玉书（Ⅰ）
前 言 ……………………………………………（Ⅰ）

一、侵华日军野蛮残暴毫无人性的屠杀手段 82 例 ……（1）

二、侵华日军在中国制造的部分惨案 1062 例 ………（15）
    1. 日军在辽宁省制造的部分惨案……………（15）
    2. 日军在吉林省制造的部分惨案……………（32）
    3. 日军在黑龙江省制造的部分惨案…………（42）
    4. 日军在北京市制造的部分惨案……………（59）
    5. 日军在天津市制造的部分惨案……………（67）
    6. 日军在河北省制造的部分惨案……………（73）
    7. 日军在山西省制造的部分惨案 …………（153）
    8. 日军在内蒙古自治区制造的部分惨案 ………（180）
    9. 日军在山东省制造的部分惨案 …………（184）
    10. 日军在江苏省制造的部分惨案……………（199）
    11. 日军在陕西省制造的部分惨案……………（211）
    12. 日军在甘肃省制造的部分惨案……………（215）
    13. 日军在上海市制造的部分惨案……………（216）
    14. 日军在江西省制造的部分惨案……………（219）
    15. 日军在福建省制造的部分惨案……………（226）
    16. 日军在台湾省制造的部分惨案……………（231）
    17. 日军在河南省制造的部分惨案……………（236）
    18. 日军在湖北省制造的部分惨案……………（258）

19. 日军在湖南省制造的部分惨案……………………（272）
20. 日军在安徽省制造的部分惨案……………………（295）
21. 日军在浙江省制造的部分惨案……………………（308）
22. 日军在广东省制造的部分惨案……………………（324）
23. 日军在广西壮族自治区制造的部分惨案……（328）
24. 日军在海南省制造的部分惨案……………………（332）
25. 日军在重庆市制造的部分惨案……………………（341）
26. 日军在四川省制造的部分惨案……………………（343）
27. 日军在贵州省制造的部分惨案……………………（347）
28. 日军在云南省制造的部分惨案……………………（349）
29. 日军在香港制造的部分惨案………………………（352）

编后话 ………………………………………………（355）

后　记 ………………………………………………（358）

序　言

看完彭明生同志的学生王剑送来的《倭戮略——侵华日军制造的大屠杀事件罪行辑录》的书稿，我被深深地震惊了。这部长达30多万字的史料，简略而又准确地记载了自1894年甲午战争起直到1945年日本战败投降的51年间，日本侵略军在我国29个省市制造的1062例杀人惨案以及82种杀人手段，其持续时间之长、范围之广、手段之残忍、受害人数之多，为世所罕见，令人发指。我虽然已是80多岁的老人，亲身经历了两次战争，可说是见惯了人间的生离死别，但看着书中那些惨绝人寰的画面和文字，我的心仍然不断地颤抖、滴血，我的眼泪仍然一次次地涌满眼眶，我仿佛听得到我们那些苦难的同胞在日军惨无人道的屠刀下无助地哭泣、惨叫，仿佛看得见那些冤死者的眼睛在半个多世纪后仍然无法瞑闭。尽管在美国的庇护、鼓励和怂恿下，日本现今的主政者仍不断歪曲、掩盖甚至美化、否认当年日本侵略军在中国所犯下的滔天罪行，然而，彭明生、王剑、彭兴旺三位同志所汇集、编著的这部史料，以无可辩驳的确凿事实将那些在70多年前犯下反人类的罪行的日本战争罪犯永远钉在了历史的耻辱柱上！

承德市原为热河省省会，热河省被撤销后，曾为承德地区行署所在地，现为河北省地级市之一。从1969年到1989年，这20年间我一直在承德工作。由于军事工作的需

要，我走遍了承德的山山水水。这是一片广袤、美丽的大地，是中华文明发源地之一，是我们伟大祖国5000多年的辉煌文明史的重要组成部分。这里的人民勤劳、忠厚、耿直、善良；这里的自然风景秀丽壮观，这里矿藏丰富、物产丰饶，是国务院确定的全国第一批24座历史文化名城之一。但直到改革开放30多年之后，与沿海地区比较，这里仍然是欠发达的贫困地区。然而，就是在这片大地上，300多年前，清朝前期的统治者把这里建成了第二个政治统治中心，对我国北方少数民族实行了睦邻友好政策，不建长城建山庄，化干戈为玉帛，以一座山庄、几座庙宇、几次军事演习，便使我国北部广大地区和平安宁了几百年，其政策手段之高明，其执政成本之低，其影响之深远，为历朝历代所不及。也就是在这片大地上，60多年前，我第四野战军一部从此地挥戈南下，以秋风横扫落叶之势，剑指京城，并涌现出了董存瑞、郭俊卿等一大批闻名全国的战斗英雄。可是，人们也不曾忘记，70多年前，在蒋介石等国民党反动派"不抵抗"的方针纵容下，日本侵略军在承德及周围地区制造了"千里无人区"，在"无人区"内实行了惨无人道的"三光"政策（即杀光、烧光、抢光），从而把这片山川秀美的大地变成了人间地狱，犯下了罄竹难书的滔天罪行。有压迫就有反抗。日军的侵略暴行，激起了热河人民的强烈的民族仇恨。在这片不屈的大地上，我党领导的冀热辽抗日武装与敌寇浴血奋战，战绩辉煌；由平民百姓孙永勤等人自发组成的"抗日义勇军"、"抗日救国军"等民众抗日武装也与敌寇周旋多年，给敌以重创。

近些年来，每逢得知日本右翼势力掀起反华叫嚣，或用各种手段千方百计地抹杀、掩盖甚至美化、否认日军侵

序言

华罪行的时候，我和很多承德籍的乡亲，都会不约而同地想到一个问题：日军侵略热河的罪行累累、罄竹难书、证据确凿，仅在承德一地，就屠杀了数以万计的中国平民百姓，承德市郊水泉沟的"万人坑"是日军在我国制造的最大的"万人坑"之一，在那里埋葬着36000多名中国抗日军民和无辜百姓的尸骨。然而，这段承德人民的屈辱历史，由谁来将它整理、撰写，将它公之于世、传之于子孙，让我们和我们的后代永远铭记呢？

幸运的是，彭明生同志毅然挑起了这副重担。自20世纪80年代起，在人们纷纷到市场经济的大潮中弄潮时，年近半百的他，却怀揣爱国、爱乡的拳拳赤子之心，自甘寂寞，奔走于荒山野岭之间，与那些冤死的灵魂对话，倾听他们在地底深处不屈的呐喊。30多年来，他精心搜集、挖掘整理并潜心研究了大批侵华日军在热河地区的罪行史料，先后撰写并出版了《殖民地的樊笼》、《揭露日本侵略者制造承德市水泉沟万人坑的罪行》、《论日本侵略者对热河省的"治安肃正"》、《罪证》、《谎言掩盖不了屠杀罪证》、《驳斥日本否认侵略罪行的新编历史教科书》、《千里无人区汇集成中国的最大万人坑》等一批专著和文章，这些论著中的很多史料，曾被研究界许多权威刊物登载或引用。彭明生同志还多次到党校、军事院校、大中专学校、学生夏令营、报社媒体等单位作学术报告，与国外特别是日本的反战团体多次进行交流，向国外的年青一代、国际友好人士和媒体揭露侵华日军的反人类恶行，用铁一般的事实戳穿日本右翼势力的谎言，在国内外的日本侵略史研究界、日本侵华史研究界产生了重要而广泛的影响。《倭戮略——侵华日军制造的大屠杀事件罪行辑录》一书，是彭明生等同志有感于日军在侵华战争中罪行累累、罄竹难书，为方便历史学者、广大群众，特别是年青一代的读者阅读、了解乃至检索、研究日军侵华罪行，把浩如烟海的史料以辞条形式精简成书，使人们可以用简短的时间，大致地了解侵华日军惨无人道的反人类罪行。

彭明生等同志的这些文献专著，不仅补充了抗战史的研究成果，满足了承德乡亲们多年来的企盼，更可告慰承德市郊水泉沟万人坑那36000多名殉难者，乃至被日本侵略者杀害的数以千万计的地下冤魂。"书中件件案，实录仇与泪。"历史无可辩驳，如山的铁证不容抹杀。《倭戮略——侵华日军制造的大屠杀事件罪行辑录》一书，从书名到内容都言简意赅，史料丰富准确。但愿我们的后代永远不忘国耻，在爱国主义的旗帜下团结一心，捍卫人类尊严和历史正义，维护国家主权和世界和平。让我们为了中华民族的伟大复兴，为了人类的和平发展，为了让我们的后代永远远离人类间的战争、杀戮而阅读此书。

周玉书

2014年10月于广州

（周玉书同志，1933年8月出生，湖南攸县人，1949年9月参加革命，1953年5月参加中国人民解放军，原任中国人民解放军驻承德第24集团军军长、中国人民武装警察部队司令员、中国人民解放军广州军区副司令员，陆军中将；是中共第十三届中央候补委员、第十四届中央委员、第九届全国政协委员。）

前　言

　　爱国主义是永恒的育人课题。民族遭受的耻辱，是长在国家肌体随气候变化而阵痛的伤疤。

　　没有国，哪有家，没有家，哪有己？己、家、国是一体。国强家富己幸福，国弱家贫己遭殃。从1840年至1949年，中国人民在水深火热的灾难深渊中挣扎了一百多年。特别是在1931年至1945年长达14年的时间里，中华民族被日本军国主义者屠杀了3500余万人（包括在各个战场上与日寇战斗牺牲的先烈），经济损失高达5000亿美元，这些巨大的代价铸成了中国近代史上国弱民穷被邻国欺负的耻辱历史。

　　日本军国主义在第二次世界大战中侵略中国、侵略亚洲的罪恶行径本来早已是不争的事实，国际远东特别军事法庭的"东京大审判"，以确凿的证据无可争议地将东条英机等日本十几名甲级战犯钉在了历史的耻辱柱上，其他十几名甲级日本战犯的罪行也在此次审判中得以确认。

　　然而，自20世纪70年代起，日本国内的右翼势力逐渐抬头，1975年8月15日，时任首相三木武夫率先打破政治禁忌，参拜"靖国神社"。自那时起，多数日本首相不仅均将参拜"靖国神社"作为争取民意、提高国内支持率的"王牌"来打，而且还利用"历史教科书问题"、"慰安妇问题"、"钓鱼岛问题"作为争取选票、摆脱国内困局的有效手段。

　　进入新世纪以来，日本经济不振、政治起伏、外交混乱，为摆脱困境，数任日本首相都把否认日军侵华、侵略亚洲的历史作为争取选票、摆脱战后秩序束缚的"抓手"，不断地歪曲、美化甚至否认日本发动侵华、侵略亚洲的罪行。在他们的误导下，日本政坛上的右翼势力明显增强，社会舆论和国民意识明显右倾化。现任首相安倍晋三自2012年第二次执政以来，为转移国内视线、提高支持率、达到长期执政目的，更是变本加厉，不断制造事端，不仅把参拜"靖国神社"、否认"慰安妇"问题作为一项常态政务活动，还继续挑起"钓鱼岛"事端，毒化中日关系，以此进一步煽动日本国内民族主义情绪。更为严重的是：为了摆脱战后国际秩序的束缚，带领日本"走向正常国家"，安倍晋三内阁积极迎合美国"亚太再平衡战略"，以所谓"中国威胁"为借口，明显加快了军国主义复活的速度，千方百计扩军备战，不仅在美国的大力支持和怂恿下召开内阁会议通过了解禁"集体自卫权"的决议，还与美国协商修改《日美防卫合作指针》，并积极介入南海海域纠纷。近日，日本内阁更将日本新安保法制的21个相关法案提交国会讨论……。日本政府的所作所为，已经推翻了"二战"结束后日本和平宪法的核心原则，使其名存实亡，从而摆脱了战后国际正义力量对其重新走上军国主义道路的约束——日本政府的这些行为，已使军国主义复活的危险从支流变为主流，从潜在变为现实，对和平崛起的中国和东亚地区的和平造成了严重威胁，不能不引起热爱和平的中国人民、亚洲受害国家人民和世界各国人民高度警惕。

　　忘记过去就意味着背叛，国耻族辱是受害国国民心灵上的永久创伤。爱好和平的亚洲各国人民应该团结一致，决不允许日本侵略者的后裔重走侵略战争老路。只有制止战争、各国人民和平友好相处，共同为人类创造幸福，才是永久良计。

前　言

　　2006年3月20日至3月31日，以仁木老师为领队的日本东京都教育界一行12人访问团，到河北省兴隆县调查侵华日军的屠杀罪行。他们听取了"寡妇村"幸存者控诉日军制造的"人圈"惨案罪行，又聆听了彭明生等当地抗战史专家介绍当年我热河军民同仇敌忾、以劣势装备甚至是手无寸铁地与日军进行战斗、抗争的气壮山河的英雄事迹之后，来自东京都的镫屋一先生感慨地说："中国的抗日胜利依托着抗争精神，当年惨死的无辜百姓没有白死，他们手无寸铁地与残暴成性的法西斯侵略者的抗争精神仍在传承。"他还说："现在日本总有一些人企图否定'南京大屠杀'，否定日军在中国北方制造'千里无人区'、实行'三光政策'的历史，年长者大多数对此都有清醒认识，但日本青少年中也真的有人对此表示怀疑。中国青少年中也有类似的模糊认识，这可不是一种良性象征。我们踏访当年八路军开辟的突围路，不仅向中国人证明、向日本人证明，也是向全世界证明：正义没有国界，真理就是天平，热爱和平不分种族，日中青少年发展友好，也要发展得清清楚楚，干干净净。"仁木老师也强调："过去，一提日本法西斯侵华，要么只强调中国人怎样受苦受难，要么就是金钱方面的赔偿，而像兴隆县大帽峪这样的抗击精神，像地下交通员麻利嫂敢于冒死给八路军带路突围的不屈气节，在人们生活日益富裕的同时，却很少提及了。这是一种软弱，是一种看不见的力量对青少年的另类包围"。

　　虽然时间已过去了九年，但是两位日本朋友的话，仍然值得深思。我们编著《倭戮略——侵华日军制造的大屠杀事件罪行辑录》一书，一方面是为了铭记日本法西斯在中华大地制造的罄竹难书的残暴行径；另一方面也是为了彰显无数个像麻利嫂那样具有坚贞的抗争精神的中国普通百姓，在日军的刺刀面前即使惨遭杀害也誓死不向侵略者低头的民族抗争气节!

书籍是人类进步的阶梯。"二战"结束近70年来,在中外许多史学家及历史见证人的辛勤笔耕下,世界各国,尤其是受到日本法西斯侵害灾难最为深重的我国,出版发行了许许多多真实记录日本侵华罪行的文献,数量之巨,浩如文山书海。遗憾的是,由于青少年在繁重的学习和工作压力下,无法一一阅读这些长文厚书,因此也就可能错失了解历史真相,从中汲取民族自由、独立和爱国主义精神的营养的机会。

2014年是中日甲午战争爆发120周年,2015年则是中国人民抗日战争胜利和世界反法西斯战争胜利70周年。鉴于此,笔者经过几年的努力,从力所能及的文山书海般的视觉资料中,将日本侵略军在中国大地上所犯下的滔天罪行,以辞条形式精简成书,名曰《倭戮略——侵华日军制造的大屠杀事件罪行辑录》,期盼历史研究者和广大青少年能在较短的时间内,通过阅读本书能梗概地了解当年侵华日军在中国29个省市区的犯下的灭绝人性的大屠杀罪行。

历史写真先人善恶言行轨迹,应为后人戒恶扬善结友造福奠基。此书是由日本侵略者在中华大地制造的惨案而形成的罪行录;它记载着旧中国半封建半殖民地时期的中华民族所遭受的耻辱;也闪耀着中华民族不甘屈辱、勇于抗争、不怕牺牲、爱好和平和独立、自由的爱国主义精神。我们期望此书将会成为党和政府用于向国民,特别是广大青少年进行勿忘国耻、忠贞爱国、不怕牺牲的育人教材;期盼它将成为人类永远的战争教训,与人类永存!

彭明生　王剑　彭兴旺
2014年12月16日于承德

日本侵略军屠杀中国人民的罪行概况

自1894年（清光绪二十年，甲午）11月21日始至1945年8月15日日本宣布投降止，日本侵略者曾经三次与中国兵戎相见，特别是在1931年至1945年的14年间，日军在中国各地实施了人类历史上少见的凶残、野蛮的大屠杀，造成3500多万手无寸铁的中国百姓无辜死亡的惨剧。日寇在侵华期间罪行累累，罄竹难书。为给受繁重学习、工作压力，没有时间阅读长文厚书的读者提供史料写真，编者把文山书海里日本侵略军屠杀中国人民的史料，以辞条形式精简成书，供读者在短时间内，大致了解侵华日军在中国29个省区的屠杀罪行。

一、侵华日军野蛮残暴毫无人性的屠杀手段82例

【砍杀】用军刀砍被害者的头，这是日军杀害中国人的常用手段。

【刺杀】用刺刀捅死或挑死被害者。

【烧杀】用火烧死。分集体烧杀和个别烧杀。放火烧毁房屋和村庄，是侵华日军占领一地首先使用的野蛮手段。有很多老人和儿童或者病人、产妇被烧死在屋中。

【钉杀】把被害者手和脚钉在树上、墙上或木架上，让其活活疼死。

【毒杀】通过用瓦斯、细菌、毒药往被害者的居室、

藏匿处施放毒气或细菌，向被害者饮食里放毒药等，使被害者中毒而亡。

【活埋】强迫老百姓或被害者自己挖坑穴，将被害者投入坑穴内，填土掩埋至死。（冀－38页，宋梅英）

【倒栽莲花】挖一个深坑，把被害者的头埋进坑内，肩与手其他躯体露在外面，手与腿挣扎摇摆，将人憋死。日军看着狂笑，取名叫"倒栽莲花"。（冀－75页，马士杰 刘志刚）

【虾公见龙王】把被害人装进麻袋或口袋里，捆紧口，扔进深水里，把人淹死。

【肉里塞沙】把被害者腿部肌肉割开，塞进沙粒，然后缝合，用鞭子抽打，或用刺刀尖顶其躯体，逼被害者走路或跑步，折磨致死。

【蟹子倒爬城】把被害人的脖子和四肢捆在木梯子上，头向下立在墙上或伸进水里，逼被害人交代抗日活动，坚决不供者直至将人憋死。

【活靶练拼刺】把被害人捆在树上或木桩子上，让日军新兵把被害人当成练习拼刺刀的活靶子，将被害者刺成碎条杀死。（冀－75页，金启男；冀－85页，张德玉）

【狂犬舞蹈】把被害人放在一块空地间，四周站满日军，让狂犬乱咬被害人。人躲狗，狗追人，直至把被害人咬死。（冀－10页，张雅芹 张德；冀－63页，戴振亚）

【吃活人心】1943年秋，由日本军监工在热河省滦河镇修路，被一个13岁放牛娃报告给八路军，八路军一部把日本军队歼灭。日军找不到八路军，便把放牛娃抓到承德街水泉沟，铺上炕席，将放牛娃开膛挖心后，由承德县警务科警防股股长黑烟悦二生吃了。据笔者调查，1985年时50多岁以上的水泉沟坐地户都知道日本黑烟悦二吃放牛娃人心的罪行。（党史－7页，彭明生；冀－39页，宋梅英；冀－86页，张德玉 曹文奇；冀内－19页，佟靖功）

【摔钉板】把被害人由4个人拽其四肢高高举起，猛地往钉尖朝上的钉板上一摔，锋利的钉子刺入其身，将其反复折磨至死。（冀－85页，张德玉 曹文奇）

【坐老虎凳】先把被害人五花大绑捆起来，令其坐在长而宽的板凳上，把双腿平直地与板凳捆在一起，在小腿至脚后跟之间的部位塞砖块，使人筋断骨折，痛彻心脾，直至折磨致死。（冀－85页，张德玉 曹文奇）

【汽艇牵拖淹死】日军在湖南省南县厂窖制造的惨案中，将抓来的群众三五十人一群，用纤索牢牢拴紧，赶入河中，拴在汽艇后面，开足马力，高速疾驰，把人活活淹死。（冀－1020页，王利斌）

【烙铁烫】用烧红的烙铁往被害人的胸、脸、腹、脚、腿等部位烫，以此逼供，直至折磨致死。

【上大挂】把被害人的脖子或双手或双脚捆住，吊在树或门楣上或房梁上等高处，使人身体悬空或头朝下悬空，反复折磨，直至死亡。

【电死】此种杀人手段分为集体电杀和个别电杀两种，多在监狱内实施。笔者调查，从1939年至1945年日本投降前，在热河省监狱常用电杀手段杀人，其中一次就电死300多人。（冀－85页，张德玉 曹文奇；党史－27页，彭明生）

【集体枪杀】用集体枪杀造成的血案是日本侵略者杀

害中国人最多、最野蛮、最凶残的常用手段。南京大屠杀是典型的集体枪杀罪证。抚顺平顶山等地惨案也是日军用机枪扫射手段杀害无辜百姓造成的。（冀-67页，徐桂英；冀-68页，刘厚）

【强奸妇女】这是日本侵略者残害中国妇女最毒辣的手段。文明节孝的中国妇女最重礼义廉耻，身遭日军兽欲强暴，不是被折磨死，就是被蹂躏后为保名节而自尽身亡。（冀-69页，管文华）

【棍捅阴户】兽行如狼的日军，强奸或轮奸妇女后，怕留下活口，多数日军把被奸女人砍死或刺刀挑死；有的日军甚至残暴地用木棍捅进被奸女人阴户致其疼死。1937年9月，日军东条英机率精锐兵团侵犯山西省沿路村庄，许多妇女遭此残害致死。（冀-37页，于海鹰；冀-86页，张德玉 曹文奇）

【串胛连环】为使被害者互相牵连，谁也跑不掉，日军用铁丝把被害人的肩胛骨穿透，将其拴在一起，使其刺疼钻心，无法忍受。此种残暴手段多数用在抗日志士身上，许多抗日志士受此刑而牺牲。

【铡刀铡死】1933年日军占领热河，用铡刀铡死俘获的抗日义勇军多人。（冀-93页，朝阳人；冀-86页，张德玉 曹文奇）

【悬首示众】"九一八"期间，日本关东军杀害辽宁省铁岭人民，把13个人头悬挂示众。（冀-86页，张德玉 曹文奇；冀-93页，朝阳人）

【封口闷死】此种手段多数用在机密军事工程竣工、煤矿瓦斯爆炸、瘟疫流行、劳工人数集中的工地居住区，将众多被害人集中在隧道、山洞、坑穴或大屋中，封严住所有通气孔，将人闷死。

【刀劈儿童】此种手段多数用在抗日根据地和抗日游击区。日本侵略者想从老百姓口中了解抗日队伍的情况，被逼迫的老人、妇女和儿童坚强反抗时，便遭到日军凶残杀害。有的用小孩做人质，逼迫孩子家长就范，一旦遇到反抗时，先把孩子杀害以震慑群众。1937 年 10 月 12 日，日军板垣征四郎师团曾在河北省藁城县梅花镇刀劈 4 名不满 10 岁的女孩。（冀–201 页，梁清晨 许灵俊；冀内二–11 页，梁海江）

【二马分尸】把被害人的两只脚绑在两匹马上，让马将其躯体对半扯开致死。

【木桩勒死】笔者调查得知，伪满热河省承德监狱从 1933 年 3 月至 1937 年 6 月，在监狱内杀人时，用绳子将被害人脖子绕在木桩上，刽子手在被害人背后用脚蹬木桩双手拽绳子，将人勒死。（党史–7 页，彭明生）

【走金桥】日军把砖烧红，放在地上，架着被害人的胳膊迫使其在砖上站立或行走。

【绞刑翻板】这是伪满洲国各地监狱设置的通用杀人刑具：建一个炮楼式的小房，上下两层，上层安装一个有绳套的滑轮控制把，中间隔层安装一块上下翻动的木板。日军将被害人蒙上眼睛，令其站在中间的木板上，用绳套套在其脖子上，然后把翻板一蹬，被害人旋被悬空勒死。（党史–7 页，彭明生）

【火烧活人】1938 年 2 月 11 日，日军开着装甲车在河北省定县沟里村制造大屠杀时，把一个 3 个月的婴儿、一个6岁的女孩、一个5岁的男孩扔进他们点燃的火堆里活活烧死。

【生活虐杀】这是日本侵略者杀害中国人最多的手段之一。日本侵占中国后疯狂掠夺粮、棉、矿产等生活和生产物资，造成中国极端贫穷。他们从城乡抓捕劳工修建军事工程和从事煤铁生产。每日十三四个小时的繁重劳动，饮食、生活条件恶劣。冬天挨冻、夏天患传染病，煤矿井里冒顶、塌帮、瓦斯爆炸、透水等事故经常发生，饮食上吃定量的混合面，造成众多劳工死亡。关押在监狱里的犯人，挨饿受冻加酷刑，死亡率达65%以上。仅以热河省为例，在监狱中被虐杀死亡的人数即占承德水泉沟万人坑30000多被害者的66%。（党史－25页，彭明生）

【猪鬃捅生殖器】在热河省的日本关东军、宪兵，抓住冀热辽抗日游击队战士或村干部，进行刑讯逼供时，经常用猪鬃捅被害人生殖器，致使被害人疼痛难忍，造成尿血和患尿道炎。（冀－75页，马士杰　刘志刚；冀－256页，王桂珠　杜清怀）

【灌辣椒煤油水】在刑讯逼供时，日军经常用辣椒掺煤油、猪毛等混合成液体，用纸或布堵严被害人鼻孔，撬开嘴往肚里灌，用此法折磨被害人供出所需要情况。（冀－75页，马士杰　刘志刚；冀－85页，张德玉　曹文奇）

【冻冰葫芦】此手法多被日本关东军用在冬季对抗日人员或怠工、逃跑的劳工进行迫害的手段：把被害人扒光衣服，捆绑在户外，往其身上浇冷水，将其冻成"冰葫芦"。（冀－109页，管文华；冀－129页，平文）

【开水浇头】用沸腾的开水，往被害人的头上、身上

浇，逼迫被害人供出所需情况。（冀–75页，马志杰 刘志刚；冀–85页，张德玉 曹文奇）

【捆猪负重】把被害人手和脚捆在一起，悬空吊起来，拴一重物挂在脖子上，坠着头下垂，再往脚与胳膊之间放重物，压迫其四肢剧痛，进行逼供。

【往冰窟窿里塞活人】日本关东军在黑龙江、吉林、辽宁、热河等省均使用过此种方法：在冰面上将被害人捆住手脚，塞进凿开的冰窟窿里淹死。（冀–20页，赵衷）

【开水煮人】1932年12月12日，日军守备队在吉林省延吉县海兰江区花莲里村，把抗日干部朴元石割下四肢扔进沸腾的开水锅里。（冀–34页，金仁君）

【烟头烧】日军刑讯时，经常把被害人吊起来或捆绑在椅子上、柱子上，扒光衣服，用燃着的香烟头烧其脸、手、胳膊、胸、肚脐等部位，进行逼供。

【毒药人体试验】1945年6月，日军在齐齐哈尔市全福胡同"北满资源调查所"内，用一名被关押的朝鲜人做试验，往其身上注射新研制的心脏麻痹药，被试验者在一支药液推注一半时即死亡。（冀–25，李淑清）

【石磨磨尸】1932年12月12日，日军守备队在吉林省延吉县海兰江区花莲里村，把抗日干部俞一男的脖子上捅一刀后，又把他搁在磨盘上碾死。（冀–34页，金仁哲）

【镐把炖肉】此种恶毒手段多数用于对矿工或工地的劳工逃跑、怠工时，用镐把往人身上各处乱打，致人死亡。（冀–39页，宋梅英）

【狼狗圈害人】日本在吉林省辽源县西安煤矿饲养几十只狼狗跟随矿警巡视，有时把犯矿规的矿工扔进狗圈，被凶狗把人活活咬死、撕烂、吃光。（冀-39页，宋梅英；冀-63页，戴振亚；冀-99页，刘志刚）

【剖腹取胎】这种惨无人性的恶行，是狠如豺狼虎豹的日军杀害妇女的常用手段。如1935年6月1日，日军在吉林省舒兰县老黑沟扫荡时，榆树沟屯村民曹邦的二儿媳妇怀孕即将临产。日军抓住其后，扒掉其衣服，用刺刀割开其腹部，剥出胎儿，杀死孕妇及胎儿，以此取乐。（冀-42页，姚一鸣；冀-86页，张德玉 曹文奇）

【火烧生殖器】日军用棉花蘸煤油（火油）烧男性被害人的生殖器处，将生殖器烧焦、烧掉，直至被害人死亡。（冀-81，张德玉；冀-85页，张德玉）

【点天灯】1936年8月中旬，日军在辽宁省新宾县赵家堡子屯把村民何景文吊起来，用干柴堆在被害人脚下，浇上煤油点燃，将其活活烧死。日本鬼子叫"点天灯"，并逼迫屯里的老百姓观看。（冀-87页，张德玉 曹文奇）

【活剥人皮】1944年春，蓟、遵、兴联合县六区区长刘握枢、联合县六区干部依林二人不幸被日军俘获，被关押在伪满热河省监狱。二人经过多次酷刑刑讯仍然坚贞不屈，在刑讯中大声揭露日本关东军在长城一带制造无人区杀害老百姓的罪行。敌人恼羞成怒，当着众多囚犯的面将两人活活剥皮致死。（党史-86页，朱呈云；冀-47页，孙邦）

【活人细菌试验】日本关东军在黑龙江省哈尔滨市平房区圈地120多平方公里，内修铁路专用线，建成规模庞大的细菌工厂，代号为"七三一部队"，用活人试验其培育的鼠疫、霍乱、坏疽等病菌对人体的效果，试验者受害死亡后的尸体被就地掩埋或火化。据统计，用于此项试验的中国人、朝鲜人、苏联人等共有3000多名。（冀－29页，贾驰）

【酒火烧身】将被害人扒光上衣，把酒从头顶浇到脚跟，然后一点火，致其全身被烧。（冀－53页，宋梅英）

【煮尸喂狗】1941年7月，驻宛平县门头沟斋堂村据点的日军，抓住灵岳寺村干部刘永华、李国玉，酷刑折磨，逼问其说出八路军和区干部的去向。刘、李二人一言不发，日军给他们灌辣椒水、坐老虎凳、上电椅，连续折磨7天一无所得。日军于是把李国玉的血抽干后肢解了其尸体，用锅煮了后喂狼狗。（冀－123页，何建忠）

【煮人头示众】1943年冬天，驻宛平县门头沟斋堂村据点的日军，抓住白虎头村的共产党员区干部宋广仁，把其头砍下，用大锅煮熟后挂在东胡林村口的核桃树上示众。（冀－123页，何建忠）

【地雷炸人】1943年冬，驻宛平县门头沟斋堂村据点的日军，抓住区干部李景有，把他捆住并放在地雷引爆，致其血肉横飞。（冀－123页、128页，何建忠）

【人头靶】1941年11月4日，日军在北京延庆县西羊坊村抓捕了22名青年。11月13日日军将其押到康庄刑场，圈在铁丝网内，绑在木桩上。首先用机枪打人头靶，把其中的10人杀害；又放进10条狼狗，撕咬余下的12名青年，不一会儿，12人被狗撕烂致死，日军则在铁丝网外看着取乐。（冀－125页，颜青）

9

【水缸淹人】1942年6月2日上午，日军到平谷县张辛庄捕抓八路军，把村民宋义才的父亲等4个人的头按进装满水的缸里，逼问八路军在何处。因宁死不屈宋义才和张大义的父亲被淹死在水缸里。（冀－128页，平文；冀－274页，李建桢）

【拉腿害人】1942年9月20日下午，驻北京平谷县日军守备队长丙田及伪县长兼警备队大队长廉约吾带队伍到安固庄视察"剿共自卫团"，保长找来5名村民应付，丙田和廉约吾得知真情后，气急败坏，把5人中的张连锁的右腿捆在树上，左脚拴上长绳，用战刀逼迫伪军猛力拉，将张连锁的脚拉出丈多远，将其残害致死。（冀－131页，吴郁周）

【跪生死板】日军在一块长方形木板上面刻许多三角形木棱，逼迫被害人赤腿俯跪在其上，两膝两肘用四根皮带绑住，使被害人人疼痛刺心，敌人还蹲到被害人背上跳跃。1937年8月13日天津《小公报》印刷负责人王金荣、编辑胡春水都受过此刑，造成其下半身残废。（冀－146页，秦戈）

【铁钩钩锁骨】1942年11月3日中午，驻河北蓟县日军宪兵队队长柿岛，在小漫河村把已72岁的抗日军属李广仁用钩猪肉的铁钩穿透锁骨，吊在房坨上刑讯逼问八路军去向。老人宁死不屈，最后被柿岛用战刀砍死。（冀－164页，蒙占兴　吴竹亭）

【铁钉钉头】1942年11月3日中午，驻蓟县日军宪兵队队长柿岛在小漫河村抓住民兵队长刘汉臣后，往其头上钉铁钉并注射开水进行刑讯逼供，将其折磨致死。（冀－

164 页，蒙占兴　吴竹亭）

【钢针刺指】1942 年 11 月 8 日清晨，驻蓟县日军宪兵队队长柿岛，在双杨树林村把村民朱成头朝下吊在树上，用棍打、皮鞭抽、铁棍撬嘴、成束香火烧、烧红铁条烫、钢针刺十指、扎眼睛等酷刑，将其折磨致死。（冀–164 页，王雪松）

【油布裹身焚烧】1944 年 4 月 24 日，日军 1420 特种部队曹长小路、军曹西协两人把水利工程师吴树德扒光衣服，用油布裹身焚烧，使其皮焦肉脱致死。吴树德被人们称为具有民族气节、誓死不为日军服务的抗日志士。（冀–169 页，秦戈）

【煮人肉吃】1937 年 9 月 22 日下午，日军 2000 余人攻下河北省徐水县于坊村，把村中胖人张老兴身上的肉一块块割下来，放在锅里煮着吃。（冀–193 页，张文顺）

【碎尸万段】1938 年 2 月 11 日，日军在河北省定县（今定州市）沟里村进行大屠杀时，把 52 岁的村民刘洛希绑在门外的椿树桩上，用刺刀割其耳朵、鼻子和四肢，而后将其五脏六腑四处抛撒。（冀–215，李志惠）

【开脑粥】1941 年 9 月 1 日，盘踞在涞源县东杏花村沟口西据点的日伪军 40 多人到东杏花村"清剿"，用各种刑罚逼老百姓供出八路军及所藏公粮的下落，受刑人至死不说。日军抓走 23 名共产党员和村民，绑在据点里的木桩上用刺刀挑死，并把韩付和张文二人的头颅砸开，取出脑浆，放入煮好的玉米粥中，谓之"开脑粥"，强迫村中 200 多人分喝，全村的男女老幼除了哭声和骂声，没有一人喝粥。（冀–259 页，李静　李万青　梁冬梅）

【刺刀捅阴户】1940年10月27日，日军在河北省涉县井店村将一妇女剥光衣服逼其赤身驮着日兵爬行。并将对多名妇女轮奸后用刺刀捅阴道致其惨死。（冀－249页，史安昌）

【钩鲤鱼】即用铁钩钩住被害人的舌头，然后用力拉断。（冀－476页，盛力）

【烤全猪】即燃着一堆红红的炭火，火上架起铁床，把被害人放在床上活活烤死。（冀－476页，盛力）

【锯拉分尸】1944年6月，日军在云南省腾冲县曲石徐家寨旁的紫薇花树林里，将俘获的6名中国军人分别用铁丝绑在树上，用3把大锯残忍肢解，其中2人被粘在树上；有一人从头中心锯到脖子，头颅被一分两半耷拉在肩膀；另两人被锯到腰部，血肉模糊；另一人被日军用刺刀从太阳穴扎进去，然后把人头钉在树上，尸体则被剁成肉泥。（冀－1257页，蒲元华）

【炒人心肝吃】1942年7月13日，日军第148联队在云南省腾冲县和顺乡把农民寸长宝捆绑在大树上，残忍用刺刀挑开其肚子，致其肠全部落在地上，并拣出其心肝炒熟吃掉。日军后来又把农民李光华的心肝也挑出来炒熟吃掉。（冀－1257页，李硕）

【甩杆拉肠】1944年9月14日，日军第56师团少将水上源藏部队侵犯云南省腾冲县，在保家乡把抓住的群众用刺刀逼迫其脱掉裤子，从肛门拉出直肠，拴在甩杆尖部，一放甩杆，使被害者的肠子被一串一串拉出来致死。（冀－1256页，蒲元华）

【头灌水银】1942年11月5日，日军第50师团第

113联队在云南省陵县新寨村把农民赖德有的头顶锥出一个小洞,并灌进水银,使其剧痛难忍,但又一时不会断气,慢慢将其折磨致死。(冀-1259页,蒲元华)

【往阴道打气胀死】1943年2月,几百名日军在云南省腾冲县保家乡扫荡,奸污妇女128人,奸污后用刺刀捅死2人,用气枪插入阴道打气胀死3人。(冀-1257页,蒲元华)

【往阴户插手榴弹炸死】1938年10月12日,日军在江苏省镇江市把从各村庄抢来的妇女分给军队,一个女人供15~16名日军轮奸。1984年日本出版的一期《朝日新闻》报上,在一篇《进军南京的路上》文章写道:"……不强奸妇女的军队是不存在的。强奸之后还把她们杀光了。"日军把被奸后的妇女手脚捆扎在树间,把手榴弹塞进其阴道引爆后将其炸死。(冀-631页,李植中)

【玩皮球】1942年3月下旬,日军侵犯海南岛澄迈县美伦村,抢来几个婴儿抛向高空,待其下落时用刺刀接住,致无辜婴儿被刺死。日军称此为"玩皮球"。(冀-1180页,龙建武)

【舂肉酱】1945年6月14日夜,驻海南岛琼中县岭门碑碣岭据点的日军偷袭石丛埇村,把黎族妇女郭玉兰年仅2岁的儿子陈怀春,塞进石臼中活活舂成肉酱。(冀-1183页,龙建武)

【锅煮活人】1943年2月20日,日军驻海南岛湖山和昌洒的部队700余人以"围剿"抗日人员为名,连夜包围抱罗乡(今抱罗镇)石马村。日军进村后分为两组,一组专门烧房,一组专门杀人。杀人组的日军抓住潘光孝家3

个小孩，用刺刀挑死大的两个，一个3岁小孩竟被日军丢入大铁锅，盖上锅盖，烧火煮死。（冀-118页，龙建武）

【拉扯胡须】 1942年6月29日，日军侵占江西省鹰潭县城，滥杀无辜，杀人取乐。7月上旬的一天，日军在夏埠祝家村抓住两位年过70岁的老人，日军把两位老人的"山羊胡须"拢结在一起，威逼老人互相拉扯胡须，直至把两位老人活活捉弄致死。（冀-842页，舒钟）

【刺刀捅肛门】 1939年4月19日和5月22日，驻湖北省通山县城和南林桥日军，先后在通山县城、岭下徐、焦夏村进行7次大屠杀。在杨芳林镇将舒金刚、夏三贵夫妻2人用棉被包裹捆紧，淋上煤油点火后活活烧死。日军还用刺刀捅进一个婴儿的肛门，举在空中，小儿惨叫丧命，日军则狂笑取乐。（冀-1076页，郑通文）

【铁摇窝】 1941年深秋，驻湖北省孝感县日军把龙店区老屋乡塔子湾农民汤成新抓到孝感县日本宪兵队部，装进用尖角铁丝制成的"摇窝"，把活门卡上，教人轮番摇晃，使其血肉模糊致死。（冀-1086页，汤志学）

【淤泥窒息死】 1941年1月2日，日军侵占河南省扶沟县黄河孤岛江村镇，抓捕了成群的青壮年村民，用机枪逼迫他们走入黄河滩，致其陷进淤泥窒息而死。（冀-948页，陈传海）

【阴道撒盐插扁担】 1943年11月18日，日军侵犯湖南省临澧县九里乡，把一李姓妇女强奸后，将盐撒进她的阴道，又插入扁担，使其活活疼死。（冀-1019页，唐鸿耀）

二、侵华日军在中国制造的部分惨案 1062 例

1. 日军在辽宁省制造的部分惨案

【旅顺市万人坑惨案】1894 年 11 月 21 日至 24 日，日军在甲午战争中攻进旅顺，日军第 1 师团长山地元治下令进行大屠杀。三昼夜时间共杀害旅顺人民 20000 余人，其中包括未满周岁的婴儿和八九十岁的老人。被害人的尸体形成白玉山东麓、旧窑处、黄金山东麓三处万人坑。这是侵华日军在中国制造的第一宗惨案。（辽大 - 1 页，曲传林；东大 - 41 页，李秉刚）

【抚顺市煤矿万人坑惨案】日本于 1904 年发动了"日俄战争"，侵占了我国辽东半岛，夺得了沙俄在长春至大连间铁路沿线的全部权益。日本以"南满洲铁道株式会社"（简称"满铁"）为侵略基地，攫取了抚顺、本溪湖和阜新的煤矿、铁矿等矿山的开采权，开始大肆掠夺中国的煤炭、铁矿石资源，直至 1945 年日本投降止。日军在抚顺煤矿施行要煤不要人的"人肉开采"政策，40 多年间，杀害、残害、虐杀矿工 25 万～30 万人。1971 年，抚顺市阶级教育展览馆的赵立静等同志对抚顺市煤矿矿区的万人坑进行了调查采访，认定了老虎台青草沟、老虎台万人塔、龙凤矿前、龙凤南山等 36 处万人坑遗址。最多的万人坑中竟有骨骸 2 万～3 万具，遂把此处作为阶级教育基地。（中书局 - 40 页，李秉刚）

【沈阳市皇姑屯惨案】1928 年 6 月 4 日清晨 5 时 23

分，日本军国主义分子河本大作等人在距沈阳皇姑屯车站中心1326米处、距沈阳北站中心1285米处、距沈阳南站中心2291米处、老道口北三洞旱桥处四个地点安放炸药，将奉系军阀张作霖、黑龙江省督军吴俊升等人炸死，50多人被炸伤。这是日本帝国主义为强占我国东北蓄谋已久的惨案。（辽大－79页，姜淑清）

【沈阳"九一八"事变惨案】1931年9月18日夜10时20分左右，日本关东军司令官本庄繁中将、特务机关长土肥原贤二大佐等密谋策划炸毁南满铁路柳条湖段。由岛本大队川岛中队的河本守末中尉实施爆炸，而后诬称中国人所为，以此制造武装侵略中国东北的借口。该事变造成中国东北军伤亡290多人的惨案。此举，是日本武装全面侵略中国、侵略亚洲的始发战。在蒋介石"不抵抗"的命令下，侵华日军顺利地侵占了辽、吉、黑、热四省。日军铁蹄踏过之处，大肆进行烧杀抢掠强奸妇女，造成无数家破人亡的惨案。（辽大－113页，邢安臣　姜淑清）

【庄河县廖香南、孙德馨被活剥人皮惨案】1932年2月14日晚，庄河县日伪当局以请地方绅士议事名义，将廖香南、孙德馨骗到县公署，把二人捆绑后，架到庄河县街南头林家茔的树林里，以他们二人组织抗日队伍攻打县城、包围县公署为罪名，进行杀害。日伪军先把二人的嘴堵严，用刀从头盖骨开始，活生生地向下剥人皮，又向其胸部刺了五六刀，将其刺死。（冀－61页，富伟）

【庄河县寇半沟村惨案】1932年4月7日，日本守备队及伪军李寿山部在寇半沟围剿抗日军民，受到抗日自卫军邓铁梅部的袭击，日军于是调动1000多名日伪军进行围剿。在战斗中抗日军有60多人被俘，李寿山把其中的32

人拉到英那河畔砍头杀害，剩下的30人下落不明。4月9日晚饭后，日军把抓来的12名老百姓砍杀在小河东村的树林里，割下人头挂在街边电线杆上示众。（冀-62页，富伟）

【辽阳县沙岭村惨案】1932年4月2日至12日，驻辽阳的日军纠集附近驻防伪军共1000多人，分三路围剿驻沙岭抗日救国铁血军。战斗中，铁血军有25名战士牺牲，40余人被俘。日军把铁血军副司令胡志诚及曹广大、陈春一、胡聚才等38人押往辽阳西关外大壕沟杀害。又把沙岭村村长杜兴武、副村长金亮玉、金子清等9人抓走，后又把他们转押到鞍山八挂沟推进日军的狼狗圈，放狗将他们活活咬死、撕烂。（冀-63页，戴振亚）

【朝阳县南广富营子村惨案】1932年6月24日，日军热东司令官伊藤被王镇协领导的抗日救国军在朝阳县二车户沟、龙潭沟之间生擒，并击毙23名日军士兵。日军动用飞机、迫击炮等重武器围剿抗日救国军活动地区——二车户沟和南广富营子一带。烧毁南广富营子民房244间，射杀了未能逃走的老弱幼小村民27人，其中年长者70岁，年幼者仅十几岁。（冀-64页，管文华）

【抚顺市平顶山村惨案】1932年9月16日中午，日本陆军步兵大尉川上岸和陆军宪兵准尉小川一郎，包围了抚顺矿区南4公里、居住有400多户3000多口人的平顶山村，以该村村民没有向日军驻粟家沟分所报告"辽宁民众自卫军大刀队进攻抚顺"的消息为由，认定平顶山村居民全部通匪。日军假借为村民照相名义，把全村居民集中到一起，用6挺机枪扫射，将其全部杀害。然后将尸体堆在一起，浇上汽油烧毁，最后炸塌山崖掩埋尸体，造成平

顶山村 3000 多人被集体枪杀的惨案。（冀 - 67 页，徐淑英；辽大 - 130 页，吕永祚）

【抚顺市千金堡村惨案】 1932 年 9 月 17 日，日军又对距平顶山村 5 华里的邻村千金堡实施大屠杀。因平顶山惨案，千金堡村绝大部分人逃离家园，只剩少数恋家未跑的村民留在村里。日军见人就杀、见房就烧，共杀害千金堡村 40 多人，烧毁房屋 1000 多间，把千金堡村变成一片瓦砾。（冀 - 68 页，徐桂英）

【北票县三宝营子村惨案】 1932 年 10 月 9 日，驻义县日军 500 余人分三路包围抗日义勇军李海峰营地——北票县三宝营子村，企图夺回被义勇军活捉的日本间谍石本权四郎。由于义勇军事先转移，日军扑空，便用飞机进行血腥轰炸，"日炸毙居民男女百数上下，炸毁房屋 100 余间"。（冀 - 65 页，朝阳人）

【盘山县双台子村惨案】 1932 年 11 月 12 日，驻盘山县日军贴出布告，欺骗群众"凡自发组织的抗日义勇军，自动交出武器记名登记者不再处罚"。500 余曾经参加过抗日义勇军的群众受骗到双台子区河南老铁桥西侧登记。日军按登记册点名后，开来装甲车向人群扫射，不多时，这 500 余人全部被杀害。（冀 - 68 页，刘厚）

【建昌县药王庙村惨案】 1934 年 12 月上旬，关东军驻建昌大队长佐藤率 200 多名骑兵袭击建昌县药王庙、鸡冠山、施杖子一带村庄，围剿抗日义勇军。日军把被俘的抗日义勇军营长李云阁等 17 名官兵杀害，又将药王庙教书先生孟子升等多名老百姓残杀，并把在刑场上喊口号的一名战士的心挖出来，还铡掉 17 名义勇军的人头摆在广场

上示众。(冀-65页，朝阳人)

【喀左县东赤里赤村惨案】 1933年7月28日上午，日军驻朝阳县警备队300多人到喀左县抢粮，受到联庄护青队的反抗。日军包围了东赤里赤村，见人就杀，见房就烧。共杀害了张王德、王文学的嫂子等32人，其中包括8个月的胎儿1人，2岁、4岁的女孩各1人，男孩2人；打伤5人，烧毁房屋59间。(冀-71页，朝阳人)

【新宾县惨案】 1933年8月—9月，驻抚顺的日本守备队到新宾县城周围村庄进行清乡，逼迫老百姓往大村庄迁居，把小村庄房屋全部烧毁，对抗拒不走的人以抗日罪名全部杀害。在一个多月时间，共杀害无辜村民上万人，其中一天就杀害500～600人。烧毁房屋1000多间，在新宾县城北山形成了万人坑。(冀-72页，姚云鹏)

【朝阳县二车户沟村惨案】 1933年11月15日清晨，日军为报复去年(1932年)6月24日在二车户沟被抗日义勇军团长王镇协击毙以伊藤为首的23名日军之仇，派遣60多人分乘3辆汽车包围了朝阳县南二车户沟村，趁老百姓未起床之机，挨门逐户搜查，凡是15岁以上的男人，皆被其用枪打、刀砍、刺刀捅，见一个杀一个，全村62名成年男子，除3名外出和2人躲进草垛里外，其余57名男人全部被杀死，并烧毁房屋200多间，将二车户沟变成"寡妇村"。(辽大-162页，董济民 董兰云；冀-63页，朝阳人)

【清原县于家沟村惨案】 1934年1月27日，驻清原县的日军守备队进犯于家沟村，从沟外往沟里逐户烧房子，把于家沟村几十户的人家所居房屋以及粮食等日用物品全部烧光。全村100多口人无家可归，挤到敖卜等四五户家中避难。数九寒冬，地下炕上都挤满了人，没有下脚的地方。疾病蔓延开来，不几天便病死50多人。（冀-71页，王凤春　毕庶范　徐桂英）

【凤城县白家河沿惨案】 1934年春天开始，日军驻鸡冠山的守备队移居白家河沿，从四周村庄抓民夫到白家河沿修围墙、挖壕沟、筑炮台、架铁丝网。而后把抓来的60多名"反满抗日人员"带到白家河沿西面的一棵大柳树下，当作练习刺杀的"靶子"活活捅死。（冀-75页，金启男）

【开原县火车站活埋人惨案】 1934年9月27日，由于汉奸出卖，辽宁抗日救国军第五路军57岁的副司令白子峰被日军抓获，白被押到开原火车站北的日军兵营内，日军用"上老虎凳"、"火烤头部"、"爬烧红的铁板"、"开水浇头"、"拔胡子"、"猪鬃捅生殖器"等酷刑对其进行折磨，最后把他头朝下活埋，边埋还边用铁锹铲他的肢体。（冀-75页，马士杰　刘志刚）

【新宾县响水河子村惨案】 1935年日军在新宾县响水河子村抓了"什家长"朴成植、尹斗七等130余人欲进行枪杀。朴成植喊："别开枪，他们没有罪，什么事都是我干的，不要打他们。"日军立即开枪打死了朴成植，随后又枪杀70多名汉族、朝鲜族人。余下50多人在手腕上被日军用刺刀划上"X"型刀痕，涂上黑炭，命其当"良民"，并威胁说"以后再被抓就杀掉"。（冀-76页，张德玉）

【清原县惨案】 1935年8月22日，日本守备队外出扫荡，在清原县南山城、湾甸子、草市、英额门等村驱赶

150多人到清原县西街草坪地,用轻重机枪扫射杀害。惨案后,这150多人的尸体埋葬于清原县南八家稗子沟的万人坑。(冀-72页,姚云鹏;冀-78页,张克明)

【北票县妇女遭凌辱惨案】 1935年秋天,日军到大黑山地区扫荡兰天林领导的抗日救国军时,把老百姓赶到一个大院内,然后禽兽般地扑向妇女疯狂搂抱、拽头发、扒衣服进行轮奸。日军还用刺刀逼着被奸女人的父母、丈夫、兄弟在旁观看。一个孕妇被强奸后,日本兵还扒光其衣服绑在桌子上向村民展览,日军边对其侮辱边照相,最后用刺刀将其剖腹取出胎儿,挑在刺刀尖上示众。(冀-69页,管文华)

【沈阳市一分委员会惨案】 1935年10月12日凌晨,沈阳警察厅特务科长筑谷章造带领日本宪兵、特务等多人包围奉天(沈阳)城东小河沿盛京施医院、文华中学、第一师范学校、启东烟草公司等单位,进行搜捕,"抗日地下组织一分委员会"58人遭难。日军对被捕的人灌凉水、辣椒水、石油水,用枪尖挖肋条、用猪鬃插尿道、用火烧烙等刑法拷问其反满抗日活动情况,把这些人折磨得死去活来,何士义、张金声等人死在狱中,另有8人被日本宪兵队杀害。刘广普、刘国华、张励儒等人分别被判刑,后在狱中也被折磨致终身残疾。(书局-14页,日本战犯供词)

【锦西县下五家子村惨案】 1935年11月16日凌晨,日本驻锦西缸窑岭守备队长(绰号"小疙瘩胡")带领30名官兵包围了下五家子村,把全村老百姓集中到河套"开会",四周架着机枪,守备队长"小疙瘩胡"一声令下,机枪向人群扫射,全村378名无辜群众顿时变成肉堆血海。

这就是以"小疙瘩胡"为头子的日本守备队报复1932年1月日军古贺大佐联队被抗日群众歼灭之仇而制造的下五家子惨案。（冀-76页，锦文；辽大-167页，董济民 董兰云）

【宽甸县马架子屯惨案】1936年8月，日本守备队在宽甸县搞"归屯并户"，强迫散户搬进大村庄居住。他们在下露河村附近山沟抓人，将其赶到马架子屯以通匪名义杀害。日军在马架子屯先后两批集体杀人，第一批杀害了200多名，第二批杀害了100多名，这些村民全是在"归屯并户"时逃跑被抓住后，以通匪罪名被抓的老百姓。（冀-82页，占芳 姚斌）

【东沟县南岗头村惨案】1936年11月3日清晨，日本宪兵队驻合隆镇守备队头子友枝牧野带领守备队及伪警察，窜入南岗头堡子，对邓铁梅、闫生堂等领导的东北抗日义勇军坚持打游击的地区进行"清乡"。日军将50多户300多口人的南岗头围住，挨门逐户搜查，把所有的人都赶到姜开田家的前院，男女分开，140多名男人集中到一个七间连室的空房子里进行刑讯，然后分成每组8个人进行枪杀。男人被杀绝后，对妇女进行强奸，然后连同小孩及老人一起枪杀。最后将两处杀人现场的房舍堆起干柴放火焚烧，直至把全村化为灰烬。此次屠杀共被日军杀害36户人家、270多口人，烧毁房屋200多间。（辽大-182页，刘丰有 李秀智；冀-87页，马钟笑）

【安东（今丹东）救国会惨案】1931年，日本驻安东省宪兵队为了肃清安东的抗日力量，开始对安东省以教育系统为主干的"安东救国会"进行镇压。桓仁县救国分会组织首先遭到破坏，许多会员被捕，会员李大华挺刑不过，供出了安东救国会组织情况。1936年10月21日至

12月27日，日军在安东全省分三批进行大逮捕，先后逮捕"救国会"会员600余人，判刑杀害15人，其中包括安东省教育厅厅长孙文敷。其他被捕者中有200多人被装进口袋用汽车拉到桓仁县郊区，扔进冰窟窿里致死；90多人被押到本溪棘沟连山处活活喂了日本狼狗；另一部分被判了徒刑，大多数备受折磨而死在监狱内。这就是日本驻安东宪兵队制造的杀害"安东救国会"会员400多人的大惨案。（辽大－185页，刘丰有　李秀智）

【新宾县红庙子村惨案】1937年1月28日，日本守备队乘汽车由新宾县城出发，到与东北抗日联军有联系的红庙子村，以"发配给品"为名，把老百姓集中到一起"开会"，当场打死6人，逮捕500余人，经过刑讯释放200多人，其余300多人拉往县城北山"万人坑"集体杀害。（冀－85页，张德玉）

【新宾县下湾子村惨案】1936年11月27日至1937年2月，日本守备队在下湾子村、赵家堡、水壶沟、大西岔、太保沟等地进行"剿匪"，把手无寸铁的老百姓抓住，当作"剿匪"的战果，割下人头挂在树上示众。共杀害81人，其中包括10岁以下小孩7人。当地村民吴清山被日军杀害后，日军将其心脏挖出生吃了。（冀－86页，张德玉　曹文奇）

【喀左县铁沟村惨案】1937年5月11日至10月21日，驻喀左县日军230多人持枪逼迫铁沟、三道沟、朱杖子、崔杖子老百姓归屯并户，把三道沟12户60余间房子、铁沟村51户214间房子全部烧光。对拒不迁往部落并户者均以"通匪"罪名杀害。铁沟村老百姓遭残杀37人。（冀－90页，朝阳人）

【朝阳县镜子山村（今北四家子乡）水泉沟惨案】 1937年8月30日上午，伪朝阳县警务科调集150多名马队，奔到镜子山村公所，问明水泉沟地址及环境，于中午包围了水泉沟，以"开会"为名，把在家的村民都赶到一座三间房子里，封住了门和窗户，在房子四周堆起柴草并点燃。大火将49人全部烧死。日军又将邻屯的东杖子村也包围起来，把抓到的50名村民集中到一个小沟里"开会"，也将其全部射杀。（辽大-164页，朝阳人；冀-91页，朝阳人）

【大连抗日放火团惨案】 自1906年5月13日日本侵占辽东半岛之后，在该地建立了警察统治。1931年日本大范围侵占中国东北三省之后，把旅顺、大连地区作为侵略战争的基地，在政治、经济、文化、思想、言论等方面对旅顺、大连两大地区的老百姓变本加厉地实行残暴统治。两地人民为了反抗日本侵略者的血腥统治，同全国人民一道，在中国共产党抗日斗争的影响下，进行了公开的和秘密的抗日斗争。其中，放火事件就是抗日斗争一种方式。从1937年至1940年5月，以纪守光为领导的"抗日放火团"在大连和旅顺进行50余次放火破坏，日军占据的大连埠头仓库、满洲石油会社工厂、关东军被服仓库、大连机械工厂、大连火车工厂、大连市内东洋木材工厂、大连市内油房、特许品制造工厂等单位被放火多次，大批军用物资被烧毁，给日本侵略者造成两三千万日元损失。因此，日"满洲国"警察部长坂本宗武、外事警察课长长川绩、检察官长池内真清、思想检察官田中魁、大连宪兵队长等联合起来，自1937年至1940年先后多次逮捕2000多名工人和居民，并施以各种毒刑：在刑讯中被打死的有孙吉尧、唐中选等29人，被判死刑在旅顺监狱绞死的有纪守光、黄振林、赵国文等17人，另有多人被判徒刑死于狱中和劳改场。此是日军制造的大连抗日放火团惨案。（书局-228页，日本战犯供词）

【水丰电站工程万人坑惨案】1937年至1941年，日本侵略者在辽宁省宽甸县长甸镇拉古哨村与朝鲜之间的鸭绿江上修建水丰电站，日军急赶工程不顾安全设施，造成事故频繁，加之生活条件与卫生环境恶劣，残酷迫害劳工，致使大批劳工死亡。除一部分尸体被扔进鸭绿江中冲走外，大部分被埋葬在拉古哨村碑碣子沟门西山坡，占地30000平方米地界内，掩埋10000多具劳工尸骨。（东大-386页，李秉刚）

【凌源县河坎子乡"人圈"惨案】1942年日本关东军在热河省制造无人区，修建"集团部落"。当时，热河省辖凌源县河坎子乡共有居民1032户，散居在119个自然村。日军强迫老百姓迁居到划定的8个"人圈"内。在限定的3个月拆迁时间内，凡不进入"人圈"的村民按通匪罪格杀勿论。日军在归屯并户中，河坎子乡被拆毁房屋2577间，被烧毁657间，被日军赶进"人圈"里的5524口人中，被杀害和因归屯并户致病、冻饿而亡的有670人，其中老人108人、幼儿151人。（冀-95页，管文华）

【沈阳市（原奉天省奉天市）"桃园工作"惨案】1942年9月，伪满奉天省地方保安局的联络员在侦察中发现，在奉天城里以李琴甫为经理的秋江书店的青年学生里有国民党东北党部外围组织在活动（日伪将其定名为"桃园工作"），以此判断在东北地区有众多的反满抗日组织存在，于是伪满当局决定在全满展开全面侦察。日伪将全满分为南、中、北三个区域，1944年4月22日至7月，对侦察入网人员开始实施大逮捕：南满地区以奉天警察厅为主，在奉天、盖平、本溪、营口等地，将奉天同人会（复兴会）会员李琴甫、于家林、门文东等40人逮捕；本溪同人会会员方平、田贲等120人被捕；盖平县青年自觉社王克范、许默语、王盛伦等52人被捕；营口协力同心团韩俊剑、杨显、李平等100人被捕；海城、辽阳、鞍山、铁岭等地逮捕20多人，总计先后共有318人被逮捕。中满地区以新京（长春）首都警察厅为主，逮捕了国民党吉林第一督导主任袁树芳、国民党吉林主任委员石坚等100多人；在北满以哈尔滨滨江省警务厅为主，逮捕了国民党吉林省委秘书长张兴波、萧达三、王有辰等100多人。这次大搜捕，使国民党东北办事处全部遭到破坏。日伪分别在奉天、新京、哈尔滨三地对被捕的500多人进行酷刑逼供，王有辰、张兴波、李琴甫、王克范、陈子英等27人在刑讯中被打死；贺春泰（别名萧达三、萧辅仁）、关大成（别名夏百川）、罗庆春、张宝慈、石坚等100人被判死刑杀害；王友忱、齐亚洲、黄宁等9人被判无期徒刑；韩俊剑、杨显等100多人被判10年以上徒刑，分别关押在奉天、新京、哈尔滨等地监狱服刑，其中有80多人死在监狱。（书局－625页，日本战犯供词）

【抚顺市日伪"矫正辅导院"惨案】 1943年4月27日，日伪在日伪抚顺监狱内设"矫正辅导院"，由日本人任副典狱长兼院长。后从抚顺监狱迁到新屯，由伪满司法部矫正总局会计科科长、日本人户烟拜吉任院长。"矫正辅导院"规模不断扩大，由最初收容100多人迅速扩大到

2000多人，又在抚顺东洲和大瓢屯两地设立分院。按照当时日伪《保安矫正法》、《思想矫正法》、《时局特别刑法》、《战时刑事特别法》等有关规定对"行为不正"、"形迹可疑"、"买卖走私"人员，或进行"个别索出"（即个别逮捕），或"一齐索出"（即一次抓捕一大批人，又称"抓浮浪"）。由伪满地方政权给予"保安矫正"处分后，再押送矫正辅导院进行劳动"精神训练"和"矫正思想"。被抓进矫正辅导院者一般要服刑1～3年，每天从事重劳役，需干10多个小时的活，吃的是橡子面或发了霉的苞米面、苞米皮等做的饼子和咸菜条，且每人每顿只分得一个。住的是大间通铺房，冬冷夏湿，夜间只能在屋内大小便。矫正辅导院内刑罚多种多样：有"皮鞭抽打"、"镐把炖肉"、"灌凉水"、"灌煤油"、"上大挂"、"夹指甲"、"举板凳"、"冷冻"、"倒吊"、"戴防声具"、"穿镇静衣"、"暗室监禁"、"减食"等。苦役、饥饿、寒冻、染病、刑伤造成每天都死人，少则4～5人，多则60多人。新屯山上和东洲后山挖有多个大坑，人死了就扔到坑里。坑内外尸体遍地、白骨累累。当时小甲邦有个大地主，家里养10多条狗，每天到东洲后山吃死尸，吃得眼睛都红了，有时见到活人也扑上去撕咬。据当地人林德才、付景海等人介绍，从矫正辅导院成立至日本投降两年多时间，因无辜被"抓浮浪"而关押进矫正辅导院死亡的人少则有4000人，多则有9000人。（辽大－599页，尉常荣；冀－96页，姚云鹏）

【建昌县"无人区"惨案】建昌县原属热河省管辖。1943年春季，日本关东军在建昌西南山区划定"无人区"，总面积达923平方公里，占全县总面积30.4%。"无人区"内包括600多个自然村、12000多户、64000多口人。日军在"无人区"实施归屯并户过程中，烧毁房屋41486间，烧毁衣物和农具529254万件，宰杀驴马650头，抢走粮食122.4万斤。对不愿进"部落"的老百姓以"私通八路"为罪名，惨遭杀害或因之冻饿病死的有12238人。（冀－102页，管文华）

【本溪煤矿铁矿万人坑惨案】自1905年日俄战争结束后，日本霸占了长春以南的东北广大地区作为"势力范围"，本溪湖煤铁公司被日本掠夺长达40年之久。日本侵略者在这里采取"人肉开采"政策，用人命换煤换铁。矿工劳动强度大，待遇极低。毫无人性的日伪把头，把矿工当成奴隶。矿工劳动环境极其恶劣，瘟疫流行，还经常遭受政治迫害、精神摧残和屠杀。由于上述原因，造成大批矿工死亡，致使在本溪湖煤矿铁矿采区形成了"仕人沟"、"南天门"、"太平沟"、"矸石山"、"一铁厂"、"露天铁矿"6处万人坑，占地面积37.24万平方米，掩埋着13.5万多名矿工的尸骨。（东大－208页，李秉刚）

【大石桥镁矿万人坑惨案】日本自1917年2月始至1945年8月，在我国东北地区掠夺性开采矿石量逐年增加，据统计，仅从1931年到1945年共产矿石440余万吨。日本侵略者对广大矿工采取残酷的政治迫害和经济上的盘剥与压榨，致使大批矿工丧生，在大石桥镁矿形成了"虎石沟"、"马蹄沟"、"高压屯"3个万人坑，掩埋着3万~4万具矿工尸骨。（东大－247页，李秉刚；冀－100页，慈力群）

【阜新煤矿万人坑惨案】1931年"九一八事变"以后，日本在阜新成立矿业所，实行"人肉开采"政策，以人换煤。对矿工的生活、生产的安全设施一律从简。因饥饿、寒冻、瘟疫、过度劳动等原因，造成工人成批死亡。从 1936 年至 1945 年，日本从阜新掠夺煤炭 34 万吨，造成 7 万～13 万名劳工死亡，在阜新形成五龙南沟墓地、孙家湾南山墓地、城南墓地、新邱兴隆沟墓地 4 个万人坑。（冀 -99 页，徐翠华；东大 -353 页，李秉刚）

【新宾县境内万人坑惨案】自 1931 年 9 月至 1945 年 8 月，日本关东军在新宾县以"兵匪"、"赤匪"、"鲜匪"、"思想匪"、"通匪"等罪名，对活动在新宾县境内的各种民众抗日武装、共产党领导的抗日队伍、朝鲜族抗日组织、知识界抗日组织和支援、声援抗日活动的老百姓进行惨无人道的大屠杀。在新宾县境内杀害了 10 多万人，造成县城北山、平顶山、苇子峪、水陵、木奇、旺清门、响水河子等多处万人坑。（东大 -118 页，李秉刚）

【弓长岭铁矿万人坑惨案】自 1933 年 5 月至 1945 年 8 月，日本侵略者在辽阳市东部山区弓长岭铁矿掠夺 100 多万吨矿石。广大矿工因劳动强度大、生活环境恶劣、摧残殴打等原因被活活饿死、累死、病死以及各种事故导致矿工成批惨死，造成弓长岭采区形成了掩埋 12000 余名矿工尸体的"三道沟万人坑"。（东大 -275 页，李秉刚）

【北票县煤矿万人坑惨案】1933 年 1 月，日本关东军侵占了热河省北票县，北票煤矿遂被日本侵略者霸占，后划归伪满洲国炭矿株式会社，采煤工人激增至万人以上。伪满对广大矿工进行残酷盘剥：干活不给工钱，在井下赤着脚浸泡在水里劳作，晚上工人挤在又凉又脏的大炕上，冬天围在火堆旁过夜。吃的是发霉的高粱米粥、烂土豆、橡子面、豆饼，在食物中夹杂着砂土、老鼠屎、草叶子。井下巷道水大，掌子面低矮潮湿，没有通风设备，片帮、冒顶、瓦斯爆炸经常发生。工人患病不给治，四肢骨折就截肢，得了传染病的就被扔到山上喂狼喂狗。从1933年至1945年，在北票矿区"冠山"、"三宝"、"台吉"3个采矿所范围内就形成了5个"万人坑"。（辽大－139页，安臣济民　徐承伦　张珉；冀－103页，管文华）

【铁岭市乱石山军事工程万人坑惨案】日本关东军从1939年至1945年8月，在铁岭市乱石山地区丘陵地带150平方公里范围内修建军事工程，从各地强征劳工到此服役。由于居住环境恶劣、饮食极其差、劳动强度大、事故频发，加上日军与汉奸的残酷迫害，造成大批劳工死亡。在乱石山工地，竟有20多处抛尸场，总计约有1.33万具劳工尸骨散埋于此。（东大－408页，李秉刚）

【大连市龙王庙军事工程万人坑惨案】1942年5月至1945年8月，日本关东军在大连市金州区龙王庙霸占了330多公顷土地，修建693部队"军队医院"。从各地强征数万名劳工，强迫其从事繁重的劳役，在劳作中频繁发生工伤事故。由于恶劣的生活环境和非人的待遇，劳工饱受残酷迫害与摧残，造成8000多人死亡，形成了龙王庙万人坑。（东大－395页，李秉刚）

【凌源县"无人区"惨案】凌源县原属热河省管辖。从1943年年初至1945年8月两年多时间里，日本侵略军在凌源县北部、西部、南部山区1505平方公里范围内（占全县总面积的46.5%），推行杀光、抢光、烧光的"三光"政策，制造"无人区"。被摧残致死的老百姓达3611人，烧毁和拆毁房屋78280间，烧毁粮食32万余斤，损失大牲口379头，猪、羊3400只，损失农具102330件。（冀－101页，朝阳人）

二、侵华日军在中国制造的部分惨案 1062 例

【沈阳市（原奉天省奉天市）"晓工作"惨案】
1944 年 4 月至 7 月日伪在南满、中满、北满制造"桃园工作"惨案时，国民党东北总负责人、党务专员魏忠诚（化名罗大愚）化妆脱险，从奉天潜到新京（长春），按照重庆指令，继续恢复和发展组织。由于他失去警惕，被日伪特务收买的国民党员在魏忠诚住处安上窃听器，暴露了组织机密，魏忠诚被新京首都警察厅秘密逮捕。随后，在伪满洲国最高检察厅直接操纵下，根据搜查时所得到的花名册内记载的内容，在全满（以奉天省为重点）开展彻底肃清反满抗日组织的第二次大逮捕。奉天省由警务厅长兼省地方保安局局长日本人三宅秀也任总指挥，以 1945 年 5 月 27 日为全省统一大逮捕时间。结果，在奉天市逮捕宋月英等 80 余人；在辽阳市逮捕李福舜、王在心等 70 余人；在铁岭逮捕 25 人；在本溪市逮捕李述言、关庸等 50 余人；在营口市逮捕万枝荣（女）、王希明等 70 余人；在鞍山逮捕 8 人；在海城逮捕 15 人；在盖平逮捕 1 人；在复县逮捕 3 人；总共逮捕 322 人。此次被逮捕者绝大多数是记载在花名册上的国民党员，被日伪冠名为"晓工作"。经过伪满各地警察署酷刑刑讯，筛选出 131 人被集中押到奉天市起诉判刑，其余人释放。其中，萧承樸、李述言 2 人在刑讯中被打死；赵宗林、李福舜、乔有魁、裴玉璠、杜童华、喻纯铣等 6 人被判死刑（定于 8 月 16 日行刑）；其余人等分别被判 5 年以上徒刑。因日本在 8 月 15 日投降，被判死刑和其他徒刑的人才免遭残害。但是，许多人因酷刑造成失去劳动生活能力，成为残疾人。（书局－653 页，日本战犯供词）

【朝阳县大平房惨案】 1945 年 8 月 15 日，日本宣布无条件投降后，8 月 22 日晚，在大平房火车站，几个日

本军人强硬闯上火车，命令司机开往金岭寺去接其少佐队长。从西阜新煤矿乘车回凌源的几千名劳工见火车往回开，便和抢开火车的日军发生冲突，工人打死了开车的日军，另一个日军逃跑去报告，金岭寺日军开着装甲车到大平房车站开始大屠杀，杀死大平房老百姓84人，烧毁房屋246间。（冀－98页，朝阳人）

【开原县老城细菌惨案】由于日本关东军731细菌部队在东北各地投放细菌，给东北各地人民造成巨大灾难。1946年7月—8月间，开原老城瘟疫流行，4～5天时间就死亡90多人。大瘟疫流行了60多天，在老城西街、石塔街、扶余街、南街、东关、教军场等地共死亡700多人。（冀－100页，马士杰 刘志刚）

2. 日军在吉林省制造的部分惨案

【怀德县县长被杀惨案】1931年11月13日下午，侵占怀德县公主岭的日军，把坚决抵抗日本侵略、在战斗中被捕的怀德县县长赵泽民、公安局局长汲义方、县看守所所长郎英山3人押到公主岭日军军部，用绞轮绞死，并将尸体火焚。（冀－33页，吴卫东）

【延吉县花莲里惨案】花莲里位于延吉县东35里、海兰江下游20余里峡谷内，共有12个自然村200多户朝鲜族居民。1931年10月中共海兰区委及抗日游击队在该村成立，于是成为日军的"心腹之患"。1931年10月至1932年12月，侵占延吉县的日军及伪军警先后五次围剿该村。1931年10月30日，日军在第一次围剿花莲里时，杀死了金明浩、金学善等27名抗日干部和无辜百姓，其中7岁男孩金石松被刺死，已怀孕的金学善妻子活活被火烧死。1932年5月3日，日军再次围剿花莲里，杀害金龙洙、金道济等18人。同年9月6日，第三次围剿花莲里，杀害了区委书记李相根、组织委员张相淳等53人。时值农历八月七日，又称"八七惨案"。同年11月16日，日军第四次围剿花莲里，站岗的游击队战士拉响手榴弹与敌人同归于尽，日军烧死32名伤病员。同年12月12日，日军第五次围剿花莲里，把游击队干部金贵松刺死后扔进火堆焚尸；把金奎植剜去眼睛用棍棒打死；把金雇农绑在磨盘上用刀割脖子慢慢折磨致死；把俞一男的脖子捅上一刀后，搁在磨盘上碾死。此次围剿共砍杀、活埋了几十名抗日干部和村民，其中包括俞一男的4岁儿子。（冀－33～34页，金仁哲）

【怀德县城惨案】1931年12月5日，侵占怀德县城怀德镇的日军指导官大冢在城内抓捕了18名老百姓，关在街公所的院子里，大冢用战刀砍杀，竟一刀砍掉并肩站立的两人的人头，并命人把人头摆在沿街的板凳上示众。1934年10月20日，日军指导官小野田，抓捕了19名所谓"不轨村民"，小野田施展诡计，命警察放人逃跑，人们还未跑出多远，警察就在背后开枪，以活人当靶子，把19人全部杀害。（冀－34页，宋梅英）

【辑安县惨案】1932年6月8日夜，日军驻朝鲜国境守备队队长吉江协一率队1250人入侵辑安，在城东、西门外及北面山上与抗日义勇队战斗，义勇军战士有150多人牺牲，日军在城内杀害居民125人。4天后，义勇军进行反击，又有350人牺牲，其间日军又以"通抗日军"为罪名杀害百姓40余人。6月中旬，义勇军再次迎敌抗日，在城东、城西、北面山上等处牺牲200多人，日军又以通义

勇军为名杀害老百姓30多人，炸毁民房20多间。（冀-35页，于海鹰）

【浑江县临江镇惨案】 1932年6月8日夜，日军吉江协一部向浑江的临江镇炮击，550名日军占领临江后，各处放火，烧毁民房200多间。6月23日，抗日义勇军同日军战斗，牺牲200多人。日军杀害平民5人。8月15日，抗日义勇军再次攻城，又有70多人阵亡。（冀-35页，于海鹰）

【磐石县烟筒山惨案】 1932年12月22日，日军预谋消灭绰号"三江好"领导的抗日武装部队，便以"收编"为名与"三江好"谈判，骗得"三江好"同意。双方约定在烟筒山火车站北广场举行受降仪式。待"三江好"识破日军阴谋时为时已晚，其率领的800余人的部队已陷入日军包围圈。日军责备"三江好"未按时带队入场，双方言语激化，日军凶相毕露，率先向抗日军开枪，双方于是交火。由于日军事先重重设伏，抗日军共有350多人被杀，"三江好"被俘后也遭杀害。（冀-36，于海鹰）

【延吉县三道崴惨案】 1933年10月，日军第十师团第三十三旅第十联队第一大队进犯三道崴，追剿抗日游击队。游击队在山中迂回，日军没找到游击队，便施宣抚伎俩，把藏在山中的老百姓骗回村里。日军把男女老幼集中起来，逼问游击队去向，没人回答。日军，便用手榴弹和刺刀大开杀戒。共杀害老百姓65人，烧毁民房100多间。（冀-36，于海鹰）

【海龙县小西沟惨案】 1932年8月7日，日军驻海龙县山城镇守备队听说小西沟地主张振魁家举行婚礼，立即派50名日军连夜埋伏在小西沟四周，在小西沟西岗上架起机枪和"六〇"炮。天亮后，小西沟村民热热闹闹忙活婚事。早席一开，日军立即向人群射击，首先打死端盘送菜的小伙子，随后许多人在餐桌旁倒下，婚礼会场顿时乱作一团，人们四下逃跑，但日军的机枪与炮弹向张家大院齐发，窜进村的日军抓住村民张庆山逼问："谁是土匪？"张答："谁也不是！"又问："土匪在哪？"答："不知道。"日军便见人就杀，共118人惨遭杀害，日军把张家的婚事变成全村的丧事。（冀-36页，关波）

【延吉县老头沟惨案】1933年3月，日军对东满地区进行残酷扫荡。日军第十师团第十联队队长仁健顺士大佐命令部下："在这次作战中，即使是妇女、儿童、老人，只要发现也全部打死。"因此，日军在扫荡老头沟村时，原野军曹打死1名藏在豆秸里的11岁朝鲜族女孩；一等兵安藤将叉子刺入1名30岁左右的妇女阴道内，又用步枪将其打死；市川沼郎少尉等将4名十八九岁姑娘用轻机枪扫射致死。（冀-37页，于海鹰）

【海龙县四道河子惨案】1935年2月18日晨，日军一个外号叫做"瘸子"的团长带领100多人的马队包围了东宁、珲春、宁安三县交界山区抗日游击根据地四道河子。日军把老百姓全当成通共产党的抗日分子进行屠杀，机枪扫射、刺刀挑，杀害了全屯28户人家中的57人，烧毁全部房屋。浩劫后，只有8个藏在麦秸垛旁的朝鲜族婴儿，被邻村的三道河子村民救走幸存。（冀-38页，关波）

【梨树县张酒局子屯惨案】1935年4月中旬，驻四平的日本守备队外出行军，途经四平智球村张酒局子屯时，被抗日队伍的哨兵击毙一名带队中尉，打伤其翻译，日军逃回。翌日，日军大队人马包围张酒局子，用刺刀逼赶老百姓到屯南大坑边，把全屯48人全部杀害，烧毁所有房屋。事发前，田家有个小男孩离家到村外树林里去玩，他往回走时，听见村中枪声，又看见烧房的日本兵，急忙逃跑，才幸免于难，成为全屯唯一的幸存者。（冀－38页，李少白）

【辽源县西安煤矿吃人心肝惨案】从1934年5月7日至1945年8月日本投降止，日本满洲炭矿株式会社由日本军人河本大作任理事长兼西安炭矿职务。西安炭矿设立警察队、炭矿警备队，对矿工施行极其野蛮统治，用"镐把炖肉"、"跪砖头"、"上大挂"、"过电刑"、"冻冰人"、"灌辣水"、"烙铁烙"、"老虎凳"、"狼狗圈"、"挖人心"、"活埋人"等手段，杀害无辜矿工，在矿山附近造成6个"万人坑"。西安矿业所警备系主任竹内善太郎，专吃人心。他将矿工杀害后，剖胸破腹，挖心扒肝，竟达30～40人之多。从1934年到1935年，仅矿山病院事务长、日本人蓬田一人就先后四次找到吴金铎（矿山病院满人病栋外科负责人），挖出6个工人的心脏、2个人的肝脏，送给竹内善太郎食用。工人韩志林说了几句不满日伪统治的话，日本人就把他扔进狼狗圈，韩被狼狗撕咬得五脏四分五裂，惨不忍睹。（冀－39页，宋梅英）

【舒兰县老黑沟惨案】1935年5月29日至6月5日，驻齐齐哈尔日军600余人对舒兰县宋德林、周太平领导的两支抗日队伍活动区域进行了为期8天的大讨伐。在桦曲柳顶子村、柳树河村、青顶子村、老黑沟等地，见人就杀，见房子就烧，扬言要把老黑沟一带"胡子"杀光。此次日军共杀害老百姓1017人，烧毁房屋1000多间。

（冀-41页，姚一鸣）

【磐石县特别搜查班害人惨案】日军于1935年至1937年7月，在磐石县成立特务组织"东边道特别搜查班"，由日本人野崎任指导员，下设特务队。特务队以各种名目抓人杀人，把人头挂在辉发河南沿大树上示众，特务们用此敲诈钱财。老百姓人人惧怕被特务无端扣上"反满抗日"、"通匪"罪名，有钱者花钱保命，无钱人被杀头。仅2年零7个月时间，被特务扣上罪名遭其杀害的共有100多人。（冀-42页，宋梅英）

【舒兰县十五方屯惨案】1935年秋的一天，日军骑兵队从平安东站进犯十五方屯一带"剿匪"，命令各屯自卫组织"大牌会"带着猎枪到西南岗集合，有20多名"大牌会"成员刚在西南岗站好队，日军的机枪突然向人群扫射，这些人全被杀害。（冀-42页，刘海瑛）

【东条英机制造的柳河县大荒沟惨案】1936年3月30日，日本关东军司令东条英机，命令其属下的关东军宪兵队到柳河县大荒沟一带抗日联军活动的村庄抓捕了100多名手无寸铁的老百姓，以"通匪"罪名，全部砍杀，制造了大荒沟惨案。（世-459页，解力夫）

【扶余县大獾子洞惨案】1936年11月7日，日军独立守备步兵第十八大队在扶余县大獾子洞屯被"天助"号土匪打死2名士兵，土匪逃跑。日军把该屯48名村民按通"匪罪"名用机枪扫射杀害，烧毁房屋100多间。（冀-45页，于海鹰）

【柳河县被集体屠杀惨案】1936年3月25日，日军诱捕了抗日义勇军赵明思部队，因为日军对这支部队恨之入骨，阴谋予以根除。1937年4月，由柳河县警务局首席指导官鹿毛繁太与日军独立守备队步兵第五大队长铃木大佐执行集体屠杀任务，将赵明思等94人，从柳河县山城镇关押所运往清原县飞机场用机枪扫射杀害；将郭喜明、陈俊山等52人押往山城镇警务委员会杀害，共有146名原抗日义勇军官兵及中共柳河县委被捕人员遭集体杀害。（冀-46页，于海鹰）

【通化县教育界惨案】 1936年冬，日本在安东省所辖安东（丹东）、凤城、宽甸、岫岩、桓仁、庄河、通化等县开展思想大讨伐，对抱有反满抗日思想的人进行大清理。把通化省立第六师范校长马骥北、佟儒，女中校长修禄，农中校长杨培伍等26人逮捕，关押在县日本宪兵队拘留所，后押往奉天审讯判刑，马清川、马骥北、修禄等300多人被杀害。（冀-46页，刘海瑛）

【伊通县钱家惨案】 1937年7月21日夜零时30分，从哈尔滨开往大连的日本军用列车在满井河（沙河子）铁桥北端颠覆，日军死5人伤64人。经多日侦查，探明是张学良所部派遣回东北破坏日军铁路运输线任务的钱富德等人所为。日军抓捕了钱富德本人，并将钱家12～72岁男人、亲友等22人，逮捕到四平关押刑讯。于7月24日午后将这22人拉到第八师范学校西墙外砍杀，并挖深坑埋尸灭迹。（冀-47页，宋梅英）

【通辽医院活剥人皮惨案】 1934年夏至1937年夏，日军通辽医院院长、中佐山本升，为了研究中国人的指纹、皮纹，把从通辽监狱要来的15名"犯人"的皮肤剥下，挂在办公室墙上，桌上还摆着人骨头。日军新京（长春）第二陆军医院外科军医大尉小野把3名中国人的手脚筋抽出来给受伤日军做移植手术。日军通辽医院为了研究防治冻伤，先后砍掉了100多名中国人的手指和脚趾做试验标本。（冀－47页，孙邦）

【吉林市丰满水电站万人坑惨案】 1937年4月至1942年9月，日军在吉林市东部松花江上修建丰满水电站，从各地骗招和抓捕劳工10多万人，强迫劳工们在零下42摄氏度左右的严寒环境中劳动，冻死、累死劳工事件每天都发生。夏季常发瘟疫致成批劳工死亡。因日军赶工期进度，不重视劳动安全，在事故中劳工死亡事件也时时发生。死亡劳工尸体被到处乱丢，工地周围处处白骨，后不得不在东山坡设置墓地掩埋。其间，劳工死亡人数至少在15000人以上。（书局－155页，李秉刚；冀－49页，宋梅英）

【驻吉林省日军少将野副昌德杀害杨靖宇将军的罪行】 1939年10月1日至1941年3月19日，日本关东军派遣防卫地区第二独立守备队司令官、少将野副昌德任讨伐司令，纠集日伪军80000多人，对杨靖宇将军抗日活动地区进行大讨伐。日军采用"归屯并户"建立集团部落、物资"专卖配给制"、收买汉奸到抗联队伍挑拨离间、武力讨伐等手段，把抗联一路军游击区域全部破坏，杨靖宇、魏拯民等师团级干部牺牲，1172名指战员为国捐躯。（冀－50页，曾凡秀）

【通化县七道沟铁矿万人坑惨案】 日军为掠夺资源，在通化街成立大栗子、七道沟两个采矿所。1940年正式开采铁矿石。采取"要矿石不要人"、"以人换矿石"手段，对劳工进行残酷压榨剥削。矿工们在冒顶、塌帮、瘟疫、冰冻、饥饿、长时间超负荷劳动中成批死亡。1941年从山东骗招来 500 名矿工，不到 10 天就死了 400 多人。在七道沟采矿所形成了铁道西、曹家坟、板房沟 3 个万人坑。从 1938 年到 1945 年，日本从七道沟掠走了 140 万吨矿石，同时造成 16000 多名矿工死亡。（冀－51 页，宋梅英）

【长春市伪更生训练所惨案】1943 年 7 月，日本在伪满首都新京（长春市）成立"新京更生训练所"，把从各地抓来的"浮浪"（即无业游民）进行所谓精神训练和思想矫正。然后把这些经过训练的更生"浮浪"送往密山、营城、弓长岭等地做劳工。从 1943 年到 1945 年日本投降止，该所共收容监管过 7000 多名"浮浪"人员，其中有 5000 多人被繁重的劳动、非人的待遇折磨死。（冀－54 页，宋梅英）

【关东军第 100 细菌部队的罪恶】1931 年关东军在长春市孟家屯成立随时病马收容所，后改称第 100 部队，共有专业人员 600 余人，专门研制鼠疫、霍乱、伤寒菌。日军认为细菌害人比炸弹好处多，细菌只杀人，不破坏物资，能使工厂、矿山、房屋、设备等在战争中保留下来供占领者使用，所以，他们大量研制细菌武器。第 100 部队在 1941 年至 1942 年一年内就生产制造了 1000 多公斤炭疽菌、500 多公斤鼻疽菌、其他化学毒药 100 公斤。每天都用中国人做试验，以检验杀伤效果。1942 年以后，第 100 部队制造的各种细菌在吉林省延边、嫩江、松江、通辽等地致人死亡达 20000 多人。（冀－57 页，于海鹰）

【通化县白家堡子惨案】1936 年 7 月，日本驻山城镇守备队司令官铃木将白家堡子划定"通匪区"，对白家堡子方圆 50 里范围进行"治安肃正"。从 7 月 14 日至 16 日，日军中山大尉带领一个中队到白家堡子等地"通匪区"抓人，上至老人下至怀抱的孩子及孕妇，凡是能行走的人，一律用绳索捆绑成串，带到大荒沟警备署行刑逼问抗日联军行踪，众百姓反抗不说，日军就挥刀砍杀。刑讯了一天多，日军没有得到抗联一点儿信息，气急败坏之下，将众百姓赶到大荒沟东山根用机枪扫射屠杀，白家堡子被害374人，其他屯子亦有几十人遇害，此次共被日军杀害400多人，故称"白家堡子惨案"。（冀-44页，岳宗宝　关波）

【磐石中心县委遭破坏惨案】1936年12月17日，日伪磐石县警察局及日本宪兵队100余人，分别在磐石县草庙乡长安屯、大安屯、三十一户村、拐子坑，磐石县城关镇和伊通县伊通镇、头道沟、营房子、雅纪村等地统一行动，逮捕了中共磐石中心县委成员吴海山、周凤九、王永泰等81名共产党员。日本宪兵队将王万生、王忠田等30人拉到磐石县太平堡管区靠山屯西沟枪杀。（书局-74页，日本战犯供词）

【柳河县委遭破坏惨案】1936年7月至1937年9月，日本人鹿毛繁太对中共南满省委和柳河县委进行疯狂破坏和镇压。由其组织指挥的日本宪兵队和伪警察讨伐队，对抗日组织经常活动的柳河县五道沟、柳河镇、烟筒砬子、大小青沟、太平甸子、石头河子、大小荒沟、七棵树、三源浦、孤山子、山城镇等地，大肆进行大检举、大逮捕、大屠杀。原中共柳河县委书记冯剑英、县长刘文阁以及郭喜明、侯德清等主要领导干部及抗日武装领导90多人相继被捕，1937年4月，日军在山城镇把这些人全部枪杀。据统计，日军在柳河杀害了30多名共产党员，在大青沟一带将被捕的高景春、曾大虎、王广宪等21人中杀了18人；在山城镇杀害了43人，总计杀害了被捕的共产党员及老百姓

300多人。（书局-89页，日本战犯供词）

【长春市"一二·三〇"事件惨案】 1941年12月30日，日寇以长春（新京）为中心，对全满洲国反满抗日组织进行大镇压，称之为"一二·三〇"事件。伪"满洲国"治安部对长春（新京）、哈尔滨、奉天（沈阳）、锦州等地国民党组织的"东北调查室"、"读书会"、"北宁铁路筹备处"、"东北党务办事处"等反满抗日组织统一实施大逮捕，至1942年3月5日零时逮捕结束。在新京（长春）大同报社、新京税捐局、新京专卖总局、军官学校、新京工业大学、新京政法大学等单位将陈树满、王国贤、李季风、杜清政等130多人逮捕，以违犯《治安维持法》为由，新京高等法院判处张辅三、周振环、杨景云、张化堂等死刑。此外，在哈尔滨有40人、在新京有35人、在奉天有45人、在锦州有30人分别被判死缓、无期徒刑、5年以上各种徒刑。被判刑者中，在日本投降后，只有极少数人活着回来，绝大多数人备受折磨死在监狱或劳改场。（书局-462页，日本战犯供词）

3. 日军在黑龙江省制造的部分惨案

【通河县城惨案】 1932年4月30日，日军侵占通河县城，见人就杀，逢人便砍，仅几天时间就杀害抗日将士和老百姓300多人，烧毁房屋1000多间，一条繁华的商业街变成了废墟。（冀-3页，赵文信 高顺福）

【海伦县海北镇惨案】 1932年6月11日拂晓，驻海伦县城的日军第19联队300余人，包围了海北镇，人们吓得四下逃跑躲藏。日军从土豆窖、柴垛、粮仓等处把人

搜出圈在北城壕里，用刺刀挑杀，包括天主教徒卜怀才在内的 108 人惨遭杀害。（冀 -3 页，韩庆德）

【桦川县马忠显大桥惨案】1932 年 11 月 17 日拂晓，驻佳木斯日军 1000 多人，袭击驻华川县西宝宝屯抗日组织"黄枪会"，在西宝宝屯、洪家围子、马忠显大桥等几个村子挨家挨户捕杀逃散的"黄枪会"人员，杀害吴国文、张起、纪世恩等"黄枪会"成员及无辜村民共 1900 多人。（冀 -5 页，贾立军）

【北安市张景芳屯惨案】1933 年 12 月 3 日上午，日军乘 8 辆卡车突然包围了石华乡张景芳屯，把全村所有男人抓进地主张景芳大院，端着刺刀逼问谁是"凤好"，谁是"六合"（均为土匪绰号）。在得不到回答后，日军便开始疯狂地大屠杀，用刺刀挑、洋刀砍、机枪扫，共杀害 100 多人。（冀 -8 页，苗丰涛）

【桦南县下九里六屯惨案】1934 年 3 月 19 日下午 4 时许，日军平岗部队 1000 余人在九里六屯与抗日民众救国军交战，天黑时救国军撤走，日军冲进村开始大屠杀，杀害梁俊峰、余永录等村民 400 多人，烧毁房屋 700 余间，死伤牲畜 100 多头，烧毁粮食 20 多万斤，使繁华的九里六屯集镇，一夜之间变成废墟。（冀 -8 页，苏来）

【桦南县徐爽、北半截河子惨案】1934 年 3 月 12 日，日军横山部队到白家沟给被中国农民打死的日军饭冢朝吾大佐收尸，途经徐爽屯、四合屯时，日军扬言为饭冢大佐报仇，用机枪开路，打死徐爽屯徐万福的父亲等 90 余人，烧毁房屋 50 多间。四合屯人听到枪声四散逃跑，日军又打死 3 人，烧毁房屋 80 多间。同日，日军广濑师团吉川增木骑兵队袭击原屯,杀害200多名妇女和小孩,烧毁房子40多间。接着将北半截河子村的张二不傻、马青山、崔和、秦奎武四个屯的100多名村民杀害,烧毁所有房屋。把六保六甲甲长韩国文一家及逃难至此的216人全部杀害,烧毁所有房屋。(冀-9页,苏来)

【通河县大楞场惨案】 1936年1月28日上午,日军通河派遣队第37旅第21团及伪军2000余人突袭抗日联军赵尚志部队驻地大楞场,把各沟筒子里的伐木工人及套子户住民赶进凤山镇大楞场,以"通共"为名,对200多名手无寸铁的老百姓进行大屠杀,全部用机枪射死。(冀-10页,赵文信)

【汤原县太平川村惨案】 1937年2月11日,日军乘老百姓过春节之机,第二次归屯并户圈大屯,把太平川村包围,以搜捕"反满抗日分子"为名抓走68人,押到县城宪兵队,将康正发、刘福君等37人杀害。日军还强迫太平川村周围各屯归屯并户,对反抗者进行杀害,共杀害110多人,烧毁12个屯,4400多间房屋。(冀-13页,袁立新)

【齐齐哈尔市越狱惨案】 1936年12月31日夜,被关押在齐齐哈尔陆军监狱的115名囚犯,为逃避日军暴行及虐杀,115人杀死看守夺枪越狱。日军在追捕中枪杀20多人,抓回92人,全部枪杀在齐齐哈尔市郊外北大营的草原上。(冀-14页,李淑清)

【孙吴县平顶树惨案】 1937年10月初,日本关东军强征2000多名劳工修建孙吴县平顶树飞机场,劳工风餐露宿苦不堪言,人们暗中商量罢工。日军得知后,以所谓

"煽动犯"罪名，用刺刀挑死4人，用军马拖死2人，更加激起众怒。几天后，500多名劳工利用午饭时间集体逃跑，被日军追堵抓回300人，全部杀死在平顶树山下。（冀-14页，范玉琴）

【汤原县西二保村惨案】1937年12月14日夜，驻鹤岗的日军同驻汤原县西二保村的日军守备队，袭击尚家街、于家沟、毛家街，抓捕70多名村民，关进西二保村白桐林等3家房子里，逼问抗联的下落，村民无人回答。日军放火烧房，用机枪扫射，把70多名老百姓全部残害。后又抓来32人，押到村西南的东家大井用刺刀挑死。共有100多名老百姓在西二保村被日军杀害。（冀-15页，金昌永　袁立新）

【桦南县飞机场惨案】1937年至1941年，日军在桦南县的湖南营、土龙山两地修筑飞机场，强征各地民工4700多人，大车200余辆。在工地四周筑起碉堡、铁丝网，并用机枪监护施工，对怠工及逃跑者格杀勿论。低温潮湿的工棚，每天10多个小时的繁重劳动，发霉难吃的玉米面、橡子面，致使劳工冻饿饥病劳累而死亡达3000多人。（冀-16页，苏来）

【桦南县"归屯并户"惨案】1937年春节前，日军为了隔断老百姓与东北抗日联军的联系，极力推行"集团部落"政策。在桦南县强迫散居的老百姓归并到日军划定的大村去住。在数九寒天、滴水成冰的季节里，日军到处烧房、杀人，用刺刀逼赶老百姓进"集团部落"。日军此举烧毁民房6000多间，老百姓因"集团部落"政策被杀、饿而死4000多人。（冀-16页，苏来）

【肇源县剖心惨案】1938年2月，日军"千叶医学博士"山田立木,将肇源县伪警务科逮捕的11名老百姓绑到城西门外,一个个剖出心来放在水桶里,结果被狼狗吃掉一颗,日军又将一位精神病老太太骗到医院去治病,把老太太的心挖出来凑数,吓得目睹惨状的女护士陈作琴辞了职。(冀-17页,赵衷)

【木兰县王守开屯惨案】1937年9月下旬,20多个日军乘王守开屯村民孙洪德侄子结婚之机,在婚礼现场把事先侦知参加抗联队伍的吴奎等20多人抓捕,经过酷刑,把18人带到王守开屯南岗,蒙住眼睛堵上嘴,绑在大树上,用刺刀一个一个挑死。(冀-16页,姜洪斌)

【肇源县冰窟窿惨案】1941年1月9日夜,日军把支援抗联的肇源县城19名工商界人士胡秀民、李文堂等用铁丝捆绑着,用汽车拉到李家圈子江面上,逼迫2名渔民凿开冰窟窿,连同凿冰者共21人被日军一个一个塞进冰窟窿淹死。(冀-20页,赵衷)

【肇源县城焚尸惨案】1941年4月20日,日军把在肇源县城内搜捕到的42名"通匪"者,用汽车拉到县城西门外大坑边集体枪杀,然后在尸体上浇汽油进行焚尸。(冀-20页,赵衷)

【桦川县四合屯惨案】1943年3月13日,日军300多人袭击桦川县安乐屯南眼珠子山,把抓获的抗日战士和支援抗日的民众40余人,押到四合屯的山坡上,集体射杀,尸体埋在一个大坑内,并把抗日志士姜永茂的头颅带回佳木斯示众。(冀-22页、贾桂晶)

【木兰县惨案】1941年至1943年间,伪滨江省警务厅对东北抗日联军第12支队活动的区域木兰县进行两次大逮捕：1943年3月15日夜第一次抓捕130人；同年5月25日进行第二次大逮捕，抓121人，两次共抓老百姓251人。经过酷刑刑讯，被折磨死和判刑杀害125人，判徒刑84人。（冀-22页，姜洪斌）

【"巴、木、东"惨案】1943年3月7日夜间，由伪滨江省警务厅组织指挥，对抗日联军活动的地区巴彦、木兰、东兴三县几十个村庄进行大搜捕。日军出动军警宪特500多人，组成几十个搜查班，共逮捕老百姓662人，分别关押在巴彦、木兰的日本兵营和哈尔滨监狱，进行酷刑折磨。死亡344人，判徒刑224人，放回94人。（冀-22页，尹忠文，武占礼）

【抚远县惨案】1938年至1944年，伪三江省日本宪兵队对中苏边界抚远县投苏的老百姓进行两次大逮捕，按照黑名单逮捕65人，用"三江号"轮船押送至佳木斯水牢，进行酷刑折磨和细菌试验，其中43人惨遭杀害。（冀-24页，张基太）

【牡丹江福民庄诱杀劳工惨案】1943年10月中旬的一个傍晚，日军警备队从国境地带东宁、绥芬河押送修筑完成国境防御工事的劳工70多人，返回牡丹江福民街劳工协会训练所。为防泄密，日寇事先在屋内释放一氧化碳，劳工进屋后围着火炉取暖，都一一中毒倒地。尚有中毒未死往外爬出的，被戴防毒面具的日军看守活活打死，然后把70多具尸体装上汽车，运到米家屯西北角万人坑掩埋，以掩盖罪行。（冀-24页，孟新舟）

【汤原县"二一八"惨案】1944年2月18日，驻汤原县日本守备队长川岛带队进山，逮捕200多名猎人，

拘押在鹤岗监狱，后来便把其中100余人杀害。（冀－24页，袁立新）

【鹤岗煤矿万人坑惨案】 日本侵略者从1931年至1945年8月霸占鹤岗煤矿时，推行血腥的"以人换煤"政策，从东北、山东、河北各地抓来的大批劳工，在日军刺刀的逼迫和监视下，每日挖煤12～14个小时，每人每天只给六两粗粮。由于饥饿、过度劳累、疾病、冻死、瘟疫、矿井冒顶、冒水、塌帮、瓦斯爆炸等多种原因，造成矿工成批死亡，在鹤岗形成东山万人坑和大陆万人坑两处，共埋葬劳工近4万人。（冀－24页，罗亚杰）

【齐齐哈尔人体试验惨案】 1945年6月中旬的一天，黑龙江省警务厅特务科中乌宗一，地方保安局股长表胜及荒木彻志、岩木清人、小林芳郎、成田正一等8名日军，在齐齐哈尔全福胡同"北满资源调查所"接到一种新毒品，决定用拘捕了一年有余的一名30多岁朝鲜人做试验，以验证其性能。于是由荒木彻志告诉这个朝鲜人，准备放他回家。但因外面正流行传染病，需注一支预防针。成田正一扮成大夫，负责给朝鲜人注射，注射液推进一半时，朝鲜人突然直挺身体，发出几声痛苦的呻吟便倒地死亡。日军将其装进预备好的棺材里，贴上心脏麻痹死亡证明，以证毒效良好。（冀－25页，李淑清）

【宝清县泥鳅河惨案】 1945年8月16日日本投降后，驻宝清县的日军、各机关人员、侨民在逃命中，集结到宝清县与勃利县交界处的泥鳅河，正碰上从桃山返回宝清县的70多名伪军。伪满宝清县副县长笠原英杰唯恐遭这群伪军算计，便心生毒计，命伪满宝清县县长汉奸佟松涛给伪军训话，日军在泥鳅河岸围住伪军及随军撤退返家的

劳工200多人开枪射击，不到3个小时，这200多名伪军及劳工全部惨遭害。（冀-26页，石丕城）

【佳木斯三岛理化研究所惨案】1945年8月12日，原驻佳木斯西郊日本三岛理化研究所的日军撤离时，为了灭口，把关押在实验室囚牢里的人全部杀害。事后发现大院北侧和西侧上着锁的14个单间牢房里有30具戴着手铐脚镣的尸体，大院西北角的死人坑有14具无头尸体放在白骨堆上，大院南侧的牢房里有4具苏联人尸体，总共有48人在日军投降撤离前被杀害。（冀-26页，冀人）

【齐齐哈尔三家子屯惨案】1945年9月24日，100多名日军败兵路过齐齐哈尔龙江县头站乡三家子屯，因欲把枪支和子弹卖给当地农民而引发双方冲突。当晚，日军包围了三家子屯，把人们赶到一个大院里进行大屠杀。包括刘老头、张才疙瘩、陶永富的母亲及4岁的孩子等在内的83人均遭其杀害。（冀-27，李淑清）

【关东军731细菌部队杀人惨案】1933年8月，日本关东军在哈尔滨市宣化街以东，秘密设立了以军医石井四郎大佐冠名的石井细菌研究所（亦称石井部队），对外称"关东军防疫给水部"，由石井四郎任部队长（后晋升为少将、中将）。该部规模3000多人，占地面积120多平方公里，内设研究试验、防疫给水、细菌生产、总务、教育、供应、诊疗七个部，从事鼠疫、伤寒、炭疽热、霍乱等细菌武器研究和制造。1941年该研究所改称"关东军731部队"，是日本侵略者在中国的细菌武器研制中心，也是指挥细菌战的大本营。日军长期用中国、苏联、蒙古人战俘作"研究材料"，进行细菌试验。据第四部长川岛清在滨海国际军事法庭上供认，从1940年至1945年8月的五年间，通

49

过细菌试验被残杀的中国人、苏联人和蒙古人至少有3000人以上。1939年5月发生"诺门汗事件",石井部队和516毒气部队均参战,7月开赴诺门汗、将军庙地区,在哈拉哈河投放霍乱、伤寒和副伤寒细菌22.5公斤,并制造细菌榴霰弹丸2000余枚,装入炮弹内,供诺门汗战场使用。1940年7月,关东军731细菌部队由石井四郎亲自带队到宁波,把70公斤的伤寒菌、50公斤的霍乱菌、5公斤带鼠疫菌的跳蚤,用飞机投撒在居民区、河流和蓄水池中。10月22日,又在宁波县投撒带菌的麦子、棉花等物。两次施放细菌后,宁波县陆续发生了鼠疫流行,共有99人染患,只有2人治愈,其余97人死亡;后又有20人被传染,不治而亡,共死亡117人。同年10月4日,731部队到衢县,用飞机投撒带细菌的跳蚤和麦粒、粟子等物。38天后,该县患鼠疫病者达235人,死亡221人。同年11月27日、28日,日本两架飞机分别在金华县上空播撒白色烟雾状毒雾,不几天,在金华附近的东阳、义乌、兰溪等县发生鼠疫,东阳县患鼠疫94人,死92人;义乌县患鼠疫308人,死257人;兰溪县患鼠疫36人,死12人;金华县患鼠疫死亡1617人。1941年春,关东军731细菌部队由第二部(试验部)部长太田澄大佐带队,到湖南省常德一带播撒布携带鼠疫菌的跳蚤,使该地患鼠疫死亡400余人。以后又在新登县投撒细菌,使鼠疫蔓延到浙江温州一带,造成该地带每天都有人患鼠疫死亡。同年11月4日,又在湖南常德市区投撒细菌,造成市区、市郊和桃源、丰县等地鼠疫流行,仅石公桥镇就有80多人死亡。1942年7月,731细菌部队在石井四郎统一指挥下,将鼠疫菌用飞机运往华中地区,在重庆、衢县、金华等地喷撒菌液和投撒带菌跳蚤,使各地区发生鼠疫，造成大批人员死亡。1940年至1942年，731细菌部队在吉林省农安县偷撒鼠蚤进行菌效试验，造成患疫354人，死亡298人。日本投降一年后的1946年夏秋季节，在距731部队遗址不远的后二道沟、义发源、东井子村还曾连续发生鼠疫，造成103人死亡。（辽大－147页，韩晓 禹硕基）

【鸡西煤矿劳工惨案】日本侵占黑龙江省之后，霸占了鸡西煤矿。为了"大出炭，支援大东亚圣战"，日本侵略者把"劳工"当成会说话的牲口使用，吃的是配给的橡子面、野菜、窝窝头，住的是简易的大工棚，每天干15～16个小时重活，在瓦斯爆炸、冒顶、透水、塌帮等事故频发煤矿中劳动，致使经常发生成批矿工死亡的事件。日军为了防止劳工逃跑，在鸡西麻山煤矿、鸡西滴道煤矿矿区设置了三道电网，由日军分遣队监视中国劳工从事挖煤生产。劳工们被编成作业队，统一穿着编有号码的更生布工服。人与人之间不准呼姓名，只许叫号码，不准交头接耳说话。恶劣的生活条件、繁重的体力劳动和高定额的出煤指标，把许多劳工累死、饿死、冻死、病死。至日本投降时止，日本侵略者在鸡西煤矿13年期间共掠夺走1600多万吨煤，残害80000多名矿工，形成7处万人坑。（书局－102页，李秉刚）

【汤原县和依兰县惨案】1937年9月，驻伪满洲国三江省汤原县日本宪兵分队长、汤原地区警务统治委员会委员长滕原广之进，诱降了中共汤原县委组织部长周兴武，从叛徒周兴武口里得到中共北满临时省委和吉东省委所属的汤原、依兰、桦川、勃利、富锦、佳木斯五县一市的全部组织与活动情况。1938年3月3日，藤原广之进在佳木

51

斯日本宪兵队本部召开了专门会议，研究部署清剿逮捕事宜，确定3月15日为统一大逮捕行动时间，以佳木斯宪兵队为主力，纠集伪警察、自卫团、工作班、特务等1000余人组成庞大队伍实施大逮捕。此次行动计在汤原县逮捕了共产党员和抗日救国会人员70人，在依兰县逮捕了县委书记刘洪泰等共产党员和救国会成员136人。1938年8月21日，伪满洲国哈尔滨高等法院判处赵明九等7人死刑并将其杀害，其余人被判10年、15年、20年及无期徒刑，大多数人被折磨死在狱中，日本投降后活着回来的只有十几人。此事件即是日军在黑龙江省汤原县、依兰县制造的"3·15"惨案。（辽大-375页、邹景祥）

【东条英机制造的齐齐哈尔"六一三"惨案】

日本侵华战争首犯、关东军宪兵司令官兼任伪满中央警务统制委员会委员长东条英机，在侵华期间极力推行治安肃正"剃刀效率"，对东北反满抗日组织进行大清剿。1936年6月13日，伪满中央警务统制委员会发文命令全面清剿北满共产党，以当日午后3时为统一逮捕时间。此次行动计在新京逮捕13人，在哈尔滨逮捕52人，在齐齐哈尔逮捕了教育厅长王宾章等38人，在海拉尔逮捕12人，在牡丹江逮捕29人，在上列地区共逮捕200多名共产党员知识分子。7月2日，东条英机以中央警务统制委员会委员长身份，在新京（长春）主持召开中央警务统制委员会第二次会议，他在会上称，6月13日大逮捕之后，共产党又把赤化工作指向"伪满洲国"青少年，这种影响必须铲除干净，为此，在教育界必须彻底进行清理。8月22日伪满齐齐哈尔第三军管区军法会对172名被捕者进行会审，判处黑龙江《民报》社社长王甄海、麻秉钧等5人死刑，判处黑龙江省教育厅体育股股长姜赓年等7人无期徒刑，判处齐齐哈尔市市立慰东小学校长张永等25人有期徒刑，其他人缓判。此事件即是东条英机为破坏中共满洲省委组织而制造的"六一三"惨案。（书局-31页，日本战犯供词）

【哈东特委"四一五"遭破坏惨案】 1937年4月15日，由日伪滨江省警务厅组织、由驻一面坡日本宪兵分队长中头上尉统一指挥，对苇河、大连、柳河、磐石、奉天、抚顺等地潜伏于伪满军队、伪警察系统内的中共哈尔滨东部特委的共产党员及其抗日人员实施逮捕。1937年4月15日晨，在苇河县苇沙河、石头河子、牙不力、青云、亮珠河等地逮捕了207人，在大连、柳河、磐石、奉天、抚顺总共逮捕497人。被捕人员中多数是警官、军官、士兵，以及医生、教员等身份的抗日人员。日军将其羁押在伪满哈尔滨警察厅及各地警察署留置场。据1938年2月12日《满洲日日新闻》登载，按《暂时惩治叛徒法》将张霭如、张宝玲、钟德明、武金山、杨树森、杨树惠、张子林、赵玉章等85人判处死刑杀害，另有64人被判处有期徒刑，被判缓刑的31人，不起诉26人，正在起诉的135人，释放156人。（书局-106页，日本战犯供词）

【讷河县惨案】 1939年11月至1944年3月，伪黑龙江省齐齐哈尔宪兵队在讷河县三次统一行动，逮捕中共讷河县党组织及支援东北抗日联军抗日活动的老百姓。第一次在讷河县龙河村、九井村、讷南村等地逮捕96人，其中多数人是抗日救国会会员，被关押在伪龙江省齐齐哈尔第一监狱。1940年9月至11月实施第二次逮捕，计逮捕40多人，被关押在伪龙江省警务厅进行刑讯。第三次大逮捕发生在1944年3月，计逮捕40余人，被关押在伪满齐齐哈尔第一监狱。此后，日军把张安、叶永盛、王景和、王悔等人在刑讯中打死，高凤山、王增福等38人被判死刑杀害，其余人被判各种徒刑，其中绝大多数在服刑中被折磨致死。（书局-200页，日本战犯供词）

【三肇（肇州、肇东、肇源）惨案】1940年秋，日本人霸占肇源县沿江渔户财产，并以"反满抗日"为名将渔户治罪，打死渔民多人，还把70多名渔民投进江里淹死。此事激起巨大民愤，东北抗日联军第三路军第十二支队支队长徐泽民于1940年11月上旬，率队袭击了伪满肇源县公署，打死了欺压中国人的日本人。此事轰动了伪满洲国，触怒了伪满洲国总务厅长官武部六藏，于是他下令围剿抗日联军和参与抗日的老百姓。由伪满司法部长太田主持，组织伪满滨江省宪兵、警察、日军、伪满军等在三肇地区开始大搞治安肃正。日本人布置大批特务和密探，在肇源、肇东、肇州三县抗日联军活动的地区进行侦察并大肆逮捕抗日联军和参与抗日的老百姓。计在肇源县城逮捕200多人，在肇州县丰乐镇徐家围子、大同镇等地逮捕40多人，在肇东县昌五街、洪和村等地逮捕50多人。1941年2月13日，抗日联军第十二支队队长徐泽民在兰西县临江村丁家油坊屯不幸被捕，抗日联军十二支队参谋和李忠孝在肇州县托古村被捕，第三十六大队队长杨永祥、第一小队队长袁福林在哈尔滨市被捕，游击大队队长杨宏杰在扶余县三岔河街被捕。日军把被捕300多人中的主要人物关押在哈尔滨模范监狱。徐泽民等72人被判处死刑杀害在哈尔滨监狱，被判有期徒刑的100多人，日军并惨无人道地将张占鳌、郭希模等19人塞入哈尔滨三站岗房子大江中的冰窟窿里活活淹死。日寇又于1941年2月27日晚把曹守城、李治亭等40人杀害在肇源县西门外的小山边，制造了惨无人道的"三肇（肇州、肇东、肇源）惨案"。（书局－317页，日本战犯供词）

【王岗惨案】1940年8月，伪满洲国在哈尔滨市郊王岗成立没有飞机装备的两个连队、共156人的第3飞行队。飞行队长日本人辻新吾中佐，待兵苛刻，积蓄兵怒。该飞行队员刘远泰于1941年1月初逃至肇州县陈家园子，接受抗联第3路军第12支队队长徐泽民指导，然后潜回哈尔滨与飞行队中士苏贵祥、龙国兴等人商议起义事项。趁所有连排以上军官离队回家过年之机，苏、龙等人于1月4日晚7时30分按计划起义，他们砸开兵器库、被服库，夺取武器及物品，率84名士兵，将夺取的兵器、弹药、被服、汽油等物资，分乘两辆军用大卡车向肇州、肇源、肇东方向驶去。伪满治安部得到王岗第3飞行队起义的消息后，即刻调遣日满军队进行围追堵截，于1月6日下午1时左右，在肇东县榆树林发现起义部队，开始实施包围，经过双方激战，30名起义人员被射杀，45名被俘，其余人逃跑，但在警察和宪兵密布的网络中均被捕获。日军将85名起义者全部杀害。（书局－356页，日本战犯供词）

【齐齐哈尔铁路沿线惨案】1941年9月底，在兴安东省莫力达瓦旗多西浅，抗联第3路军第9支队参谋长郭铁坚等18人与驻昂昂溪日军田中部队、白丸讨伐队交战中牺牲，日军从郭铁坚身上搜出中共两份秘密文件，随军宪兵将此文件转交伪满齐齐哈尔宪兵队。文件中有关以齐齐哈尔铁路局为中心组织的铁路抗日地下组织情况。齐齐哈尔宪兵队依文件重要性，将此功归于日军田中讨伐队、白丸参战部队，即将此事冠名"田白工作"事件，并组建侦破班子，在齐齐哈尔至沈阳、锦州沿线火车站点进行侦探和抓捕。按着侦探名单先后共抓捕了王耀钧、史履升、周善思、毛殿武等铁路及老百姓员工700余人，其中包括执委部成员30多人。日军把被捕人分别关押在伪满齐齐哈尔、哈尔滨、沈阳、锦州等地检察厅刑讯。1942年12月26日，判决史履升、王耀钧、周善思3人死刑，在齐齐哈尔监狱被绞死，佟允文、毛殿武等200多人被判5年以上至无期徒刑。被判刑者多数人被折磨死在狱中。（书局－416页，日本战犯供词）

【齐齐哈尔铁路线国民党抗日组织被迫害惨案】
1941年12月4日，日军在"田白工作"事件中拷问被捕人时，了解到齐齐哈尔铁路线还存在重庆国民党方面派来的反满抗日组织，此事引起日伪有关方面高度重视。成为齐齐哈尔日本宪兵队队长星实敏将自己的姓作为本次镇压事件的代号，定名为"侦星工作"。12月23日向全满各宪兵队下达电报命令，要求各宪兵队对全满的国民党"东北党务办事处"、"东北调查室"、"北宁铁路党部筹备处"、"东北特派专员"等潜伏机构迅速进行侦破。以齐齐哈尔为中心的"侦星工作"从12月17日开始大逮捕，将伊作衡、王文宣等160多人逮捕入狱，关押在齐齐哈尔监狱。日军用残酷的手段对被捕人员进行拷问筛罪，并于1942年7月对伊作衡等47人起诉，判处伊作衡、王文宣两人死刑。刑讯中被打死2人，其余43人被判死缓、无期和20年以上徒刑。在被判刑者中，日本投降后只有6人活着出狱，其余人均被折磨死在狱中。（书局－443页，日本战犯供词）

【通河县惨案】 1945年2月14日夜里，日伪三江省（佳木斯）与伪滨江省（哈尔滨）联合在所辖属地通河县和

二、侵华日军在中国制造的部分惨案 1062 例

木兰县两地，对东北抗日联军组建的"抗日救国会"、"抗日青年武装队"活动地区统一进行大搜捕。在通河县凤山、凤阳、清茶、宝兴等村屯逮捕李官江、吴凤鸣、于洪滨、林伯川等 96 人；在滨江省木兰县浓河一屯将李纪超、二屯杨宝林、浓河街方宝吕等 25 人逮捕，并用汽车将此 25 人拉到通河，与在通河被逮捕的 96 人一起关押在西门康生院临时拘留所。经过一个月的酷刑刑讯，日军又得到了新的情况，于是再次到通河县凤山、凤阳、万柳屯、船口等村，逮捕了黄福东、高洪福、张玉昆等 93 人，关押在通河矫正局。同时，在木兰县浓河一屯将赵发、二屯武斌、三屯王世昌、浓河街张福玉等 57 人逮捕，此两次行动共逮捕 278 人。在酷刑刑讯中，于兴仁等 24 人被打死。日军的兽行激发了尚有民族气节的伪警尉王金财对日寇的仇恨，王遂率被关押的 180 余人到警备队部将警备队缴械，占领了通河县县公署，打开了军械库，得了武器装备，打死日本人 34 名、伪军 2 名，烧毁了县公署、警察署、汽油库等，名曰"四·六"暴动。事件发生后，伪三江省（佳木斯）警务厅及三江防卫司令部联合进行围追堵剿，将参与暴动的 300 多人全部抓获。在抓捕行动中被打死 65 人，暴动后因重伤、病饿而死 24 人，在刑讯中被打死 27 人，送往佳木斯判处死刑被杀害 31 人，又在佳木斯市东沙沟子万人坑枪杀 32 人，死亡原因不明 12 人。（书局－596 页，日本战犯供词）

【赵一曼被害惨案】赵一曼系中共满洲省委珠河中心县委委员。1935 年 11 月 22 日在珠河县第三区春秋岭与日伪军战斗中左腿负重伤，其右脚和臀部也被打伤，躲藏到周贵沟养伤，第三天被搜山的警察讨伐队抓捕，日军将赵一曼关押在（伪）滨江省哈尔滨警务厅留置场。日伪认

57

为赵一曼是共产党要员,把抓获赵一曼的通报发送到伪满洲国治安部及日本各宪兵队。1936年年初,日军把赵一曼送到哈尔滨市南岗市立医院治疗,她在治疗中仍然继续宣传反满抗日工作,把见习护士韩勇义(女)、监护看守警士董宪勋及董的叔叔董广政三人的思想做通,四人合力于6月28日(周日)从医院逃跑,6月29日被日伪追捕人员在阿什河东第二次被捕,日伪将其押回日伪滨江省(哈尔滨)警察厅。8月2日赵一曼在哈尔滨郊区珠河被日本宪兵杀害,时年仅29岁(有说31岁)。赵一曼牺牲前给儿子留下两封遗书:"宁儿:母亲对于你没有能尽到教育的责任,实在是遗憾的事情。母亲因为坚决地做了反满抗日的斗争,今天已经到了牺牲的前夕了。母亲和你在生前是永远没有再见的机会了。希望你,宁儿啊!赶快成人,来安慰你地下的母亲!我最亲爱的孩子啊!母亲不用千言万语来教育你,就用实行来教育你。在你长大成人之后,希望不要忘记你的母亲是为国而牺牲的!一九三六年八月二日。你的母亲赵一曼于车中。""亲爱的我的可怜孩子:母亲到东北来找职业,今天这样不幸的最后,谁又能知道呢?母亲的死不足惜,可怜的是我的孩子,没有能给我担任教养的人。母亲死后,我的孩子要替代母亲继续斗争,自己壮大成人,来安慰九泉之下的母亲!你的父亲到东北来死在东北,母亲也步着他的后尘。我的孩子,亲爱的可怜的我的孩子啊!母亲也没有可说的话了。我的孩子自己好好学习,就是母亲最后的一线希望。一九三六年八月二日在临死前的你的母亲。"(抄自伪"滨江省警务厅关于赵一曼的情况报告"1936年8月11日滨警特密第8853号。)在临刑前赵一曼对押刑车的日伪警察说:"为抗日斗争而死才是光荣的。"

二、侵华日军在中国制造的部分惨案 1062 例

【孙国栋被害惨案】1944 年 12 月 19 日,日本哈尔滨宪兵队在绥化县九井子村将抗日联军第三路军第九支队大队长孙国栋、刘祥、杜希刚及抗日救国会长张义等 24 人逮捕,拘押在哈尔滨道里监狱。在刑讯中日本法官横山光彦问孙国栋:"你为什么要抗日?"孙国栋横眉立目坚决回答:"中国的土地上,不许外国人横行霸道,杀人放火,杀青年儿童,强奸妇女。"气得日本人如同恶狼,残忍地判处孙国栋、杜希刚、于兰阁、赵文有等 9 人死刑,其余判 10 年以上徒刑。日本人为对孙国栋发泄仇恨,于 1945 年 8 月 14 日下午 3 时将孙国栋杀害在哈尔滨道里监狱。孙国栋就义前向狱中难友高声大喊:"我要对难友们说一说,苏联红军和日寇已打了一星期,日寇就要完蛋了,你们往后就能过中国人的好日子了。我是为中国人摆脱黑暗日子,我的牺牲是光荣的……""中国共产党万岁!""打倒日本帝国主义!"随后高唱《救亡进行曲》向难友告别,表现出共产党员视死如归的英雄气概。尔后孙国栋被一群看守推进绞刑楼英勇就义。(书局 -60 页、700 页,日本战犯供词)

4. 日军在北京市制造的部分惨案

【七七卢沟桥事变惨案】1937 年 7 月 7 日夜,日军借口在演习中一个士兵失踪,欲图强行进入宛平县城搜查,被中国守军拒绝,于是日军率先向中国军队开枪,继而开炮轰击宛平城,中国守军奋起反击,由日军蓄意制造的卢沟桥事变由此发生。从此,中国全面进入了抗日战争。驻守宛平县城的中国国民党第 29 军第 37 师及当地保安队多次击退日军进攻,但终因装备太差、守备力量薄弱而撤退。

日军占领县城后，疯狂地烧杀抢掠，凶残地进行报复。卢沟桥东头有一长3丈多，宽1丈多、深1丈多的沟，成了日军的杀人场和埋人沟。日军对县城居民所有有怀疑的人，皆进行刺刀挑和大刀砍，甚至残忍地把养骆驼的李老太当成练刺刀的活靶子挑死。日军还把宛平城被怀疑的老百姓当成第29军官兵和保安队，赶到"卢沟晓月"碑后的大沟旁砍杀、枪杀，进行大屠杀。据当时被日军强赶去带着铁锹、镐头掩埋尸体的刘长珍、佟德麟、李世明三人回忆："日军杀人杀红了眼，凡是他们看着不顺眼的人就杀。第29军和保安队的人早就撤走了，日军进了宛平城仍然大杀大砍，死的人太多了。我们在卢沟晓月碑附近看到，全是横躺竖卧摞成堆的死尸，好大一片，起码有1000多人。天太热，尸体都腐烂膨胀起来。有的被家属和亲友认领了，多数人尸首分离，烂得看不清模样，没法认，只好都挖坑埋了。"这就是日军制造的震惊中外的宛平县城惨案。（辽大－198页，杨玉芝　李秀智）

【密云县潮河关惨案】1933年4月14日拂晓，日军第8师团长西义一，命令100多名日军残杀潮河关村老百姓，把村民集中到街头的4棵大槐树下，枪杀、刺死83人，烧毁房屋360多间，杀死牲畜200多头。（冀－113页，王敬魁）

【大兴县济德堂惨案】1937年7月27日下午，日军第20师团向驻守团河的国民党宋哲元第29军驻地进攻，傍晚，日军占领团河，把第29军未撤走的200多名伤残人员赶到团河行宫北门外用机枪扫射全部杀害。抓住19名青壮年，押到团河行宫北的济德堂，日军军官挥刀喊口号，由19个日军练刺杀。于治久被刺倒后昏死过去，后幸存，

其余 18 人被残害致亡。(冀－113 页，王观凤　邢友延)

【昌平县西山惨案】1937 年 8 月 18 日至 8 月 20 日，日军板垣征四郎部队沿平绥路向西北进犯，在南口受到中国守军汤恩伯的部队顽强阻击。日军由昌平西峰山进入西山，沿途烧杀抢掠奸淫妇女无恶不作。18 日，日军进犯溜石港村，枪杀刘万丰的妻子后割掉乳房，把村民王福臣吊在井旁杏树上，扒光衣服，一刀一刀地活活剐死。日军共杀害百姓 37 人，烧毁房屋 440 间。8 月 19 日，日军在马刨泉村，把 60 多岁老人刘万江挑死，杀害百姓 43 人，烧毁房屋数十间。8 月 20 日，日军在禾子涧村，杀害百姓 13 人。三天内共被日军杀害 93 人，烧毁房屋 500 多间。(冀－114 页，李长富　王宏士　李志江)

【房山县坨里惨案】1937 年 8 月 20 日，日军进犯房山县城东北部坨里村，见人就杀，疯狂至极，村里王昆、王田等 128 人遭杀害。(冀－115 页、赵润东)

【房山县二站村惨案】1937 年 9 月 17 日下午，侵占二站村的日军，用刺刀逼迫村公所的人到二站村北把躲在天主教堂避难的 10 岁以上男人全部赶到村西大沟里，脱下衣服，凡是头上、肩上、手腕、脚腕有印迹的人一律被认为是宋哲元第 29 军的士兵。由端刺刀的日军逼赶这些村民进到西边谷地里，日军从背后捅心，进行残杀，共有 110 名青壮年男村民惨遭杀害。(冀－116 页，张玉泉)

【房山县定府辛庄惨案】1937 年 9 月 16 日至 9 月 24 日，日军两次到距房山县城东南 2 华里的定府辛庄杀人放火，共计杀害张三炮夫妻等 70 余人，炸毁和烧毁房屋 200 余间。(冀－116 页，张玉泉)

【房山县坟庄惨案】1937年9月17日上午，日军侵占了坟庄村。进村后，见物就抢，见人就杀，共杀害冯卫春等70余人，村内房屋的门窗被砸毁烧掉，猪、鸡等牲畜被抢劫一空。（冀－117页，赵润东）

【丰台区米粮屯村惨案】1937年11月15日晨，驻长辛店的日军包围了米粮屯村，他们对村民自发组织的抗日武装进行大屠杀，共杀害村民83人，最大年龄83岁，最小的只有7岁，烧毁房屋37间。（冀－118页，张梦孚 杨祥永）

【房山县太和庄村惨案】1937年12月23日拂晓，日军包围了华北抗日同盟军朱龙驻扎过的太和庄村，见人就杀，见柴草垛和房子就放火，共杀害孙奎、王以寿等78人，烧毁数十间房屋和许多柴草垛。（冀－118页，赵润东）

【大兴县连营惨案】1939年5月26日晨，日伪军600多人，分乘20多辆汽车，向采育、解州营、大回城方向分三路包围一溜营地区"联庄会"，强行收缴民间枪支。在收缴武器过程中，对17个村进行烧杀抢掠，共杀害霍州营、沙堆营、垡上营、赵县营、留民营等17村73人，烧毁房屋826间，烧毁庙宇4座。（冀－121页，邢友延 王观凤）

【宛平县门头沟斋堂村惨案】1940年10月，日军在斋堂村建立据点，他们利用汉奸人熟地熟的优势，在原八路军根据地各村抓人。从1940年至1945年，八路军的区、村干部刘永华、李国玉、杜春振、宋广仁、李景有等100多人被日军以肢解身体、喂狼狗、煮头示众、地雷炸死等惨无人道的手段予以杀害。（冀－122页，何建忠）

【密云县六寡妇村惨案】1941年8月31日，驻古北口日本宪兵队从上甸子、下甸子、涌泉庄三村抓走抗日组织青壮年178人，后经保释放回50名"良民"，其余128人经过7昼夜酷刑刑讯，押往承德监狱判刑，其中7人被杀害在承德水泉沟万人坑；121人被判7～20年徒刑，至日本投降时只有14人生还，余者皆死在狱中。1941年10月25日，古北口日本宪兵队在香水峪、南香峪、北香峪三村抓走青壮年163人，其中95人押往承德监狱判刑，4人被杀害，91人被判12年以上徒刑。日本投降后只有7人生还，余者皆死在狱中。日军前后两次兽行造成该6村变成寡妇村。（冀－123页，曹友林）

【密云县孟思郎峪惨案】1941年9月23日至10月30日，日军对八路军冀察步兵第10团游击地区频频围剿，把支援八路军抗日的山区百姓作为清剿对象。在朱家峪、罗圈厂、石湖根、孟思郎峪等村杀害69人，其中，孟思郎峪村36人，包括11名儿童，最小年龄只2岁；烧毁房屋71间。（冀－124页，张桂新）

【平谷县鱼子山村惨案】1941年11月19日至1942年2月15日，日军把八路军游击区鱼子山村划为无人区，进行长达60多天的烧、杀、抢、掠。有7位60～70岁老人被日军活活烧死，杀害鱼子山村老百姓180多人，10户被杀绝，72名妇女变成寡妇，烧毁房屋2000多间。（冀－125页，胡尔森）

【密云县下营村惨案】1942年9月8日至12月10日，日军到下营、朱家峪、石湖根等地扫荡，抓住33名老百姓押到下营村北真武庙旁边砍杀，其中一人逃跑，32人遭杀害。时隔几天，日军在扫荡中又抓住49名老百姓，押到下营村砍杀。在两个多月内，日军在下营村共杀害81

人，下营村居民由 70 户减至 30 户。（冀－132 页，王敬魁）

【宛平县门头沟王家山村惨案】 1942 年 12 月 12 日，驻斋堂村据点的日军到王家山扫荡，把村民逼赶到村前的小空地上，逼问八路军和干部的去向，没有人回答。又把人群用刺刀赶进两间屋子，用铁丝拧紧门窗，往屋内塞柴草放火。屋内人拼力向外推，由于风力助燃，火势向屋内烧，共有 40 多人被活活烧死在屋内，其中包括 70 多岁老人和刚满月的婴儿及怀孕的妇女。（冀－133 页，李青山 姬江 董梦知）

【延庆县岔道"活人坑"惨案】 1943 年 5 月开始，日军从各地抓来 6000 多名民夫，逼迫其在北平北部抗日根据地南北两山之间挖"封锁沟"。在延庆县岔道村民夫住的帐篷附近挖了一个 6 间房子大的地窖，叫"活人坑"，也叫"集中营"。日军把因劳累过度不能再参加挖壕的病号以"治病"为名，关进"活人坑"，并谎称这些人患了"霍乱"传染病，在坑内架上干柴将其活活烧死，被日军烧死在"活人坑"内的民夫计有 700 多人。（冀－137 页，颜青）

【石景山制铁所惨案】 日寇成立的石景山制铁所的中国工人们饱受日寇盘剥：夏日住在湿漉泥泞的工棚，吃豆饼面、共和面，每天工作 10 多个小时，饭食落满苍蝇，卫生极坏，因而导致 1943 年 9 月 8 日制铁所矿区发生霍乱病，日军唯恐疫情扩散传染给日本人，由日伪军警宪特配合，隔断北平市与石景山矿区交通 5 天，把病人强行装进防疫车，扔进制铁所取砂石留下的 9 个撒了白灰的大坑内活埋，坑内尸骨如山。据 9 月 10 日制铁所月报记载："义和祥包工柜苦力有 44 人'因病隔离'；有 258 人'逃亡'。在采石场 180 名苦力，4 天内隔离 136 人，其余 44 人全部失踪。霍乱发生前使用的苦力为12370人，发生后减少到11280人，逃亡有5600人。"这些"逃亡者"即为被日军当作患霍乱病人扔进砂石坑内被害的5600名华工。（冀－137页，关续文）

【怀柔县大水峪村（原热河省滦平县属）惨案】 1941年10月16日至20日，日本古北口宪兵分队在日军守备队协助下，在汤河口、琉璃庙、大水峪等5个村抓走"救国会"成员和抗日群众340多人，其中大水峪村204人，先把他们关押在怀柔监狱刑讯3天，然后又送到古北口宪兵分队刑讯。经过10多天的酷刑折磨，又转送到承德监狱关押。经过一个多月的刑讯拷问，认定被捕者全是"国事犯"。将杨全、姜尔康等50多人判处死刑杀害在承德水泉沟；李洪友、牛凤元等150多人被判不同年限的徒刑，分别转押在锦州、抚顺、营口、安东、大石桥监狱。被捕人员中，日本投降后活着回家的只有28人，其余服刑人员全被害死在各监狱里。（党史－60页，方志富 张荣福等）

【大兴县南各庄惨案】 1938年10月28日拂晓，盘踞礼贤镇的日军小队230多人包围了南各庄村，挨家挨户搜查八路军。他们见人就开枪，打死了周恩印、王振朝等4人。由于没有得到八路军的消息，便抓走17名青壮年押到礼贤镇大兴布店的东厢房，傍晚，又把他们押到村外用机枪扫射杀害。此外，日军还烧毁民房和店铺100多间，烧毁粮食60000多斤、抢走骡马70多头。（冀－120页，王观凤 邢友延）

【延庆县大柏老村惨案】 1940年9月17日，日军100多人包围大柏老村，抓走姚全玉、唐富治、冯贵生3

人，押到延庆县监狱刑讯，但3人没有招供。隔几天，日军又抓走10人押到县监狱刑讯。10月17日，日军用汽车把姚全玉等13人押回大柏老村，并把全村男女老幼集中到村南场上观看他们的残暴行径：日军用洋刀将这13人砍头，砍掉一个头，用水冲洗一下刀，再砍再杀，直至这13名无辜老百姓全部杀害。（冀-122页，颜青）

【平谷县张辛庄村惨案】 1942年8月2日上午，日伪军把150多名张辛庄村村民赶到平谷县张辛庄村南空地上集合，逼问是谁带头把平谷至南独乐河公路的电线杆砍倒的。被问到的人全答不知道。日军命人抬来几口大水缸，灌满水，然后从人群中拉出村民宋宽，问他谁是领头砍电线杆。宋宽答不知道。几个日军就把宋宽的头朝下按进水缸，接着又把张广明从人群拉出来，暴打一阵后再询问，见没问出情况，也把张按进水缸里。日军又把张大义和宋玉才的父亲也按进水缸里，致使二人当场被淹死在缸里。1943年1月24日清晨，日军又侵犯张辛庄，挨家挨户搜查八路军，放火烧房，把200多名村民赶进村东一家大院里，强迫村民扒光衣服，跪在地上，日军用一桶桶冰水往人身上泼，村民个个被冻成冰人。不管日军如何折磨，受刑村民都是一言不发，恼羞成怒的日军便把王泉的舅父连捅8刀杀害。（冀-128，平文）

【通县平家疃惨案】 1945年5月7日，日军2000多人包围了平家疃，挨家逐户大搜捕，把全村青壮年分为两批分别抓到张玉清和王占奎两家院子里，逼问八路军的粮食、钱款和武器的埋藏地，被问的老百姓没有人回答，日军便一连杀了5人，也没问出情况。日军气急败坏，又用刺刀挑杀了12名老百姓，仍未得到他们需要的情况。

（冀－139页，刘祥久）

【平谷县黑豆峪村惨案】1943年1月6日，日伪军500多人侵袭黑豆峪村，把全村800多男女老少赶到村前广场，逼其脱掉衣服，然后向其追问八路军下落。见无人应答，日军便把周保林、王三头、陈宝山、陈俊义4人当场挑死，接着日军杀害了15名老百姓；另有100多人被打成重伤，300多名老人全部被冻伤。（冀－135页，王静）

5. 日军在天津市制造的部分惨案

【河东凤林村惨案】1937年7月29日，天津沦陷，占领天津的日军到处杀人放火、强奸妇女，无恶不作，把老百姓吓得四下逃难。日军在河东凤林村合顺大车客店，把客人和店主20人一一用刺刀挑死，造成合顺客店里血溅成河。同时烧毁地道口两旁的房屋，用机枪扫射附近的居民，惨杀无辜百姓若干人。（冀－143页，刘勋）

【静海县府君庙村惨案】1937年8月3日，日军在静海县府君庙村遭到中国第29军一个排的痛击，打死日军13人，该排丁排长带队撤出府君庙村后，日军闯进村内，挨家逐户搜查第29军的士兵，但没见到踪影。恼怒的日军便开始大屠杀，年老体弱未能逃跑的老人、小孩和妇女均惨遭毒手，有的妇女遭奸污后被杀，共有37人惨死在日军的屠刀下。（冀－144页，武德巍）

【静海县五美城村惨案】1937年8月8日，日军在与宋哲元第29军交战时受挫，把仇恨发泄在支援抗日的老百姓身上。日军用重炮轰击五美城村，而后进村杀人，对逃跑的老百姓用机枪扫射，杀害了五美城村陈广春、陈广祥等25人，杀害了邢家垫村徐宝玉、孙得江等13人，杀害了三间房村7人，总共有45名老百姓遭日军杀害。（冀－145页，宋军）

【武清县崔黄口镇惨案】1937年10月25日晨，日军与汉奸队180多人包围抗日武装郭士明部队驻地崔黄口镇，把正在赶集的300余名商人和群众用枪逼赶到西门北土坡，逐人验手，把手掌无茧的128人视为拿枪的人，分三批在西门外路南大坑边用机枪扫射杀害。（冀－146页，史群）

【武清县东沽港村惨案】1938年7月27日，日军松本部队150多人乘汽车到王庆坨镇同汉奸曹荫湘密谋袭击八路军冀中军区第三分区，途中遇到八路军两个连的兵力阻击。八路军转移后，日军闯进东沽港村，挨家逐户搜查八路军。不管男女老少，见人就用刺刀挑，把未能随八路军部队撤出村的127名老弱病残及妇女小孩全部杀害；烧毁房屋1200多间，造成400余户人无家可归。（冀－147页，史群）

【蓟县上仓镇惨案】蓟县上仓镇由南闵庄、后秦各庄、河西镇三村组成。1938年8月25日清晨，驻别山的日军石川大队100余人侵袭上仓镇"抗联"组织，"抗联"因寡不敌众，主动撤出。日军进镇后，把抓到的40多名青壮年押到"兴泰德"烧酒院内，用活埋、铡刀铡等手段进行残害。日军在上仓镇共杀害了300多名手无寸铁的老百姓，烧毁房屋100多间。（冀－154页，党志）

【静海县王口镇惨案】1938年5月7日凌晨，驻文

二、侵华日军在中国制造的部分惨案 1062 例

安、大成一带的日军分北、南、东三路袭击王口镇郝宝祥自卫队。自卫队闻讯派骑兵报警让老百姓逃难。日军向王口镇合围时，一路杀人放火；在王口镇会合后，更是疯狂地将未能逃跑的 108 名老百姓残忍杀害。（冀-151 页，武德巍）

【东丽区排地惨案】从 1937 年 11 月至 1938 年 9 月，日军以"剿匪"为名，进袭排地地区骆驼房子、流芳台、幺六桥、北窑、新德庄、军粮城、苗街等村，共杀害无辜老百姓 100 余人，烧毁房屋 100 余间。（冀-152 页，付鸣山）

【静海县小郝庄村惨案】1937 年 8 月 18 日拂晓，日军到小郝庄村扫荡，村民大部分逃离家园或隐藏起来避难。日军进村后，打死村民胡万玉、张建山、张庆哲等 9 人，烧毁 20 多间民房。（冀-149 页，武德巍 张国政）

【静海县花园村惨案】1937 年 9 月 7 日，为逃难而潜藏在野外洼地里的花园村村民，受到大雨淋浇，冷饿难挨，人们纷纷入回村取食拿衣。傍晚，取衣食的人正在村西官场上聚集，突然一队日军骑兵出现，将人群围住，随即开枪射击，共杀害 42 人（花园村 32 人、外村 10 人）。因为日军乱枪射击，又用刺刀捅，被害人面目全非，无法辨认，事后只好埋在一起葬成一座肉丘坟。（冀-150 页，武德巍）

【津南大孙庄村惨案】1938 年 8 月 14 日晨，日军包围了大孙庄村，谎称抓捕"英"字号、"海"字号土匪，实际村里并没有土匪。日军打死了村民崔宝礼、孙凤波、李恩柱、孙玉勤 4 人，以及隋玉财的母亲、门前凤的母亲、

张克杰的父亲、张朝荣的弟弟、11岁的少年孙二琪等人，并把怀孕8个月的张春生妻子的肚子挑开，将胎儿刺死；还烧毁10多间民房，抢走20头牲畜。（冀－154页，崔翼）

【蓟县杨庄村惨案】1939年6月25日清晨，盘踞下营镇据点的日军小队长大斋带领60余名日伪军，包围了八路军区小队驻地杨庄村，村民大部分逃出村外躲避，日军抓住顾兴、张同等9人酷刑刑讯逼问区小队的下落，受刑人闭口不答，日军把他们拉到村东大路旁集体枪杀。1942年3月1日清晨，盘踞平谷县城的70多名日伪军再次偷袭杨庄村，把村长张孝，闾长张覃、张克谦、翟子仁4人以"私通八路"的罪名进行酷刑刑讯，又放出狼狗撕咬，最后把4人扔进白薯窖内点燃柴草烧死。（冀－155页，晏积智）

【武清县城关镇活人靶惨案】1940年年初夏的一天上午9时许，驻武清县城关镇日军守备队30多人在队长高桥的带领下，从县城监狱提出在押"犯人"44名，绳捆双臂，每4人一串，押到西门外以北200米处的新挖大坑边，高桥做刺杀动作示范，然后命士兵练习刺杀，把44名"犯人"全部刺死，尸体被就地埋入坑内。（冀－156页，刘光环）

【蓟县花峪村惨案】1941年1月26日清晨，盘踞平谷县城独乐河据点的日军400余人，包围了八路军冀东13团驻扎过的花峪村，把60多名村民赶到村中的空场上逼问八路军的去向。村民都说不知道。日军便把村办事员刘广元倒吊在枣树上用柴草烧，刘大骂敌人，被日军小队长将其头颅砍下。日军还用棍棒打碎了年近90岁的老人刘祥的脑袋，用火烧死了刘子珍的爷爷，用绳子勒死刘国仁的奶奶，把30多名妇女和小孩推进屋子里烧死。日军共杀害38名无辜老百姓，11人被烧成重伤，并烧毁村内所有房屋和粮食。（冀－156页，吴竹亭）

【蓟县史各庄村惨案】1938年7月31日凌晨，盘踞邦均镇的日军50余人到燕山脚下史各庄村"扫荡"，抓住王永录等11名老百姓后，用铁丝穿透锁骨连在一起，押到村南小岭上，关进看坟的茅草房内，命人从附近搬来柴草堆在房子四周，用机枪把11人射死，然后点燃柴草，烧毁茅草房，把11具尸体烧成焦炭。（冀－149页，刘春 吴竹亭）

【教育家赵天麟被杀惨案】著名爱国教育家赵天麟于1934至1938年任天津耀华中学校长，因其千方百计抵制日本侵略者推行的奴化教育，因而触怒了日军。1938年6月27日早7时许，赵天麟从英租界伦敦道昭明里2号家中走出去上班，被日军上尉中村派的杀手从背后开枪杀害。（冀－153页，何平）

【大港十间房惨案】1940年1月26日拂晓，驻天津小站日军40多人到十间房村"剿匪"。土匪闻讯早已逃跑，日军便把全村老百姓逼赶到一起刑讯逼问土匪去向。老百姓平时也恨土匪，但确实不知道土匪逃往何处。日军以通匪为名，先杀男的后杀女的，把全村50多口人全部杀害，只有当天在外地的方善甫及方家的3个嫡亲幸免于难，十间房村从此变成一片废墟。（冀－155页，田宝珩）

【塘沽劳工营惨案】1943年日军在天津塘沽设立"冷冻公司"劳工营（又叫"劳工收容所"），作为将华北劳工运往东北和日本的转运站之一。劳工营内建有4座关押劳工的铁顶仓房。劳工在里面承受着各种非人折磨，每天都有人因刑伤、饥饿、疾病而死亡。1944年初冬的一天，一至三号房劳工约好当天午夜打死巡视的日军，以灭灯为号集体暴动。因日军当夜没按时查房，午夜已过，二号房劳工以为一号房难友已把日军杀死，就灭灯外逃，此时巡夜日军正走到一号房门口，就向二号房逃跑的劳工开枪射击，由于一、三号房劳工见势不妙没有行动而幸免于难，但二号房内几百名劳工全部被日军杀害。（冀－161页，张笑平）

【蓟县前干涧村惨案】 前干涧村地处蓟县北部山区，靠近长城，被日军划为"无人区"范围。从1942年12月到1945年8月，日军到前干涧村进行多次扫荡，见人就杀，见物就抢，见房就烧，前干涧村刘大来等村民100多人被害，房屋被烧得一间不存。（冀－165页，吴竹亭）

【宝坻县赵家铺村惨案】 1944年11月22日早晨，盘踞新安镇据点的日伪军100多人在中队长柴崎带领下，包围了赵家铺村，把村民用刺刀逼赶到一起，将村干部巴素科吊在树上毒打，让他指认藏在人群中的八路军干部，巴素科说："共产党的干部就我一人，党的组织内情我不懂，我就管破坏交通，不让你们讨伐、抓人、欺负中国老百姓。"柴崎大怒，命令活埋巴素科。日军一边埋，巴素科一边大骂，柴崎残忍地点燃一炷香塞入巴素科嘴中。杀害了巴素科后，柴崎又砍杀7人，并命日伪军烧毁了100多间房屋。（冀－177页，闻煜）

【蓟县联合村惨案】 1941年8月15日清晨，盘踞邦均镇的日军70余人包围了联合村，但驻在该村的10余名八路军人员已转移至村外。日军先杀害了民兵王忠，又抓住了村党小组组长王耐等6人，用棍棒将其毒打以逼问八路军的去向。见问不出结果，便把王耐、崔良才杀害，然后开始搜山。藏在山洞内的八路军战士不幸暴露被日军全部刺死。此次日军共杀害19人，其中有八路军机关工作人员10人、村民9人。（冀－160页，吴景仁　吴竹亭）

【天津市颐中烟草公司职工被害惨案】日军侵占天津后，把颐中烟草公司作为特务据点。至1945年日本投降前，在该公司被残害的职工有贾春霖、孙希克、刘玉麟、满戈洛夫（俄籍）、刘子升、杨美璋、王树林、徐长增、孙长茂、于文元、苑宝山、王德明10余人，还有20余人被送到日本和伪满洲国当劳工，日本投降后活着回来的只有4人，余者皆被害死在外地。（冀－159页，秦戈）

6. 日军在河北省制造的部分惨案

【长城线上千里无人区惨案】南有"南京大屠杀"，北有长城线上"千里无人区"，这是日本侵略者在中国制造的两宗震惊世界的大惨案。从1939年秋起至1945年止，以日本关东军为主，在伪满洲军、伪蒙疆军和日本驻华北方面军的配合下，在沿长城东起山海关以西的九门口，西抵张家口市赤城县独石口以东老丈坝的千里长城线上，推行血腥的杀光、烧光、抢光的"三光"政策。在长城线南北宽32～250公里的广大地域，制造了横跨冀东、热河、辽西及察哈尔部分地区的、世界罕见的"千里无人区"。其范围包括今河北省、辽宁省、内蒙古自治区、北京市、天津市5个省、市、自治区的25个县（区）。长城线上"无人区"的面积约5万平方公里，其中"无住禁作地带"约8500平方公里。被合并的自然村1.7万多个，共建"人圈"

2506座，被驱赶进"人圈"的群众约140万人。"无人区"主要包括三个层次：一是"无住禁作"地带，即不准住人，不准耕作，不准放牧，实行彻底的见人杀光、见房烧光、见物抢光的"三光政策"，妄图彻底摧毁八路军和老百姓团结抗日、鱼水相依的生存条件。二是"集团部落"，即在平地大川地域修建有围墙、岗楼、有武装看守的"人圈"，"人圈"内居民没有行动自由。出入"人圈"的人要随身携带日伪制发的"证明书"（即身份证），无"证明书"者，按坏人论处，要治罪或杀头。出入"人圈"早晚规定时间，实行时间管制。在管制时间外禁止出入和通行。三是"无住禁作"和"集团部落"之间的"禁住不禁作"地带，允许在"禁住不禁作"地带种庄稼和放牧。日军在长城线上"千里无人区"屠杀和虐杀中国老百姓约35万人，其残暴程度不亚于南京大屠杀。（编译-1页，陈平）

【承德街水泉沟万人坑惨案】水泉沟是承德市市区头道牌楼外、避暑山庄宫墙西一条长约3里的山沟，万人坑座落在清朝康熙皇帝钦定的"四面云山"景观区内老阳坡上，是一块30多亩山坡地。1933年3月4日至1945年8月19日，在日本关东军侵占热河省12年多时间里，他们把从伪满洲国锦州省、热河省和长城以南各地抓到承德的抗日人员和老百姓，或直接杀害在水泉沟老阳坡，或在承德监狱虐杀、刑杀后再把尸体运到老阳坡掩埋。其中，包括民众抗日武装东北暂编仁义军总司令张广田、旅长张香甫等8名旅级以上军官，迁遵兴联合县第一任县长姚铁民、冀东军分区13团副政委廖峰等2100多名八路军党政干部及战士。此即日军在热河省省会承德街制造的掩埋着总数达36000多名被害者的尸骨的水泉沟万人坑，它是中国最

大的万人坑。（党史－4页，彭明生）

【兴隆县惨案】兴隆县曾是清东陵的"后龙凤水"禁地，北有雾灵山、南靠万里长城，是山高沟多林密的战略要地。1933年日军侵占承德后，该县即属伪满洲国热河省管辖，日军派关东军第8师团第31联队驻守兴隆。随着抗日战争形势的发展变化，兴隆县境内秘密建立起200多个抗日村政权，发展共产党员600多人，抗日民兵7000多人，抗日根据地已占全县总面积2/3。抗日武装力量的发展，使日伪统治摇摇欲坠，因此，日本关东军决定对兴隆县实施"治安肃正"，为此派驻了21500多日伪军把守县内要地，从1942年1月始在全县搞集家并村，烧毁2000多个村庄，把111825口人赶进199个人圈居住。为隔断共产党八路军与老百姓的联系，日寇把全县43%的面积划为禁住禁作无人区，在无人区内见到人格杀勿论。日军还在全县多次进行"大讨伐"、"大集家"、"大扫荡"、"大检举"、"大屠杀"，施展"断食空腹"、"倒栽莲花"、"军犬舞蹈"、"滚绣珠"、"电磨粉身"、"枪戳沙袋"、"虾公见龙王"、"开膛取心"、"钢针透骨"等种种酷刑，杀害兴隆15400多人，烧毁民房70000多间。日军驻双庙据点的头子中川，先后曾吃掉50多个人的心脏。日军还于1942年1月在兴隆全县搞大检举，抓捕2000多人，就地杀害400多人，另有200多人被集体杀害于县城南土门，造成50多户的大帽峪村变成"寡妇村"。日军在兴隆县制造了许多惨案村，如：在西化鱼沟村杀害23人，在白马川村杀害11人，在茅山村杀害60人，在前干涧村杀害19人，在沙坡峪村杀害201人，在清水湖村杀害140人，在上庄村杀害80人，在石门台村杀害48人，在栅子沟村杀害126人，在小水泉村杀害

70多人，在双林村杀害11人，在张杖子村杀害61人，在车河堡村杀害61人，在蘑菇峪村杀害211人，在中田村杀害217人，在成功村杀害31人，在洒河川村杀害120余人，在庙岭村杀害500余人。日军上述暴行使兴隆县由1941年的160000多人口，至1945年日本投降后只剩100000人，四年多时间，被日军杀害、抓劳工、冻饿死50000多人。（兴内－115页，佟靖功；冀－228页，朱呈云）

【东条英机制造的张家口市宣化惨案】 1937年8月23日下午至24日，日军飞机轰炸宣化城，炸死刘海生、王铁匠、张玉明等26人，使钟楼南王铁匠、观音后街刘海生两个家庭被毁。此是东条英机机械化部队向张家口进犯时在宣化城制造的惨案。（冀内－276页，赵辰录）

【万全县城惨案】 1937年8月27日，日军警备二队100多人侵占万全县城，见人就杀、见物就抢、见妇女就强奸。有一个妇女被30多个日军轮奸，当场昏死过去，日军轮奸后还把这个妇女用刺刀挑死。日军抓了9个妇女，逼迫她们脱光衣服并逼之赤脚在西大街上扭来扭去，有的妇女不甘受辱，自杀身亡。日军抓来500多名群众，逼迫其脱光衣服并将之赶入同心号栈房巷内，严刑拷打刑讯，把李永华打死。30日，日军把37名青壮年赶到东城墙瓮圈边枪杀。9月1日，日军又将73名群众押到城北狼山沟枪杀。时隔几天，又在城西石板沟和西河集体枪杀30多人。从8月27日至9月上旬，万全县民众因日军在万全县城飞机轰炸、刀砍致死、强奸致死、集体杀害等遇害共300多人。（冀－183页，孙学惠；冀内－280页，刘有华）

【怀安县王家夭村惨案】 1937年9月1日中午，日军在怀安至城北黄家湾村公路之间就地待命，驻王家夭村附近日军离队到农民家找"花姑娘"。此时，村里人多数跑到村外青纱帐（高粱地）藏起来，日军便抓来王守仁、王相二人逼问村里人的去处，二人回答说不知道，日军便将王守仁打死，打伤王相。后来日军在村东北面八十亩地沟发现 34 名妇女和儿童，日军就地强行奸污妇女，然后逼她们脱光衣服裸身扭舞，并要是把她们带到日军部队去供长官们玩弄。妇女们坚决不从，日军便用刺刀挑死刘三恩的妻子，但也没把众人吓倒。日军随即打开王昌院里的两个山药窖，把 34 人全部推入窖内，抱来大捆干柴，点燃后扔进窖里，盖上窖盖，压上磨盘，企图把人闷死，随后扬长而去。日军走后，人们马上抢救，只救活 5 名妇女，29 人被熏烧死亡，其中有 18 名小孩。当日王家夭村共被日军杀害 31 人。（冀内 - 283 页，杨秉元）

【东条英机制造的尚义县南壕欠镇惨案】 1937 年 9 月 7 日，日军东条英机机械化部队占领南壕欠镇。日军进镇后见人就杀，男女老幼无一幸免。在镇西头与中山街发现墙上有"打倒日本帝国主义"标语，院内留有晋军遗物，两名日军便把曹凤的两岁小孩抓来，各揪其一条腿五叉分尸。日军还强奸妇女多人。此次日军在南壕欠镇共惨杀无辜百姓 230 多人，其中包括外地来此做工的 60 多人。（冀 - 185 页，左宝；冀内 - 288 页，李士杰）

【南皮县十二里口、七里口惨案】 1937 年 9 月 27 日拂晓，国民党第 29 军在南皮县十二里口村南与在堤上宿营的日军激战 3 个多小时，日军伤亡极其惨重。第 29 军获胜后迅速转移远去。日军后续部队赶来增援，只见遍堤是满日军尸体及伤员，早已不见第 29 军踪影。日军便把相邻的十二里口村和七里口村的老百姓当成发泄仇恨的靶子，进村后见人就杀，见房就烧，把十二里口村没来得及逃跑的殷堂、何玉庆、殷双羊等60来岁的21名老人杀死，烧毁房屋300多间。在七里口村砍杀徐贵贤、徐八、徐练等71人，杀绝12户人家。两村共被敌人杀害92人。（冀-197页，周宝华；冀内二-139页，李树生　胡朝禹）

【固安县惨案】1937年9月14日至9月18日，日军侵入固安县，飞机大炮狂轰滥炸。日军在东杨村杀害了70多岁的李连儒夫妇、李杰、李福才等11人，在西玉村杀害村长张朋举、邓兰、邓西顺等48人，在辛务村杀害青年范玉生、刘福夫妇等115人，在辛仓村杀害67人，在马申庄村杀害83人，在辛立村杀害63人，在中公由村杀害23人，在北流邵村杀害33人。在以上8村共杀害443名无辜老百姓。据不完全统计，全县400多个村庄，每个村庄都遭殃。日军在全县杀害1500多名老百姓，200多人受重伤；烧毁房屋3867间；吃掉家禽家畜10000只（头）。（冀内-123页，魏凌云　门跃武）

【永清县瓦屋辛庄村惨案】1937年9月16日晨至17日晚，日军冈本部队侵占了瓦屋辛庄村。日军进村后，如同野兽，疯狂地杀人、强奸妇女。将王广生的3岁孙女撕成两半，对20多名妇女进行强奸和轮奸，奸后用刺刀挑死。杀害村民史中魁、李长生、李长义等110余人，其中陈俭、王三魁二人身首异处，不能全尸。（冀-186页，李金栋；冀内-132页，王德奎）

【霸县姜家营村扒胎惨案】1937年9月17日，日军侵占了姜家营村。日军进村后，见人就杀，无论七八十岁的老人还是几岁的小孩，一律砍杀；把怀孕的妇女扎死后，还把其腹部挑开，扒出胎儿挑在刺刀尖上取乐；把许多村民赶到村西谢家坑和高家坑砍杀，只高家坑一处就扔进36具尸体，坑水全是红的；把只有74户352口人的姜家营杀害了138人，4户被杀绝，32户人家只杀剩寡妇一人。（冀内-136页，王宏胤　袁宏新）

【大城县惨案】1937年9月4日至9月22日，日军连续遭到国民党29军的坚决抵抗，就拿老百姓报复。9月4日，日军攻入西子牙河北村，在村中见不到第29军的踪影，便挨家挨户杀人，把老人和儿童用刺刀挑死，对逃跑和反抗的青壮年用机枪射死。把陈培荣、陈忠义、袁义等147人分别杀害在村子东南和西南两地，烧毁房屋230间；34户被杀绝，135名妇女变成寡妇。日军沿子牙河向南侵犯时，9月10日在泊庄杀害村民28人，其中18人被集体枪杀在村南打谷场上，10人被杀害在各自家中。9月12日在姚马渡村，抓住70名老弱病残不能逃跑者。日军用刺刀把他们逼到子牙河大桥上，用枪射杀，尸体被扔进河中冲走。9月14日，在中赵扶村抓来村民38人，日军把人绑在一起，挑死在子牙河边。9月20日在贾庄村杀害32人。在李贾村把抓来的15人开枪打靶杀害以取乐。9月21日在陈庄杀害18人。在安庆屯村杀害杨金祥等53人，烧毁房屋400余间。9月22日在南崔庄杀害26人，在八方村杀害李殿明等108人，在韩裴庄杀害任树发等78人。在八里庄、邢庄子、黄庄子、豆庄、任庄子、赵固献6个村杀害160人，烧毁房屋80多间。日军侵占大城县境内19天，在17个村杀害755人，烧毁房屋710余间。（冀内-139页，倪连成　白国轩　李冬生）

【青县流河镇惨案】1937年9月9日，日军南侵，屡遭国民党第29军沉重打击，日军把损兵折将之仇发泄到支援抗日的老百姓身上。于在北王庄村割下于凤祥阴茎、割下邓富岭舌头，将盲人于宗福用绳子勒死，共杀害30人，烧毁房屋100多间。9月10日，日军侵占流河镇，杀害范云青、范兰青、金凤山等186人（其中有儿童18人），韩庭贵妻子被日军轮奸后打死，有6户人家被斩尽杀绝，烧毁房屋700余间。（冀－185页，孙观义　刘茂才）

【沧县张辛庄村惨案】1937年9月24日晨，日军侵占张辛庄村，见人就杀，见房就烧，见女人就强奸。把张仁堂、张书图、张良恒等138人杀害，有8户被杀绝，120多人被集体屠杀在张书礼家大院内，烧毁房屋130多间，杀掉耕畜100余头。（冀－196页，张永德）

【大城县西子牙河北村惨案】1937年9月2日下午，日军入侵西子牙河北村时，受到中国29军部队沉重的打击，日军伤亡惨重。9月4日清晨，日军侵占了西子牙河北村，见房就烧，见人就杀，把115名村民用刺刀赶到村子东南一片空地上，用机枪扫射集体杀害，还在村西打谷场上杀害多人。此次被日军共残杀147人，烧毁房屋230多间。（冀－184页，李印刚）

【土肥原贤二制造的固安县辛务村惨案】1937年9月14日，日军土肥原贤二部队1000多人，从辛务村北渡永定河南侵，沿路对各村庄进行烧、杀、抢、掠，强奸妇女，无恶不作。炮毁辛务村44间民房，杀害辛务村永定河南坡刘家道口、吴家道口、冯家道口隐蔽在山洞内的老百姓多人，共杀害无辜老百姓115名。（冀－187页，张建忠）

【土肥原贤二制造的固安县辛仓村惨案】1937

年9月16日，日军在辛仓村屠杀郭振东、郭振河等67人，其中包括曹芝3岁的孙女，刺伤100多人，只有20余户的辛仓村成年男人几乎被杀光。（冀-188页，张建忠）

【永清县徐官营村惨案】 1937年9月15日至9月17日，日军在徐官营村把人当靶子射击，杀害了李发、储振民、王小刚等20多人；把在草垛下发现的9个藏匿的姑娘强奸后挑死；日军共杀害村民110多人，并由日军看守，使无辜惨死的村民赤身暴尸数日，不得安葬。（冀-190页，李金栋）

【魏县姜家营村惨案】 1937年9月16日，日军在姜家营村四周遭到中国军队万福麟第24骑兵师痛击，日军伤亡100余人。中国军队转移后，日军把仇恨发泄到支援抗日的老百姓身上，闯进村内把这个仅有72户352口人的小村杀害了142人，有32户被杀光了男人，姜家营变成了"寡妇村"。（冀-191页，刘振邦）

【日军在徐水县于坊村煮吃人肉惨案】 1937年9月22日，日军宫琦大队2000余人攻下中国守军第29军驻地徐水县于坊村后，日军对村民进行疯狂报复，杀害了80多岁的张志林；并把胖人张老兴身上的肉一块块割下来，放在锅里煮着吃。此次日军共杀害无辜百姓330余人，烧毁房屋300多间，杀死和抢走牲畜200多头。（冀-193页，张文顺）

【大成县八方村惨案】 1937年9月20日凌晨，日军攻下了中国守军第53军第2营驻地大成县八方村，砸门破户抓人杀人。把孙宝环的两个小孩一个挑死，一个挑起来从窗户甩到院里摔死，杀害村民108人。日军离村时，

用死者鲜血在李福瑞家的墙上写下"此村鸡犬不留"6个大字。（冀-193页，李印刚）

【**大成县韩裴庄村惨案**】1937年9月20日上午，日军追击中国军队进犯韩裴庄村，对老百姓无论男女老幼见人就杀。把任泽新一家15口杀死12人。此次，日军共杀害村民78人。（冀-194页，李印刚）

【**徐水县胡家营村惨案**】1937年9月22日，日军追击中国守军至胡家营村，对支援抗日的老百姓进行疯狂报复，无论男女老幼一律枪杀，共残害无辜百姓83人。（冀-195页，徐文）

【**沧县捷地村惨案**】1937年9月25日，日军在沧县城南捷地村附近遇到中国军队阻击，遂对捷地村老百姓进行疯狂报复。吴成宝一家8口，除一个孩子未在家而幸存外，其余7人均遭杀害。日军把青年男女扒光衣服用绳子捆起来扔进南运河里淹死。把女人强奸后再用刺刀挑死。把清真寺里的阿訇老人的长胡子浇开水后一根一根往下拔，边拔边哈哈大笑，最后用刺刀把阿訇挑死。日军共杀害114人，杀死牛100多头、羊200多只、猪20多头。（冀-196页，张永德）

【**景县县城被炸惨案**】1937年9月26日，正值景县县城集市贸易之日。上午10时左右，日军飞机在县城上空来回投弹和扫射，顿时，稠密的人群和市场变成浓烟血海，一片混乱。日军的轰炸共造成110多人死亡，190多人重伤，许多房屋被炸毁。（冀-197页，王金瑞）

【**赵县常洋村惨案**】1937年10月12日，一个营的日军进犯常洋村，进行烧杀抢掠，强奸妇女。日军共杀害村民68人，强奸10多名妇女，烧毁房屋和日用家具，同时杀害外村在该村挖工事和逃难的100多人，抢掠走10辆胶车粮食和衣物。（冀－202页，吴经义　张新朝）

【赵县豆腐庄村惨案】1937年10月12日上午，日军侵占豆腐庄村，在把战场上抓住的30多名中国军队官兵杀害在村南砖窑窑场内。还把在村内抓到的男女老幼，押到后街西口的操场上进行刀砍、枪击、开膛、火烧等屠杀，把村民何双锁的头砍下喂狼狗，把徐小苗绑在树上一刀一刀剐死。此次该村共被日军杀害200多人，其中有邻村被抓至此惨遭杀害70多人，该村共有26户被杀绝。（冀－202页，吴经义　张新朝）

【正定县惨案】1937年10月8日清晨，正定县城被日军侵占，日军兵分三路，在城内及近郊13个村（街）对无辜百姓进行灭绝人性的大屠杀。一路在城北近郊的三个村进行大屠杀；在250余户的岸下村杀死365人，50户人家被杀绝；在永安村杀害109人；把北关村170多户的百姓杀害了145人。一路在城内的北门里、焦家角、小十字街、府墙东街、东门里、南仓街及城东北近郊的西上泽村等地杀害381人。另一路在城东近郊的朱河村杀害283人，在三里屯村杀害115人，在小临济村杀害108人。总计1506人被杀害，重伤103人，烧毁民房106间。（冀－199页，封贵元　李恒敏）

【赵县惨案】1937年10月7日，正逢赵县县城大集。上午11时许，日军5架飞机轰炸县城集市，投下21枚炸弹，炸死200多名赶集的老百姓。10月12日拂晓，日军侵占赵县县城，首先封闭了东、西、北三个门，随即在城内进行大搜查、大屠杀。在西街和县府街捉住30多名百姓，将其逼赶到柏林寺东边墙根处全部挑死；把东北角城墙根防空洞内躲藏的60多名群众一个个逼出来全部杀死；见到妇女就强奸，奸后用刺刀挑死。12日，日军在县城杀害了110多名老百姓。同日，一部分日军在梁老罗家村南打谷场上防空洞内放进毒瓦斯，将躲藏在洞内的32名老百姓全部毒死。把从宋村抓去抬运日军尸体的30多名青壮年及邻村的90多名抬运日军尸体的青壮年全部枪杀在县城西关水坑里。日军在宋村屠杀持续了三天，杀害200多人，重伤40余人，5户被杀绝，烧毁房屋70余间。12日，一部分日军在有59户349人的常洋村杀死、烧死、淹死老百姓近200人，杀绝11户人家，烧毁房屋69间；在晏头村杀害20余人；在北解家町村杀害18人；把大小李庄村20个被抓去抬运日军尸体的青壮年杀害在县城西关。当日，一部分日军在县城北20华里豆腐庄村与国民党军交战，国民党军撤退后，日军侵占了豆腐庄。进庄后，见到男人就抓，扒光上衣，用绳子绑住，驱赶到场南头枯井旁，用战刀砍、刺刀挑，开膛摘心，从12日一直杀到13日，共杀害了130多人，把尸体全部塞进直径8尺余的深枯井里。从10月7日至15日短短9天时间，日军在县城内和附近的宋村、常洋村、官庄村、晏头村等7个村庄杀害无辜百姓780余人。（冀-198页，吴经义　张新朝）

【板垣征四郎制造的藁城县梅花镇胎靶和刀劈儿童惨案】1937年10月12日至15日，侵华日军板垣征四郎师团的两个大队，围打藁城、赵县、栾城三县交界处八路军691团驻地梅花镇，该团英勇痛击，日军伤亡400余人。日军攻进梅花镇后见门就砸，见房就烧，见人就杀，见妇女就强奸，把许多怀孕妇女强奸后，用刺刀开膛破肚，挑出胎儿挂在树上当射击靶子打。13日，日军把抓来的200多名老人、妇女和儿童赶到南门外，想从他们口里找到吕正操部队的下落。日军先哄骗后威逼恫吓，但人们全不吱声，日军从人群中拉出四个不满十岁的女孩，从头劈成两半。日军继续逼问，仍问不出一句话来，气得乱跳，下令开枪射击，将200多名遇害人尸体的扔进寨沟里。从12日至15日，日军在梅花镇共杀害1547名老百姓，被害人数占全镇总人数的60%，有46户被杀绝，有24人被日军挖眼、割耳、剁脚、砍臂、割舌而成终生残疾。全镇被烧毁650余间房屋和店铺，鸡、鸭、牛、羊、猪、马及粮食和各种物资被抢劫一空，由此制造了"七七事变"后冀中第一大惨案。（冀－201页，梁清晨　许灵俊；冀内一－11页，梁海江）

【成安县城惨案】1937年10月22日午夜，日军侵犯成安县城，在途中遭到中国军队伏击，伤亡了400～500人和失掉大批轻重武器，惨败的日军在逃回肥乡县的途中，在曲村、高庄、范耳庄等地杀害老百姓70多人。24日傍晚，日军又出动大批人马和炮兵，再次向成安侵犯。日军从西城门打开缺口，攻进城内，疯狂地进行烧杀抢掠，向拥挤在街巷逃难的人群用机枪扫射，顿时，大街上留下了一堆堆尸体、一摊摊血水。魁星楼、后大坑、西南街、东西大街、东路嘴、天爷庙等地变成了杀人场，尸体最多。成安县城被日军杀害5300多名老百姓，烧毁房屋1200余间，造成震惊华北的"成安大惨案"。（冀－206页，王国义；辽大－284页，冀政协）

【井陉县长生口村惨案】1937年10月21日，日军侵占长生口村，首先杀害梁周小、梁堂胡等9人，又在长生沟口用机枪射杀 30 名青壮年，用机枪向街上人群密集的逃难百姓中射击。该村共被日军杀害 250 人，烧毁房屋 200 余间，有 7 户被杀绝。（冀－206 页，邢宝顺　李全贵）

【井陉县核桃园村惨案】 1937 年 10 月 27 日，侵占核桃园村的日军在石窑中发现了躲藏在其中的 60 多名村民，便将其全部杀害；把躲在村东井沟里的 70 多名村民用机枪扫射杀死；强奸 20 名妇女。全村 300 多人遭屠杀，房屋大部分被烧毁。（冀－207 页，邢宝顺　李全贵）

【南和县河郭镇惨案】 1937 年 11 月 9 日，日军在河郭镇与中国守军激战 3 昼夜，日军损失惨重。日军在占领河郭镇后便进行疯狂大屠杀以示报复，甚至惨无人道地进行杀人比赛，有的士兵连砍 20 多人，受到军官"嘉奖"。日军强奸妇女、烧房，杀人手段极其野蛮疯狂。河郭镇到处是杀人场，尸横遍野，惨不忍睹。该镇共被日军杀害 257 人，烧毁房屋 1000 多间，40 户人家被杀绝。（冀－208 页，梁卯辰　王德文）

【邱县县城惨案】 1937 年 11 月 15 日，日军侵占了邱县县城，进行大屠杀。见门就闯，逢人就杀，无论男女老幼一个不留，把怀孕的妇女捅开腹部挑出胎儿。把从各家赶出来的人群用手榴弹炸，向藏在洞内的人用机枪射击或施放毒瓦斯进行残害。日军共杀害邱城老百姓 800 余人，烧毁民房 300 多间，抢光牲畜和财物。（冀－209 页，徐孟山　姚俊臣）

【高阳县博士庄村惨案】 1937 年 12 月 29 日，日军对郭墨林领导的抗日武装在潴龙河北岸几个村庄活动非常恼恨，决定对其进行"清剿"，同时对老百姓进行疯狂报复。日军共杀害郭墨林领导的抗日士兵 100 多人，连带杀害博士庄村老百姓 108 人，同时还杀害了外地在博士庄村做工的村民多人，此次，该村共有 200 多人遭日军杀害。（冀 -211 页，程一民）

【获鹿县枣林村惨案】1937 年 10 月 22 日，日军高桥部队从河北向山西进犯，夜宿距枣林村相邻的郄庄村村外扎营，有 2 个日军乘夜跑到枣林村寻"花姑娘"取乐，他们顺灯光闯进柏生宝和郄祥怀的家，郄立业和郄立荣兄弟听到"有土匪啦，有土匪啦！"的呼救声，拿起石块向喊声跑去，一个日军钻进了郄二小家的厕所内，另一个日军逃回驻地。人们知道日军强奸了妇女，义愤填膺，把藏在厕所的日军打死，埋在村外的山沟里。逃回的日军报告情况后，日军出动部队半夜寻找失踪的人，在获鹿县城、郄庄、下安和枣林等地抓捕了 37 名老百姓进行拷打，逼问失踪的日军下落。受刑不过的人供出埋日军的地点，日军头子又逼着人们跪在那个日军尸体旁，当场打死了郄长锁老人和灵岩寺的了然和尚，然后开枪射死 17 人，又把其余 16 人带到河沟内残杀，有的被挖去双眼，有的被开膛破肚，有的被割掉阴茎，有的妇女被强奸后又被打死。日军共杀害村民 35 人，打成重伤 2 人，烧毁房屋 100 多间。（冀 -35 页，石瑞民　孙秀梅）

【井陉县三村惨案】1937 年 10 月 22 日至 11 月 3 日的十多天中，日军第 20 师团和第 109 师团在河北井陉通往山西平定旧关的公路沿线北横口、长生口、核桃园三个村庄制造了惨绝人寰的大血案。10 月 23 日日军进驻北横口村，对未逃跑的老百姓，见到女人先强奸后杀害，抓到男人先使役后杀害。日寇从村外石灰窑抓到村民张奎奎后，先用刺刀割其头，头未割下，又把他拖到附近打麦场用碌碡将头压碎。从23日至27日，日军把躲藏在外的村民抓回来一个个砍死或挑死，将尸体运到深3米、窑口直径4.8米的石灰窑里掩埋。不到三天时间，日军就杀害了56人，烧毁房屋300余间，使这个540户的北横口村变成了人间地狱。10月21日，日军占据长生口村，被八路军第129师第772团第3营袭击，日军死伤四五十人，日军便将仇恨发泄在老百姓身上。从24日至25日，日军在长生口村到处抓人，将躲藏在村中暗处的250人全部搜出，用刀砍、刺刀挑、机枪扫射等手段一个个杀死，又在尸体上堆放玉米秸浇上汽油焚烧毁尸；还烧毁民房200余间，把长生口村变成了废墟。10月中旬，日军连续五次攻打山西平定县旧关失败，退居到井陉县核桃园村驻扎。这个300多户的村庄到处堆满了军需物资和弹药，老百姓逃离一空。10月27日下午，日军在村西白坩窑、石灰窑将吴和昌、吴双喜等10家人300余人杀绝，村里村外、大街小巷、路边树下，到处是横七竖八的尸体，日军还烧毁房屋1000余间，整个村庄变成了一片废墟。此是日军在从河北进犯山西途中制造的杀害北横口村56人、长生口村250人、核桃园村300余人的"三村惨案"。（冀内一－37页，李全贵　邢宝顺）

【磁县粮斗庄村惨案】1937年11月12日清晨，盘踞在磁县县城的日军40多人，包围了坐落在县城东北一华里处的有着70多户300多口人的粮斗庄村。日军进村后，挨家挨户搜查八路军，把群众赶到村东场上，那里有一条南北渠，男的脱去上衣跪在渠东边，女的跪在渠西边。日军头目高声吼问："私通八路的，站出来！"喊了多次，没人应。日军便残忍地向男的开枪扫射，69名青壮年被日军

当场活活打死，并烧毁房子 100 余间。（冀内一 - 222 页，陈文有）

【磁县曲沟村惨案】1937 年 11 月 15 日早晨，为报复 14 日太行山抗日游击队夜袭光录镇火车站、10 多名日军被俘之仇，驻邯郸、马头的日军几十人或骑摩托或乘汽车窜到磁县曲沟村。因曲沟村经常进驻抗日游击队，日军便把曲沟村视为光录镇火车站遭袭的祸源地。日军进村后，挨家挨户搜查游击队，见到可疑的人就杀，对问话回答不知道的人也杀。日军在村北大庙打死了李小怪和他的妻子等 5 人，在柳明德家打死 7 人，包括 2 个 13 岁、14 岁孩子。日军从早 7 点至中午，在曲沟村共杀害 41 名老百姓，其中男 32 人女 9 人，烧毁房屋 80 多间。（冀内一 - 224 页，姚长林）

【广平县南小留村惨案】1937 年 11 月 15 日，日军沿京汉铁路南侵途中，在广平县南小留村与国民党第 29 军交战，日军死亡 110 多人。日军把士兵战死归罪于南小留村老百姓支援抗战部队所致，因此把南小留村老百姓作为发泄仇恨的对象。日军团团围住南小留村，封住各个路口，向南小留村开炮，继而乘汽车闯入村内，把老百姓赶到村南公路北侧一片开阔地上，四周架起机枪，把人群围得水泄不通。日军士兵逼着群众解下自己的裤腰带或绑脚带，排成队，倒背手捆起来。青年农民郭长青没等日兵捆住他，猛然向村外疾跑，穿过一片树林逃生。追赶的日军开枪没打中，日军头子气得暴跳如雷，下令开杀，用刺刀捅、步枪射、机枪扫，青壮年变成射杀的重点，共有 110 人惨遭杀害，500 余间房屋被炮击和火烧变成残垣断壁。（冀内一 - 229 页，李谦）

【定县王耨惨案】 1937年12月4日清晨，驻定县日军大江部队分三路包围了小王耨、董家庄和大王耨三个村。天刚亮，日军对抗日义勇军的根据地大王耨村进行大屠杀，狂叫要把抗日义勇军的家烧光杀光。他们从街东头烧杀到西头，又从北头烧杀到南头，使全村变成一片火海。大王耨村被日军杀害100多名农民，30多人被打成重伤，烧毁60多间房屋，有5户被杀绝。小王耨村76人被杀害，烧毁30多间房屋，10户被杀绝。董家庄27人被杀害，烧毁房屋120多间，2户人家被杀绝。（冀-209页，李志惠；辽大-307页，冀政协）

【高邑县东塔影村惨案】 1937年12月19日中午，驻高邑县城火车站的6名日军端着刺刀到火车站附近东塔影村寻找花姑娘，在村西头张世彦住宅发现房顶上窝棚里有几个妇女，便窜进院里大喊："花姑娘，花姑娘！"并强逼张世彦的弟弟张世杰往房上靠梯子，张不从，两个日兵用橡子把张打得头破血流，张世彦在房上大声喊："救人哪！……"乡亲们手持木棍铁叉迅速赶来，冲入院内，与日本兵搏斗，两个日本兵被打死，其余4个逃跑。张世彦与人商量，把2个日军尸体扔进张家房南旮旯一大口水井里，上面堆满大垛棉花柴掩盖。村里多数人带着衣物逃走了，少数人不愿离家。黄昏时分，日军进村抓走了张老真、张成群等6人，除其中一人逃跑外，其余5人被日军在火车站驻地活埋。第二天早上，日军再次包围了东塔影村，把村里男女老幼计32人赶到土地庙中，逼问失踪的日军下落，人们始终说不知道，气得日军头目暴跳如雷，命令向庙内射击，然后又逼问，仍然没有人回答。日军头目下令把32个人用绳子捆着拉到张家大水井旁，然后一个一个往井里推,边推边往井里扔石头砸,又把棉花秆点着往井里扔,最后又把井旁附近的磨盘、磨扇、大碌碡推进井里,并在村里放火烧房。此次日军共杀害无辜百姓42人,烧毁房屋500多间。(冀内一-43页,高邑县委党史办)

【张家口市龙烟铁矿惨案】龙烟铁矿是赤城县至宣化烟筒山一带若干铁矿的总称,因矿中心在庞家堡,故又称庞家堡铁矿。1937年12月20日,侵华日军侵占了龙烟铁矿,龙烟铁矿的开采规模迅速扩大,矿工总数达50000多人。从1937年至1945年8月,日寇共掠夺了300多万吨铁矿砂,造成27000多矿工被残害致死,平均每千吨矿石是用9名矿工的生命换取的。因饮食、饥寒、卫生条件恶劣,矿区内春、夏、秋季常发生霍乱等恶性传染病,造成一批一批矿工死亡,所以在矿区碾盘山下形成"万人坑",在西瓦窑形成"肉丘坟",在白庙车站附近形成"千人地"等尸骨墓。(冀内二-126页,赵辰录)

【平山县辛庄惨案】1938年1月21日驻井陉县日军1000多人在北犯途中,进入八路军第688团伏击圈,日军遭到沉重打击。1月22日下午,日军窜进辛庄,疯狂报复见人就杀,见房就烧,共杀害108人,其中包括11名婴儿、10名妇女,受伤15人,烧毁房屋193间。(冀-213页,延辨尘;辽大-348页,冀政协)

【定县沟里活烧儿童惨案】1938年2月11日,沟里村老百姓正在欢度春节,日军开着两列铁甲车在沟里村的路段站停下,包围了沟里村。日军进村后见人就杀,见房就烧,见妇女就强奸。他们把52岁的刘洛希老汉的耳朵、鼻子和四肢一刀一刀地割下来,又把老汉肚子挑开,挑出的肠胃扔得满地都是。把一个仅3个月的婴儿、一个6

岁的女孩、一个5岁的男孩三人扔进日军点燃的房屋火堆里活活烧死。把一名孕妇捉住，扒光衣服强奸后，挑开其腹部扎出胎儿顶在刺刀尖上取乐。一个19岁的吴姓女人，被一群日军轮奸3个多小时致死。沟里村118人被杀害，120人受重伤，8户被杀绝；烧毁房屋1230多间，抢走360000多斤粮食、83000斤花生、72000斤棉花。沟里村在春节期间被日军变成了人间地狱。（冀-215页，李志惠；辽大-313页，冀政协）

【高阳县莘桥镇惨案】 1938年2月26日至27日两天，驻高阳县城的日军乘28辆汽车在汉奸段臣的引领下，直奔河北抗日游击军第2师驻地——距县城东南8公里的莘桥镇。由于第二师早已撤往潴龙河以东地区，日军扑空后恼羞成怒，于26日在莘桥镇烧了镇上最大的泰来祥和聚泰成两家杂货店以探虚实，抢些财物便撤回县城。日军27日在段臣的引领下，再次窜到莘桥镇，进镇前，在路上见到人就用机枪扫射、步枪点射，或用汽车轧，28名群众被杀害在镇南田家坟。日军进镇后，跳下汽车一窝蜂似的四下散开，见人就杀，见房就烧。一股人窜到一贯道佛堂，抢去了一贯道活动经费，把做道的道徒赶到通合布线庄大院，逼问游击队的去向，人们不说，日军便开始砍人。期间，汉奸段臣认出了村长常亮希，日军对其施酷刑，常亮希一字不说，便惨遭日军砍杀。日军接着对老百姓进行大屠杀，又把汽油浇在尸体上点火焚尸。此日，日军在莘桥镇共杀害130余人，重伤40多人，烧毁房屋1600多间。（冀内一-82页，高阳县党史办）

【井陉县上庄与三峪两村惨案】 1938年3月17日清晨，日军300多人分别包围了相邻的上庄村和三峪村。

日军为报复其遭抗日武装伏击之仇，把仇恨发泄到这两个村的无辜老百姓身上。日军在上庄村用机枪扫射，打死58人，烧毁房屋130余间，将120来户400余口人的上庄村变成了废墟。日军在三峪村乘人们未起床之际，用刺刀逼着妇女进行强奸，对逃跑的人开枪射击，在三峪村杀害33人，烧毁房屋800余间。（冀－217页，史志；冀内一－49页，刘育书）

【阜平县普佑寺遭焚案】普佑寺位于阜平县东20华里，始建于明朝万历四十二年（1614年），后经清康熙、乾隆二帝题匾额后，一再扩建，形成了占地70亩、宇舍200多间的气势宏伟的寺庙，我国抗日军政大学曾在此驻扎。1938年3月28日，奔袭阜平县的日军途经普佑寺时纵火毁庙，大火烧了三天，主殿与配殿均被焚毁，庙内珍贵文物被日军劫走。1943年冬，日军又在寺内安了据点，盘踞3个月后，撤离时再次放火将残舍烧尽。整个普佑寺被日军两次焚烧变成一堆瓦砾。（冀内二－274页，赵宪　赵有海）

【行唐县上碑村惨案】1938年2月13日下午3时，驻行唐县日军300余人分乘14辆汽车，"围剿"驻扎在县城西北9公里大集镇上碑村的李树林民众抗日武装，李树林闻讯后率队撤离，日军先用迫击炮轰村，见无人还击，便冲入村内，见人就杀，见房就烧。首先杀死了高洛木及14岁的儿子高济河，开枪射死高济民、戴洛孟等人，挑死张祥生。此日日军共杀害51人，刺伤14人，烧毁房屋234间。（冀内二－276页，张考杬　张考枢）

【完县常庄村惨案】1938年2月26日拂晓，300多名日军乘10辆汽车带轻重武器从望都直奔完县常庄村，包围八路军晋察冀第 3 分区第 10 团驻地。八路军掩护老百姓撤出村庄时，遇到日军四面包围，军民被逼入绝地。进村的日军疯狂烧杀，把村西龙王庙及土场子两处变成屠场。惨遭日军杀害的军民共有 200 余人（其中常庄村无辜百姓 78 人），强奸妇女 7 人，烧毁房屋 496 间。（冀－217 页，王殿华）

【涉县中原村、南原村惨案】1938 年 4 月 24 日，驻涉县日军外出扫荡，遇到中国军队阻击。日军在中原村对老百姓进行报复性大屠杀，把中原村村民赶到中原村外的干河沟中用机枪射杀，把南原村村民赶到村口老槐树东也用机枪扫射，在两处地方共杀害老百姓 179 人，打伤 31 人，烧毁房屋 250 多间。（冀－222 页，史安昌）

【安次县东沽港村惨案】1938 年 7 月 28 日至 8 月 3 日，驻天津日军 200 余人分 3 路包围东沽港村，对男女老幼进行大屠杀。日军探知八路军冀中第 3 分区一个连在此村住过多天，便用各种刑罚逼问，老百姓坚决不说。日军一连杀了 3 批人，也没得到八路军的情况。此次日军共杀害 128 人，烧毁房屋 1400 多间，奸污妇女 23 人。（冀－226 页，岳一中）

【吴桥县梁集村惨案】1938 年 9 月 6 日黎明，驻连集火车站的日军头目松本率日伪军 300 余人包围了梁集村，对梁集村支援八路军的"抗日民团"进行疯狂报复。头一天从外地赶来参加 6 日集市贸易的许多住店商人，也被当成抗日民团杀害。日伪军从早晨一直杀到下午 4 时许，共杀害 270 余人，强奸妇女 10 多人，烧毁房屋 150 多间，抢掠财物、粮食等物资共计装满 20 辆马车。（冀－228 页，王庆林　刘淑英）

二、侵华日军在中国制造的部分惨案1062例

【大名县旧治村惨案】1938年4月10日下午，驻大名县城的2名日军到距县城7里的旧大名县旧治村寻找"花姑娘"。在西关杨清建家门口见到院里有年轻妇女就去抓。此时杨清建赶到，便和日军扭打起来，杨清静、杨凯方也赶来，把那名日军按倒用砖砸死，尸体扔到一口井里。另一名日军逃脱。事件发生后，全村人迅速外逃避难。下午四点钟左右，60来名日军包围了旧治村。进村后对未逃走的人开始烧杀。杀死上至74岁的史宪周、下至16岁的戴正等15人，烧毁房屋900多间，致使许多人无家可归。（冀内二–205页，步玉洁）

【沙河县左村、孔庄、峪里三村惨案】该三村座落在沙河县城西北30公里的太行山脚下，三村相连，成三角形，称姐妹村。1938年4月11日，驻邢台、沙河的800多名日伪军包围了第三抗日区政府驻地孔庄，八路军一名排长清晨时分在村东瞭望，发现敌人，鸣枪报警，三村的人们听到枪声，趁晨雾往村外逃避，剩下老弱病残者被敌人围住。敌人进入左村后，挨门挨户搜查，无论男女老少一律绳捆索绑，稍有反抗者即被枪杀。在峪里村，把40多名躲在三个土窑洞内的老人和儿童用柴草和毒气弹烧死。日军把从左村抓到的135人，从孔庄和峪里两村抓来的119人，将其一起赶到左村和孔庄之间的沙河沿上，分成东西两部分，日军头目八木田逼问八路军的下落，问了多次，没有应声。日军开始用机枪向人群扫射，354名老百姓被敌人杀得血流成河。被害者中50岁以上的老人有60多名，儿童和婴儿40多名，12户人家被杀绝，烧毁房屋4440多间，抢走粮食55万多斤。致使800多口人的左村、500多口人的孔庄、200多口人的峪里三个村80%的人无家可归。（冀

-219页，刘芳彬；冀内一-232页，沙河县党史办）

【邯郸市百家村惨案】 1938年4月23日，驻孟仵的日军庄司部队400多人包围了距邯郸城西8里的百家村（该村名因赵王摆銮驾而得名的"摆驾村"，后演变为百家村），为给两名窜到百家村强奸妇女、被村民打死的日军报仇，把百家村300多名老百姓赶到前百家与后百家两村之间的田家巷北头的空场上，用机枪对准群众，逼问两名失踪日军的下落。人们有的回答没看见，有的回答不知道。日军用棍打、枪托打、刺刀挑、开水浇头等方法折磨人，也没得到准确回答。后来找到了被打死的日军尸体，日军便把群众赶到后百家村西的瓦沟，用机枪扫射杀害128人，烧毁房屋1800多间。（冀-221页，张文涛；冀内一-240页，赵成存　周连贵　张文涛）

【安次县葛渔城镇惨案】 1938年4月21日拂晓，盘踞在王安坨据点的日军小笠原部队500多人，包围了有1600多户8100多口人、右运河穿街而过的大集镇葛渔城，妄图消灭由镇上居民杨文全组织的200多人的抗日武装。战斗打响后，抗日武装在房上居高临下予以抵抗，日军遭受严重损伤。可惜由于杨文全的抗日队伍装备太差，不能长时间坚持战斗，故撤出葛渔城。日军进镇后，见人就杀，见房就烧，见值钱的物就抢，见妇女就强奸。从上午放火烧房一直烧到下午，200多间房屋被烧毁。杀害了农民孙发、胡万富、李庆荣等76人，农民王小留的妻子被7个日军轮奸后杀死。晚上，华北抗日第27支队闻讯飞速到葛渔城，消灭日军200多人，为受害的老百姓报了仇。当夜，葛渔城有50多名青年参加了华北抗日队伍。（冀内二-97页，岳一中　张品印）

二、侵华日军在中国制造的部分惨案 1062 例

【永清县韩村镇惨案】1938 年 4 月 30 日，驻廊坊日军头子田中带领日伪军分乘 13 辆汽车向永清县韩村镇驰来，在镇北二里远处停车，日军从北东西三面包围 485 户 1900 口人的韩村镇。为报复 4 月 29 日在韩村被李大卫领导的人民抗日自卫军打死伪军中队长李连魁及打伤多人之仇，企图把韩村通八路的人杀光。人民抗日自卫军大队长李大卫知道敌人会来报复，动员老百姓撤离，能行动的人已转移外地，镇里只剩老弱病残的人。日军进镇后，挨家逐户搜人、抓人、杀人。首先杀害了宛大和、尹二柱、盛六子 3 人，然后砍杀了一名 70 多岁双目失明的老妇、村民马玉山及其 8 岁的儿子。把在镇中搜出的 49 名老百姓逼赶到镇西土地庙前，每 10 人捆成一串，用刺刀扎，枪托砸，强迫人们跪在庙前长 60 米、宽 20 米、深 1.5 米的大坑边，日军用机枪扫射，把 49 人射进坑里，除 15 岁的张万全被尸体压在下面幸存外，其余 48 人全部丧生。全镇总计被日军杀害 68 人，烧毁房屋 320 间。（冀内一－152 页，高明之）

【蔚县黑鱼洞村惨案】1938 年 5 月 13 日清晨，从广灵县来的 200 多名日军包围了黑鱼洞村，用机枪和炮弹把村中房屋炸毁多间，许多人被砸死在倒塌的房墙下。日军进村后见人就杀。原本村中没有抗日武装，日军却误把黑鱼洞村视为抗日武装的驻地，企图进行彻底摧毁。在一个多小时内，把这个仅有 100 余人 20 多户的小山村房屋炸平，砍杀王雨等 34 人，其中男 25 人，女 9 人，伤残 8 人，财物与牲畜被抢走，使黑鱼洞小山村变成无人居住的一片废墟。（冀内一－293 页，蔚县党史办）

【孟村回族自治县四合村惨案】1938 年 6 月 8 日凌晨，驻沧县日军的一个大队，长途奔袭当时属沧县第九

区抗日地下活动比较活跃的徐庄、台庄、宣庄、于道四村，因四村相距紧凑，历史上人们习惯称为"四合村"。日军妄图消灭驻四合村的抗日救国军。因救国军大部分已到外地打游击，只有30多人留守四合村。日军来袭时，守军打了一阵便撤离四合村。日军不追救国军，却冲进宣庄杀害了宣九星、宣九清、宣九义等14人。同时在台庄杀害王牛、杨廉等4人，在徐庄杀害闫建桂、徐志桂、徐文轩等6人。随后日军把台庄、宣庄、于道的老百姓从家里赶到台庄村前大道边上，进行训话和枪杀。此次，四合村共被杀害37人，仅宣庄一村就被杀害27人。（冀内一-164页，王建西）

【栾城县南焦村惨案】1938年7月28日，驻方村炮楼的伪军小队长张辰子带5个士兵骑马到南焦村向村长要吃喝，日军驻石门郊区塔冢村的条冢部队3个士兵也闯进南焦村向村长要西瓜吃。日军士兵看到伪军的武器放在桌子上，拿起来看，边看边骂伪军"八格牙鲁"，被伪军小队长夺回，双方发生格斗、互骂，被村长孙菊子劝开。当日军士兵返回时，伪军小队长带人骑马追上，打死两个日军，并活捉一个带回炮楼。事情发生后，日军一个中队冲进南焦村开始抓人，逼问3个失踪的日军下落，被抓的人回答不知道，日军便开始打人杀人。把路经南焦去方村赶集的许多人连同南焦村未及时躲藏的人一起绑成串拉到村西北角一口水井旁，日军端着刺刀围成一圈，架着歪把子机枪，逐个逼问被绑的人，问一个砍一个，把尸体扔进井里。日军一连杀害了张福合、郭全子、程双春等47名无辜百姓，刑讯重伤致残20多人。（冀内一-52页，张荣义 张瑞珍）

【临西县尖庄镇惨案】1938年11月19日早晨，驻

二、侵华日军在中国制造的部分惨案 1062 例

临清的日军 300 多人，分乘 16 辆汽车、4 辆装甲车，从东、北、西三面包围了有着 3000 多口人、水陆交通便利、集市繁华的尖庄镇。此次行动是日寇为给 9 月 17 日下午在卫河边被抗日义勇军打死的 16 名日军报仇而来。日军在路上或田野发现逃跑的老百姓，就在汽车上用机枪扫射，在沟坑发现隐蔽的人群就开动装甲车冲过去轧死或机枪射死。从镇外四面把逃跑的人弹压回家，日军进镇后，跳下汽车四处乱窜，见人就杀，见房就烧，有 46 名弃家逃跑的群众被日军堵在赵家胡同全部杀死。仅一个上午，日军在尖庄镇就杀害 367 人（其中有 3 个邻村人），7 人受重伤，烧毁房屋 2000 多间。（冀内一－246 页，何连贵）

【灵寿县慈峪镇活劈婴儿惨案】慈峪镇是灵寿县最大的集镇，也是抗日战争期间灵寿县人民抗日政府所在地。因此，被日军看成眼中钉，多次进行扫荡奔袭。1939 年 1 月 1 日凌晨，驻灵寿县城和行唐县城的日军联合扫荡慈峪镇，他们兵分多路包抄慈峪镇，将在镇西南、西北的丘陵、沟洞里隐藏的老百姓全部搜出，切断外逃路线，将被抓的人就地打死和砍杀，把藏在沟口南边的四个窑洞里的 60 多人全部射死在洞里。日军在仓谷爷岭和西河西岸的山坡上，用机枪扫射老百姓，并把白九的妻子和一个孩子抛进烈火烧死，把一个未满周岁的婴儿扯住双腿劈成两半扔进火堆。日军杀害老百姓 74 人，打伤致残 30 多人，烧毁房屋 1000 余间。（冀内一－56 页，灵寿县党史办）

【肃宁县付佐村惨案】1939 年 1 月 25 日，日军小林联队约 2000 人，乘坐 30 多辆汽车，在飞机和 20 多辆坦克掩护下，由汉奸领路，从保定、蠡县方向朝肃宁袭来，妄图"清剿"冀中八路军第一分区赵成金司令员率领的抗

日武装力量。日军沿途杀害支援抗日的老百姓。因双方力量悬殊，八路军阻击一阵之后，经付佐村向蠡县鲍墟方向撤退。日军部队奔袭经过付佐村，进村后，见到逃难的人就开枪，打死了裴文成、裴连，以及毕志刚的母亲、妹妹、弟弟等人。此次日军共杀害42人，打伤12人。（冀内一－169页，荆晖）

【宁晋县北鱼村惨案】1939年2月26日早晨，驻宁晋县城日军120多人分乘9辆汽车到距宁晋县城南35里处的北鱼村扫荡，该村由北、中、南三村组成，有寨墙、寨沟环绕。日寇在北鱼村西门遭到地方抗日武装伏击，双方对峙1个多小时，抗日武装撤退，日军从西门进入北鱼村。进村后，见人就杀，见房就烧。日军将张老明儿媳强奸后杀死了其一家4口，又在天主教堂杀害教徒李秀芹等8人。在烧房时引燃一箱炸药，巨大响声使日军疑为抗日武装炮声，才把日军吓跑。日军在北鱼村共杀害28人，烧毁房屋210多间。（冀内一－251页，宁晋县党史办）

【青县后洼村惨案】1939年3月初至1942年10月13日，驻青县、大城两县的日本宪兵队先后三次到坐落在青县城西30华里的后洼村"清剿"八路军。1939年3月初，驻青县日军40多人"围剿"后洼村，由于没有搜到八路军，便杀害了王泽甫的坐月子的媳妇及婴儿，抢走许多财物。1941年冬，日军骑兵12人"围剿"已经转移的区小队，未见八路军踪影，便在后洼村用汽油烧死了王西红的叔叔，枪杀了王泽良母亲等12人，打伤3人。1942年10月13日上午，驻大城县日本宪兵队队长李凤修、日军驻樊庄据点小队长岩田等30多人，在后洼村烧死了王尚信等13人，打死王尚如等5人，烧伤王子山等22人，烧毁房屋

315 间。日军先后三次在该村共烧杀 32 人，26 人被烧打致残。（冀内二 – 142 页，刘茂才）

【冀县路家庄村惨案】1939 年 3 月 22 日，日军第 110 师团第 8 混成旅 2000 多人在冀县路家庄村与抗日民军接火。不足 200 人的民军作战勇敢，打死了几十个日军，民军阵亡 100 多人。日军占领路家庄村后，杀人放火，把老百姓当成活靶子射，一天两夜时间，在路家庄村杀害 237 人，烧毁房屋 700 多间。（冀 – 231 页，兰凤翔）

【河间县丰尔庄村惨案】1939 年 5 月 5 日，驻景和镇据点的日伪军 100 余人去闫庄村扫荡，行至中途遭到冀中抗日部队第三十团伏击，日伪军死伤一部分人。残敌退守在丰尔庄村南砖窑固守，后日军山奇小队长带领的增援部队与遭袭残敌汇合于丰尔庄村，为报复日伪军死伤之仇，对丰尔庄村老百姓进行大屠杀。日军在村北小十字街、水坑北岸、村北小庙旁等地杀害了杨丙章、杨玉锋等 50 岁以上的老者 15 人，把杨绍敦、杨玉芳等 3 人打成重伤。（冀内一 – 172 页，李文欣）

【冀县东兴村惨案】1939 年 6 月 17 日清晨，盘踞冀县县城的日军 160 多人"围剿"驻在冀县东兴村的国民党部队。双方交火后，各有伤亡，国民党部队撤出战场，日军遂占领东兴村进行放火、大屠杀。从清晨 6 点多钟至晚上 9 点多钟，日军共杀害 148 人，重伤 53 人，其中，13 户人家被杀绝，26 户人家子女被杀而断后，8 户因父母被杀而抛下 12 名孤儿，烧毁房屋 500 多间。（冀 – 233 页，兰凤翔 李树行）

【蠡县王辛庄毒杀惨案】1939 年 10 月 24 日清晨，

驻蠡县日军中队长小野带领日军包围了坐落在蠡县县城北部20华里、抗日活动比较活跃的王辛庄村。日军把人们从家里逼赶到地主王仲珩家的院里，把妇女赶进南屋，将70多名男人赶到西屋牲口棚内，堵严牲口棚内的窗户。带着防毒面具的日军把一个燃烧着的瓦斯弹扔进牲口棚，把门上锁，门外架着机枪防人们破门逃跑。一个小时后，人们均倒在地上，满身泥土粪便，许多人已停止了呼吸。日军离开王辛庄后，被关在南屋的妇女和儿童出来一看，自己的亲人已多被熏死。人们把稍有气息的人送往医院抢救，但仅有几人复活。此是日军为报复王辛庄村抗日武装破坏保蠡公路而用瓦斯毒死54人的惨案。（冀内一－87页，蠡县党史办）

【望都县薛庄村惨案】1939年10月30日夜，盘踞清苑、博野、安国、望都四县的日军700余人包围了在薛庄村宿营的八路军清苑县支队。由于寡不敌众，八路军100多人被俘，日军又抓捕了薛庄村30多名青壮年，一同用机枪扫射杀害，烧毁房屋77间。（冀－235页、胡可欣 郭德录）

【河间县翟生村惨案】1939年12月24日清晨，驻小店据点的日伪军100多人在日军北桥中队长的带领下包围了距河间县城东北25公里处的翟生村。进村之后，见柴火垛就点火，见房子就烧，全村顿时变成火海。日伪军把人们赶到村西口土地庙前，日军中队长北桥命翻译照册念名单，从人群中按名单叫出72人，把这72人押回小店据点关进一间屋子里，逐个进行拷打刑讯。又从中挑出32人进行酷刑折磨，其余40人用绳子捆起来待审。第二天，又抓来20个农民，命其在小店据点西挖了个两间房子大小、两人来深的大坑，把上述32人押到坑边，翻译又从中拉出6人，其余26人全被推入大坑内，日伪军向坑内扔手榴弹，又用机枪射击，把人全部杀害。然后命挖坑的农民填土踩实，26名无辜老百姓被炸烂于一坑，后人将此称为"肉丘坟"。(冀内一－184页，金银洲)

【肃宁县大曹村惨案】1939年8月27日晨，往肃宁县据点运送给养的河间县日军50来人在等待驻肃宁县日军前来接收物资时，其中7个日军士兵跑到大曹村寻找妇女强奸，被义愤填膺的村民活捉了5人，另2个逃回部队。被活捉的5个日军士兵被村民送到抗日政府区公所。8月28日上午，日军大队人马包围了大曹等5个村庄，见人就抓，追逼5个失踪日军的下落。在大曹村，日寇把被抓的村民逼赶到大寺山门两旁的两间屋子里，严刑追查失踪日军的下落，人们均怒而不答，日军开始大肆烧杀。日军共在大曹村杀害73人，400户的大曹村被烧毁250户，烧毁房屋600余间；白村170户人家，被烧150户，烧毁房屋700间；刘前头村100户人家，被烧95户，烧毁房屋500间；寺阁庄有50户人家被烧毁房屋300间；加道村30户人家，被烧28户，烧毁房屋200间。总计烧毁房屋2300余间。此是日军因强奸妇女而制造的大曹村惨案。(冀内一－174页，宋春泉　张学中)

【隆尧县北闫庄村惨案】1940年2月5日清晨，驻任县邢家湾和巨鹿县城日伪军2000余人奔袭隆尧县北闫庄村，与驻在村内的冀中第2分区第3营140多人的抗日部队交战。第3营官兵趁天黑路熟，突出重围，并带领一部分群众，撤离北闫庄。日军进庄后开始杀人放火，从清晨4点到上午10点多钟，杀害李秀凤、李胜堂、王老凤等123

人，其中妇女 27 人、儿童 12 人；重伤致残 10 余人，烧毁房屋 2000 多间。（冀内一－262 页，隆尧县党史办）

【井陉煤矿封井闷死矿工惨案】 1940 年 3 月 22 日，井陉煤矿新井五段西北巷因没有喷水设施，煤干、煤尘积厚，加上电缆漏电而引起瓦斯爆炸。驻矿日军不顾井下矿工死活，用刺刀逼迫矿工下井封闭了新井五段采煤西北巷道，使许多井下矿工被活活闷死在巷道里。据事后统计，被闷死矿工 357 人，受伤 440 多人。此是日军为了保矿多出煤而故意封井制造的惨案。（冀内二－279 页，井陉矿务局党史办）

【望都县柳陀村惨案】 1940 年 4 月 7 日清晨，驻望都县城的日军村上中队长带领日军、特务、警备队 340 人突然包围了坐落在县城东南 30 华里的抗日堡垒村柳陀。6 日晚在柳陀村开会的 30 多名区干部只有少部分突出重围，多数人陷在包围中。日军把各家各户的人全部赶到村东南大石桥边的广场上，四周站满了日伪军，日军队长逼问群众谁是共产党，谁是区干部。汉奸特务队长耿朝然的母亲、妹妹疯狗似地在人群中辨认区村干部。为保护群众，自卫队队长刘文林、区青会干部胡世辉、共产党员贾文进等人挺身而出，自报身份，被日军抓住捆绑，并被开水浇头、钢针扎指缝等酷刑折磨，但始终没有招供。敌人将其 3 人和其余 31 名柳陀村人带到望都县城，于 4 月 16 日将其中 29 人（已放回 5 人）及其他被捕的抗日干部共 59 人杀害于县城沈庄村西李家坟。（冀内一－92 页，望都县党史办）

【定县翟城村惨案】 1940 年 7 月 6 日拂晓，驻定县、安国、博野、蠡县、曲阳五县的日伪军 500 余人包围了定县的翟城村。日军把全村 2000 多人赶进村东边的小学校里，男女分开，男人站在影壁墙东边，女人站在影壁墙西边。四周站满端刺刀的日伪军。一个日军军官把村青抗先秘书秦全海从人群中拉出来问："谁是村干部？"秦全海回答："不知道！"日军军官抽出战刀将秦全海砍死。两挺机枪同时向人群射击，30多人当场气绝人亡，36人身受重伤。为了救老百姓，村妇救会委员米义田、文建会主任回清波、民兵中队长米福祥等人说出自己的身份职务，怒斥敌人暴行。日军把米福祥等人抓走押到安国县，在安国中学杀害。此次日军在定县翟城村共杀害38人，重伤30余人。（冀内一－97页，定县党史办）

【博野县白塔村惨案】1940年4月25日拂晓，侵占博野、安国、定县、蠡县的日伪军2000余人包围了八路军冀中九分区33团驻地白塔村，激战到下午4时，双方均伤亡惨重。战斗结束后，日军对老百姓进行报复，用枪击、砍、烧等手段共杀害白塔村民272人，烧毁房屋100多间。（冀－240页，博文）

【晋县南田村惨案】1940年4月30日清晨，100多名驻晋县日本宪兵队队员在汉奸刘怀庆的引领下，包围了晋县县区干部和第七区区小队约60人的驻地南田村。日军把未突出重围的八路军干部战士和南田村老百姓赶到村西口宽阔地方，南面站着持枪荷弹的日军，北面是老百姓和八路军。日军宪兵队长平本命令汉奸刘怀庆从人群中指认共产党、八路军。刘怀庆因贩运棉花为日军效劳在南田村被区干部惩处过，他虽然怀恨在心，但却不知道谁是共产党、八路军，就在人群中乱认。他指认一个，日军宪兵就拉出砍死一个，一连砍了8个老百姓。隐匿于群众中的区委书记陈寿先再也按捺不住心头的怒火，便挺身而出，大声说："我是共产党员，是八路军，来吧，要杀要砍由你们，不要再杀无辜百姓！"平本命令宪兵立即将陈寿先砍杀，而后又继续严刑逼问谁是共产党、八路军。此次日本宪兵共杀害了陈寿先、杨领梅、邢小全等35人，打伤250多人，烧毁房屋53间。（冀内一－59页，宋喜奎　姜平）

【无极县牛辛庄村惨案】1940年5月2日，驻藁城的日军到滹沱河北一带扫荡，路经牛辛庄村南口渡河时，被八路军第17团某连打死一名日军指挥官及数名日伪军。双方交火3个多小时，第17团某连撤离战场。交战的日军与赶来增援的日伪军集中到一起对牛辛庄村的老百姓进行报复，见人就杀、见房就烧。枪杀、刀挑任领报、卢昔影、张顺合等49人，烧毁房屋300多间。（冀内二－283页，无极县党史办）

【蔚县寺儿沟村惨案】1940年5月24日黎明前，从张家口来的1000多名日伪军包围了有84户348口人的抗日堡垒寺儿沟村。村里的抗日武装30多名人员抵抗一阵后，由于人力和武器相差悬殊，部队负责人带队突围出村，脱离了险境。留在村里的人躲进窑洞藏起来。日军进村后，见人就杀、见房就烧，发现藏人的地方就用机枪扫射、放毒瓦斯熏、放火烧。把第6区区委书记沈白日和村中的老百姓王体、王龙等75人杀害，烧毁房屋600余间，烧毁粮食百余石，抢走30余石。（冀－255页，郭敬礼）

【沧县北白塔村惨案】1940年6月24日天刚放亮，驻杜林、程村等6个据点的日伪军1000多人包围了距沧州18公里的抗日堡垒村——北白塔村。日伪军把老百姓从家里赶到村西北角的大场上，一部分日伪军在村内烧房，另一部分日伪军端着刺刀包围人群。日军从人群中拉出80岁的老人田有泰,逼问谁是八路军,军火和公粮藏在哪里。老人回答不知道,立即被日军用刺刀挑死。日军又从人群中拉出马景云,让他认照片,马回答不认识,又被日军拳打脚踢折磨致死。日军打死两个人后仍未得到一点儿需要的情况,就迫使青壮年男子站出人群,日军头目咆哮着战刀一挥,日军一排排子弹射向青壮年,个个倒在血泊里。此次日军共杀害27人,重伤30多人,烧毁房屋420多间。(冀内一-186页,田恩中)

【晋县宿生村惨案】1940年8月4日清晨,驻晋县外出扫荡的200多名日军在十时和彦的带领下返回县城的途中,在宿生村东边一里多地的地方遭到八路军晋县三区小队伏击,一名日本士兵被打死,区小队迅速撤离,从宿生村北安全转移了。日军追赶区小队时,把在田间干活的于小元、刘老转、于树林5人抓住做"挡箭牌",让他们在最前边引路往宿生村走。日军进了宿生村,见男人就抓,对挣扎不顺从的人就杀,在村中把挣扎反抗的青年张拴根、张喜合等几人砍杀在街上。把抓到的40多人捆起来赶到村南口的道沟边,架起两挺机枪进行扫射杀害。日军在宿生村杀害46人,其中有14人是外村外地的。(冀内一-64页,姜平贺)

【正定县塔底村惨案】1940年8月15日清早,驻灵寿县城的日军和警备队,在日军小队长木村的指挥下,到正定县塔底村抓民夫修公路。日伪军包围村子后,闯进各家一边抓捕青壮年,一边翻箱倒柜抢掠财物。在翻箱找财物时发现一份村干部名单。日军小队长命令前塔底、后塔底二屯群众均到后塔底中街集合,然后照着名单在人群中叫人,叫出一个捆一个,叫出12人时,群众觉得不对头，再叫名时，就没人应声，多次追问，回答说下地干活去了。就这样，日军再也没有叫出人来。此时，日军立即逼迫群众去修路，把人群赶散，而将抗日自卫队队长贾二楞和自卫队文书李银辉、张祥等12人绑成两串，押到后塔底屯西南一口井旁一一杀害，把尸体推入井内，唯恐被害者不死，又往井内扔了两颗手榴弹炸烂尸体。（冀内一-67页，李恒敏）

【安国县北都村惨案】 1940年7月14日凌晨，驻安国县城的日军纠集日伪军1000多人，包围了座落在安国县城北20华里的抗日堡垒村北都村。日伪军在围村的时候，把在田野里干农活的无辜村民吕培仁、王洛资等人打死。日伪军进村后，挨家挨户把人们赶到学校的院子里，日军队长长江说："你们村是八路军的老窝，谁是八路军？谁是村干部？不说就统统杀死！"40多岁的吕连东在日本当过木工，会说几句日本话，为了保护老百姓，他便用日语说："八路军的村干部都在村外'青纱帐'里，你们抓的全是良民百姓。如不相信，我敢用性命担保。"此时，区小队在村北鸣枪扰敌。长江相信了吕连东的话，命令日伪军带着捆绑的41人撤出了北都村。但是第三天，日军仍把被绑走的41人中的33人定为"八路军案"，杀害在安国县日军司令部后边的"万人坑"。（冀内一-99页，学迁）

【蠡县北陈村惨案】 1940年9月初，驻蠡县的日伪军1000多人包围了潴龙河北岸的北陈村，将游击队员张庚、张保康、赵八等41人杀害。（冀内一-105页，蠡县党史办）

【献县李虎村烧活人惨案】 1940年10月12日拂晓，为报复10月3日、4日两次被冀中第八分区第23团伏击打死 50 多个日伪军之仇，驻西城镇据点的日伪军 200 多人包围了子牙河北岸的李虎村，把李虎村的老百姓当作发泄仇恨的靶子。日伪军进村后，见人就抓，见物就砸，见禽畜就打，见房就烧。因为绝大多数村民已跟着八路军转移到外地，日伪军便把余下的老弱病残者用刺刀逼赶到村西南角王树楷家的 3 间破房里，然后点着柴禾从窗口往里塞，并对跳窗破门逃跑的人用枪射杀，屋内的男女老少 48 人全部被活活烧死。此次全村共 57 人遭杀害，烧毁房屋 670 多间。（冀内一－190 页，高凤鸣）

【涉县东寨村惨案】1940 年 10 月 26 日晨，盘踞涉县索堡、鹿头等地的日伪军 3000 余人进入太行山腹地东寨村扫荡，把村民赶进关帝庙内，逼问八路军的去向，人们均不回答。日军把村民一个一个地抓到门外崖边上，用刺刀捅死，把尸体踹下 20 多米深的大沟中。日军还用火烧、铡刀铡等残忍手段共杀害老百姓 106 人，伤 30 余人，烧毁房屋 1088 间，烧毁粮食近 30 万公斤。（冀－248 页，史安昌）

【涉县井店村惨案】1940 年 10 月 27 日，日军第 20 师团一部分从驻地偏店、风岗出发包围了井店村，在村外荒地坡的崖头上刺杀了 20 多名村民；在井店四街的槐树场和清河红土井附近，用洋刀砍杀 50 多人。他们把一名妇女的衣服扒光，用刺刀逼着她赤身裸体驮着日兵爬行，日兵用木棍不停地抽打，其他日军围观狂笑。此次日军在井店村共杀害 316 人，受伤致残 104 人，烧毁房屋 738 间。（冀－249 页，史安昌）

【新河县桃园村惨案】1940 年 12 月 22 日凌晨，日军 500 多人包围了八路军冀南军区新四旅某营驻地——新河县城西南35里的桃园村。战斗十分激烈，日伪军被击毙40多人。八路军为防腹背受敌，利用有利地形和大雾天气，从村后的交通沟秘密撤出战场转移，敌人看不清对方目标，互相残杀，又有40多人被毙。雾气消散后，敌人发觉上当而气急败坏，便对桃园村老百姓进行屠杀，将避难逃跑未遂的农民何庆顺、李计书、夏范祥、张仁斗等22人杀害。（冀内一-270页，新河县党史办）

【徐水火车站狗吃活人惨案】1941年1月2日下午，被日军从史庄抓来挖封锁沟的4个民兵，不愿为日军出力，消极怠工，被日军捆绑在两三千名挖沟的民夫面前，让狼狗咬死并吃掉，以此警告众人"再有怠工者都是如此下场"。（冀内二-347页，醒汉）

【涞水、涿县妇女遭蹂躏惨案】1941年1月，日军侵入北平（北京）西南的涞水、涿县（当时抗日民主根据地称其为涞涿联合县）三区各村庄，强奸、轮奸妇女达4274人，奸后遭杀52人；烧毁房屋135间，抢粮食10869石，抢走猪、牛、羊、驴等850多头，给当地老百姓造成巨大灾难。（冀内二-347页，1941年1月5日《晋察冀日报》）

【丰润县潘家峪惨案】潘家峪是我党领导的1938年冀东大暴动之后形成的冀东第一个丰（润）、滦（县）、迁（安）联合县抗日民主政权的主要活动基地。1941年1月25日清晨，日军1000多人从四面八方包围了潘家峪，日军认为这个村的人统统通八路，此次扫荡要彻底杀绝。于是在全村各个路口架起机关枪封住道路，把全村人从被窝里赶到西大坑。对于一些年老体弱行动不便的老人和病人即用刺刀挑死在屋里或院中。然后又把人群驱赶进潘惠林家的三亩多地的大院内，逼迫老百姓在院内铺满了松枝和柴草。在伪满丰润县日本顾问佐佐木二郎的指挥下，开始了大屠杀：一边用机枪向院子里扫射，一边往院中投手榴弹，并放火点燃柴草，顿时院内变成火海、血河，机枪声、手榴弹爆炸声和人们声嘶力竭的哭喊声形成腥风血雨。屠杀从上午10点左右开始直至下午枪声才停止，全村238户1703人中被日军杀害1237人，31户被杀绝，烧毁1100多间房屋，所有财物被抢掠一空。（冀-250页，冯觉严；冀内一-1页，佟德敏　冯伯英）

【遵化县鲁家峪惨案】1941年2月14日，驻唐山日军在副司令米左的带领下，纠集了遵化县四周的日伪军1000多人"围剿"丰（润）玉（田）遵（化）联合县政府、冀东军分区驻地——号称"九沟十八峪"的鲁家峪。因鲁家峪群山屹立、地势险要，山上密林葱葱，山下沟壑纵横。日军在村中除了烧房没抓到几人，便在村周围的山沟里和石洞中狂搜滥捕，结果搜出近千名老百姓。日军逼迫他们回到村中虫王庙前的干河沟里，严刑逼问八路军的去处，村民30多人虽受酷刑折磨，但没有透露一点儿八路军和村干部的下落。气急败坏的日军当场杀害9人，烧伤6人，打伤30人，烧毁1900多间房屋，造成全村人无家可归。

1942年4月，一个八路军干部在玉田县郭屯一带活动时被捕叛变，日军从中得到鲁家峪根据地的秘密，在驻唐山日军头子铃木启久的指挥下，调动几千人兵力再次"围剿"鲁家峪。铃木把兵力分成若干小队，按着叛徒提供的情报，采取围山守洞的诡计，等候洞内避难的人出来觅食时进行逮捕，对于在洞内坚决不出来的村民，日军即向洞内施放毒瓦斯、投手榴弹，将洞内人毒死、炸死，还炸毁洞口将人闷死。此次"围剿"，从4月16日一直到5月3日，整整16天时间，鲁家峪的孤仙洞内30多人、水洞内20多人、北峪村影壁山周围山洞里200多名村干部及报国队队员和伤员、馒头山中洞内200多人均遭杀害。日军把通过搜山抓住的老百姓逼迫到北峪村张景存家的白薯窖前，把28个大人用刀砍死，4个小孩用铡刀铡死。又把40多人押到鲁家峪刘万的房子前进行酷刑逼讯，追问八路军和村干部的去处，受刑人坚决不说，日军即用刀砍杀10人。鲁家峪16天中被日军杀害在山洞、村中的老百姓及村干部和伤员共有500多人。自1941年1月以后的几年内，鲁家峪前后5次遭日军"围剿"，被杀害的军民共有810多人（其中鲁家峪村被杀害225人，其中军政干部61人），房屋被烧毁3900多间。（冀-252页，李永春 陈庆丰；辽大-504页，冀政协）

【宽城县大屯村惨案】 抗战期间，冀东抗日游击队队长周治国在大屯村成立了"反满抗日救国会"，并带队端掉附近的三道关据点，击毙日伪军官兵4人、俘虏30多人、缴获许多枪支弹药。为报此仇，1941年2月11日夜，伪热河省青龙县警务科长日本人铃木带领300多名日伪军和警察讨伐队，将大屯村包围。日伪军先向村中发射了几枚炮弹，把熟睡的人们震醒，然后朝向外逃跑的人群射击，接着进村烧房。顿时，哭喊声、枪声、房屋着火的声音混成凄惨一团。从11日晚一直到12日晨，5个多小时内，日伪军把大屯村140户460口人杀害了178人，同时还有9名外地来走亲戚的百姓也被杀害，造成14户被杀绝，烧毁房屋535间，损失粮食30万斤。（承地内-132页，李炳山 杜

清怀；人－311 页，李炳山　杜清怀）

【滦平县火斗山惨案】1941 年 4 月 16 日夜，抗日游击队袭击了锦古线火斗山车站，烧毁了车站和宿舍，打死了多名日本鬼子，缴获了一批武器和物资。事件发生后，日本锦州铁路警护队进行侦查，同时派兵增加承德至古北口段警护力量。日军特务自 4 月 19 日开始在火斗山附近二十几个村庄进行秘密侦查。在三道沟门村和四道梁屯逮捕了八路军丰滦密县政府工作员郑廷兰等 3 人，同时在山神庙村、大营子村等地逮捕了司文轩、史才、李朝俊等 60 人，将被捕人士分别押至伪满火斗山警护所和古北口宪兵队两地进行刑讯、筛捕。后又将郑廷兰等 40 人转押伪满承德检察厅，其余人释放回家。回家者因伤势过重死亡 10 多人。送往承德的 40 人中，郑廷兰等 2 人被杀害在承德水泉沟，其余人被判徒刑。被判徒刑者中有 30 多人分别死在伪满锦州监狱和承德监狱。（书局－395 页，日本战犯供词；人－333 页，卢福　张思卿）

【兴隆县狗背岭村惨案】狗背岭村是八路军抗日游击根据地。日本关东军从 1941 年 1 月 25 日至 1945 年年初，先后 4 次前往狗背岭"围剿"八路军，但每次落空，于是便凶狠地报复狗背岭村的老百姓。1941 年 1 月 25 日杀害村民 47 人，烧毁房屋 154 间；1943 年 10 月 6 日，杀害村民 27 人；1944 年 11 月 27 日，杀害村民 28 人；1945 年 1 月 20 日，杀害村民 16 人。加上其他被害人数，总共杀害村民 207 人，占全村总人口的 56%。（冀－251 页，朱呈云）

【滦县韩家哨村惨案】1941 年 6 月 8 日拂晓，日军 100 多人包围了八路军区小队宿营地韩家哨村，从东西两头夹攻，把村民赶到村东大庙内，区小队从村中韩福来家大院冲出与日伪军激战，日伪军一边杀人一边"围剿"区小队。后日伪军增援至 800 多人，区小队寡不敌众牺牲过半，只有少数人冲出包围脱险。此次，日军在村中杀害老百姓 54 人，打伤 30 多人，杀害区小队 24 人，烧毁房屋 600 多间。（冀－256 页，唐向荣　张文秀）

【宽城县艾峪口村惨案】1941 年 6 月 25 日和 26 日深夜，日军分两批乘汽车到艾峪口、河西、东沟等 5 个自然村抓捕了村民诸成丰、诸清林等多人，押到青龙县日本宪兵队刑讯，采用压杠子、灌煤油掺凉水、猪鬃捅生殖器、烙铁烙小腹、十指钉竹扦等手段逼问八路军的去向，但受刑人坚决不说。日军认为艾峪口等村是"匪区"，大人小孩都通八路，遂进行大屠杀，计有 210 多人受害，其中 100 多人惨死在日军的枪口下。（冀－256 页，王桂珠　杜清怀）

【束鹿县束北村等五村惨案】1941 年 8 月 14 日至 8 月 20 日，驻束鹿县城日军 3000 多人对驻地周围开始了连续 7 昼夜的大扫荡，他们闯进束北村、小冯村、耿家营村、百福村、西枣营村五个村庄，见人就杀，不分男女老幼一律砍杀。把百福村 3 名 70 岁以上老人挑死在磨棚里。在小冯村把 3 个小孩挑死。此次日军扫荡在束北等五村共杀害老百姓 500 余人。（冀－257 页，冯冀爱）

【井陉县铁路以南地区惨案】从 1941 年 2 月至 1944 年 8 月，日军对井陉县铁路以南地区抗日根据地实行烧光、杀光、抢光的"三光"政策，制造大片无人区。在长达三年半的时间里，柿庄村、南北芦庄、大王邦、前头庄、掩驾沟等 21 个村庄多次遭受日军围剿，1100 多户人家的财产和 4000 余间房屋被烧毁，抗日干部和手无寸铁的老百姓计有 6231 人被杀害，致伤 324 人，冻死饿死和被日军

毒气致死1850人，被抓捕5112人，日军同时抢走牲口100余头，抢走粮食154万斤。（冀－266页，高顺楼）

【平山县西回舍惨案】1941年3月20日，日军在平山县西回舍村一带强征1000名民夫从事强化治安工程，拆庙取砖建碉堡、挖封锁沟。八路军第36团派20多名战士化装成民夫参与其中，进行策反抗日活动。因八路军战士张吉庆、张吉才杀死了作恶多端、狂追逃跑童工未遂的伪军王金锁，日军便对逃跑民夫数量多的屯头、西回舍两村进行报复。日军将两村的33名民夫全部捆绑起来进行严刑拷打审讯，结果一无所获，于是把他们押到距碉堡不远的一个枯井旁，日军队长一声吼，四周的日军立刻边哇喇哇喇地乱叫，边端着刺刀恶狼般地冲向民夫们又捅又刺又挑，民夫们拼命反抗、高声大骂，但最后全部倒在血泊中。日军把尸体一个个扔进枯井里，唯恐有人生还，又往井里投下几颗手榴弹，随着几声巨响，血肉被炸出井口，33名民夫全部被杀害。（冀内二－315页，高俊儒 延辨尘）

【宽城县暖河塘屯惨案】1941年4月26日，八路军何子桥部队在滦河岸边暖河塘屯伏击了由兴隆往迁西洒河桥运送物资的80名押船日军。何子桥部队撤出战斗后，日军即占领暖河塘，抓住群众逼问八路军的去向，见得不到结果，便开始杀人。日军用机枪把胥景印、胥景堂、胥景全等15人杀害，将这个仅有17户90多口人的暖河塘变成了"寡妇屯"。（承地内－141页，李炳山 杜清怀；人－325页，李炳山 杜清怀）

【玉田县散水头村惨案】1941年7月8日至11月8日，驻玉田县城日军山冈中队，三次"围剿"玉田县东南抗日根据地散水头村，以村里"有八路不报"、"有枪不交"

为罪名,对老百姓进行报复性屠杀。7月8日,日军残忍地将郭文华的4岁女儿倒提着两条腿把头浸在河里活活溺死。8月5日,日军100多人又把村里100多群众赶到菩萨庙里,逼问谁是八路军,没人回答。日军就把70多岁的张悦当场打死,后又杀害杨秀琨、王盛德、王宝珍等13人。11月8日,日军山冈部队第三次"围剿"散水村,把郭坤等10人杀害。日军先后三次在散水头村共杀害25名老百姓。(冀内一－330页,袁春普 王森)

【滦平县快活峪村惨案】 1941年9月5日,驻于营子日本关东军铃木部队200多人到快活峪村扫荡,从沟里到沟外烧毁全村280多间房屋,抢走了全部牲畜和财物。为了隔绝共产党八路军与老百姓的联系,把快活峪村定为禁止居住、禁止耕种、禁止放牧的无人区,强迫所有人迁居到25里外的营盘乡修建的"人圈"里。村民们故土难离,许多人就躲在山洞居住。日军为了"彻底肃正",把这个深山里的抗日根据地作为反复清剿的重点,因此快活峪村变成了重灾村。孙怀清、尚文德等31人被日军杀害,全村房屋全部被烧毁,变成没有生存条件的灾难村,快活峪村成为日本关东军制造无人区的一个缩影。(承地内－148页,吴殿信;人－342页,吴殿信)

【滦平县天桥沟屯遭毁灭惨案】 1941年10月31日凌晨,驻于营子的日军铃木中队100多人包围了丰滦密联合县长城游击队宿营地小黑沟村。得知日军来围,我抗日游击队迅速转移到七道河村的天桥沟屯,刚站稳脚跟,日军又尾随而来,游击队突出包围,返回长城南。日军把天桥沟老百姓支援游击队的行动视为背叛"满洲国"罪,进行严厉惩治。当时天桥沟只有6户人家,加之外地来走亲戚亲的 3 人共 32 人，都被日军赶到高永富的两间马架窝棚附近，并逼问八路军的去向，大家都说不知道。日军即用机枪扫射，把 32 名老百姓全部杀害，其中包括 70 多岁的老人和未满周岁的婴儿。日军又点燃柴草把尸体烧毁，把所有的房屋烧光，整个天桥沟屯均被日军毁灭。（承地内－144 页，张国良；人－347 页，张国良）

【曲阳县野北村机枪扫射惨案】野北村是晋察冀抗日根据地的一个堡垒村。1941 年 8 月 6 日凌晨，盘踞在灵山的日伪军 150 多人包围了野北村，把该村 104 户 530 余口人从家中赶出，许多人乘夜黑路熟逃出了包围圈，只剩下 160 多名老弱病残者被逼赶到野北村西的三个院子里。天亮以后，日军在四周架起机枪，开始刑讯逼问共产党八路军及其破坏炮楼等情况，受刑者无人回答。气急败坏的日军随即开始大屠杀，用机枪向院内扫射，将三个院里的老百姓全部杀光，共有 164 人被害，8 户人家被杀绝，烧毁房屋 400 余间。（冀－257 页，辛义）

【曲阳县沟里村惨案】沟里村是曲阳河西抗日模范村。1941 年 9 月 22 日晨，日伪军 500 多人包围了沟里村。敌人把全村 60 多户 100 多口男女老幼逼赶到村西北角闫洛进家，关押在东西北三个屋子里。日军把玉米秸秆点燃从窗户往屋里扔，群众便使劲往外冲，凶恶的日军竟疯狂地刺杀，先后有 50 多人被日军刺死扔进井里，还怕有人幸存，日军又往井里投石头及燃烧的木柴。屋里的人见到往外跑的人均被日军刺死，便奋勇反抗，与日军搏斗起来，日军闯进屋内刺杀，人们把冲进屋内的日军打死，日军抢出死尸再不敢往屋冲，便扒开房顶往屋内射击和扔手榴弹，把大部分人炸死炸伤，只有 11 人死里逃生。经过 4 个多小时大屠杀，日军共杀害 83 人，其中沟里村 66 人、外来走亲戚的 17 人，烧毁房屋 240 多间。（辽大 -536 页，冀政协）

【兴隆县大灰窑惨案】 1942 年 2 月 2 日，日本驻伪满兴隆县副县长西山为搜捕以宣传抗日救国为宗旨的《救国报》办报人员及散发报纸的抗日人员，带领 100 多名宪兵、武装警察，包围了因身带《救国报》被特务抓住受刑而死的马祥瑞家所在地大灰窑村，敌人挨门逐户进行搜查，抓捕了 140 多名群众并捆绑起来押到兴隆县城的临时监狱。日军逼问被捕者交代八路军及《救国报》情况，尽管对被捕者用尽各种酷刑，但是什么情况也没逼问出来。西山恼羞成怒地下令从被捕的人中拉出 80 多人，押到兴隆县城南土门进行枪杀，又从监狱提出其他村被押的 40 多人也押到南土门枪杀，日军将这 120 多人用十几挺机枪扫射，一并杀害在"万人坑"内。（辽大 -558 页，冀政协）

【涞源县东杏花村"开脑粥"惨案】 1941 年 8 月 31 日清晨，盘踞在大坨据点的日军 40 多人，包围了抗日堡垒村东杏花村，他们事先探知该村储备了一万多斤支援抗日的公粮，进村后便用刺刀逼着各家各户交出储藏的公粮，干部和群众都坚决地回答不知道。日军即动用酷刑逼供，打死了 53 岁的杨老哲。日军又打伤了十几人，也没问出谁是共产党、谁是干部和藏公粮的地方。日军便钻进各家各户搜查，在霍成年、霍老三、张老庆等家搜出坚壁的公粮，便放火烧毁了十几家的房屋，并把霍成年、霍老三、杨宾、韩付、杨国海、张文等 23 人押到大坨据点，把其衣服扒光，绑在木桩上，用皮鞭抽、枪托打。折磨致次日仍然没有结果，日军就把这 23 人全部刺死在木桩上，还残忍地把村长韩付、村武委会主任张文的头骨砸开，取出脑汁，放

二、侵华日军在中国制造的部分惨案1062例

在白玉米糁粥中熬煮,并取名"开脑粥",煮好后把粥盛装在两个木桶里,由30多名日军押着,命人挑到东杏花村,又把男女老幼200多人赶到村中广场,日军小队长狂叫着:"让你们看看皇军的厉害!这是开脑粥,你们统统地喝了!"日军用刺刀逼着人们喝。老百姓除了哭声和骂声,没有一个人喝。日军把人们暴打一顿,也没人喝,一直折腾到黄昏,日军才撤回据点。(冀－259页,李静 李万青 梁冬梅)

【唐县岗北村惨案】1941年11月29日晚7点多钟,晋察冀四专区发起万人"平沟破交"大会战,唐县抗日政府组织了4800多人平沟破路队伍。平沟刚开始,温家庄至南岗北沟段出现了日军,将唐县四区武委会干部穆志昌、韩世荣带领的八个村的500多人的平沟队伍包围在平沟地段内。听到枪声后,多数人爬上陡峭的南岸脱险,少数人遭袭。温家庄据点的日军头目荒井带领日军把温家庄至南岗北沟段的平沟民兵压缩到沟底,北岸有日军阻击,南岸陡峭难攀,日军用机枪手榴弹向沟底人群开火,被围在沟底的民兵全部牺牲。日军在检查尸体时,发现未死的人又用刺刀刺死,此役共有67人在平沟时被日军杀害。(冀内一－121页,赵进良 边复兴)

【海兴县小山村惨案】小山村座落在冀鲁交界的渤海之滨,南为大山村属山东省,北为小山村属河北省海兴县,历来都是繁华的集市。1941年9月22日傍晚,驻小山村的八路军趁夜袭击驻山东省无棣县魏庄的铁杆汉奸张子良部队,活捉其一个营长,打死多名伪军。汉奸张子良受到重创,便要求日军支援。为此,驻济南的日军飞机9架,于9月26日—9月28日连续三天三次轰炸小山集市及周围

三村，把集市上的摊贩、赶集的老百姓和附近东村、西村、北村的王玉双、张玉华等130人炸死，炸伤140多人，造成小山四村"无人不戴孝，家家有哭声"的悲剧。（冀-264页，高志德）

【平乡县胡家庄村被烧毁惨案】1941年8月15日拂晓，13个日军从辛店据点出发，沿着滏阳河的东河沿向南迎接油召方向开来的船只，在胡家庄村东遭到八路军青纵25团的伏击，8个日军当场毙命，5个负伤逃跑。上午9时许，辛庄、油召等6个据点的日伪军1000多人包围了胡家庄村。村里人早跟八路军转移到村外青纱帐，空无一人。敌人进村后，一个人也没搜到，便开始，挨家挨户地放火烧房点火，顿时一片火海，这个80余户人家的353间住房全部被烧毁。日军还用马拉着横木在该村1000多亩的庄稼地里狂奔，把即将成熟的庄稼变成了烂草场，毁坏了人们的生活条件，使胡家庄村老百姓变成无家可归逃亡乞讨的灾民，捱至冬季，很多村民因衣食无着被冻死、饿死。（冀内一-273页，王朋卯　王洪民　丁秀峰　云千）

【平山县东黄泥及毗邻村庄惨案】1941年9月14日晨，日军数千人对抗日根据地东黄泥村及所辖10个抗日堡垒村进行秋季肃正大扫荡。日军在各村四周占据了有利地形，然后进行拉网式的搜山。先是把躲在杏山的通家口村100多名老百姓杀害，又把南庄村逃难到张大沟石洞中的70多人杀害，在东柏坡村杀害76人，在西柏坡村杀害5人。由于抗日政府事先组织了大逃难，东黄泥村全村500多户2000多口人，多数逃走避难。日军闯入东黄泥村后立刻进行大屠杀，一直烧、杀到上午10点多钟，留在家中未逃难的男女老少136人均被杀害。日军在东黄泥、杏山、张大沟、东柏坡、西柏坡、木虎峪、张家沟、燕尾沟、西沟8个村共杀害513人，烧毁房屋2000多间。（冀－262页，延辨尘　宋文海）

【平山县屯头村惨案】1941年，日军在平山县、井陉县、灵寿县三地交界处建立了南北长20里的封锁线，修筑了许多碉堡，在碉堡周边挖出3～4丈宽、1～2丈深的封锁沟，不能挖沟的山石坡就垒上又高又厚的封锁墙，并将沟西边10里以内划为无人区，面积达200多平方公里，涉及20多个村庄。日军对无人区实行烧光、杀光、抢光的"三光"政策。1941年9月28日早晨，日军把无人区内的河西、屯头、东苏庄三个村包围起来，把老百姓赶到村外，然后放火烧房。河西村被烧毁1350间；东苏庄村被烧毁500多间，全村只留下一座关帝庙没烧；屯头村120多户人家只剩下8～9间房屋，其余全被烧毁。日军把三个村的老百姓强迫赶到指定的村庄住。从1943年至1944年期间，屯头村100多名老百姓躲过日军的监视，偷着从迁移村跑回原籍村种地谋生，被日军发现后惨遭杀害，造成屯头村惨案。（冀内二－338页，高俊儒　延辨尘）

【平山县陈家院村惨案】1941年秋，日军侵占平山县陈家院村，并在这里扎营作为临时据点。日军把李英龙家南北各7间房舍当作临时监狱，在院四周站岗放哨。1941年9月14日上午，日军开始大屠杀，把关押在李英龙家的赵玉春、苏喜才等75人，分别押到陈家院村猪圈、村东水井旁、村北土窑三处予以砍杀。（冀－261页，延辨尘　韩清亮）

【平山县白家庄村狼窝峒惨案】1941年9月14日，日军奔袭白家庄村，村里人事先得知消息，全部逃到山上躲避。日军便进沟搜山，在狼窝峒发现藏匿的人群，残忍地把6岁的冀连五及其母亲刺死，又将李润山、李振林等21人杀死，并重伤6人。（冀内二－320页，高俊儒 延辨尘）

【平山县温塘镇村惨案】平山县温塘镇村共有193户720口人。1941年10月7日，日军闯入村内，挨门逐户地把村民赶到村外，把村里的所有房屋全部烧光，把抓到的277人押上汽车开往石家庄，又从石家庄改乘火车运往阜新煤矿挖煤，不能下井的老人和妇孺流落在阜新街头乞讨为生。日寇把从煤矿逃跑未遂的康金子、王党等11人杀害，侯贵延、康永寿等44人在煤矿也因冻饿而死。（冀内二－324页，高俊儒 延辨尘）

【束鹿县小冯村惨案】1941年8月20日，日军独立混成第八旅团在沧石铁路以北进行了7天7夜的扫荡，杀害了500余名老百姓，逮捕了100余人，烧毁房屋2000多间。期间，日军把300多户1000多口人的抗日堡垒村小冯村作为扫荡的主要目标。8月20日，日军在小冯村村东南张家壕杀害了60多岁的王胜美老太太等23人，在村东水井里淹死赵老景、房大清等5人，用刺刀挑死了5岁男孩寇发喜和11岁女孩房素捷，轮奸后杀死18岁的姑娘寇小姜。日军前后共杀害小冯村村民47人。（冀内二－285页，张铁树）

【威县苏家林村惨案】1942年1月3日、10日、11日，盘踞威县贺剑据点的日军为报复在苏家林村遭到八路军新四旅的伏击之仇，日军三次到苏家林村烧杀，欲把苏家林村变成废墟，共烧毁苏家林村140户1450间房屋。由于村民事先逃跑，仅有数人遭杀害。此次日军制造的罪恶被人们称为"火烧苏家林惨案",造成了全村人无家可归。第二年,又遇上空前未有的大灾荒,苏家林村老百姓无家安身,无力抗灾,在灾荒年全村饿死 240 多人。(冀 - 268 页,赵士英 蒋保奎)

【玉田县城惨案】1942 年 4 月 15 日,玉田县日伪县政府在县城东门外二郎庙召开"治安肃正"大会,要建立"王道乐土",惩治"不法"之徒。日本宪兵队队长米谷指挥日伪军当场杀害了 100 多名共产党员和抗日爱国者,在城北观水桥边杀害了 48 人,在城东一便桥边杀害了 39 人,在城南英家坟杀害 30 人,共有 250 多人遭屠杀。(冀 - 272 页,袁春普)

【灵寿县北城东村惨案】1942 年 3 月 10 日,驻北狗台碉堡日伪军 40 余人,包围了北城东村,日军在村中烧房、抢东西,然后把全村的男女老幼朝北狗台方向赶。刘玉昌的母亲等 4 位老人体弱走得慢,日军竟用刺刀把他们 4 人挑死在路旁。把人们赶到北狗台碉堡下后,汉奸冯保川问大家:"你们愿意到满洲国,还是愿意回老家?"人们一齐回答"回老家!"黄昏时,日伪军打开寨门假意放大家走,当人们刚走出封锁沟口,日伪军机枪从后边向人群射击,人们顿时乱作一团,东逃西散。因为天暗,多数人逃生,但仍被杀害 27 人,重伤 17 人,几天后受伤的人中又有 8 人死亡,此次共被日军杀害 35 人。(冀内二 - 290 页,灵寿县党史办)

【深泽县耿庄村惨案】1942 年 10 月 3 日上午,驻深泽县城的日军 90 多人包围了耿庄村。日军为报复头一天抢粮食在耿庄村外遭八路军区小队伏击,粮食全部被夺之仇,对耿庄村老百姓进行大屠杀。日军进村后,把没有逃跑的男女老幼赶到村南五岔口空场上，逼问八路军和粮食藏在什么地方，被逼问的人都回答不知道。日军首先挑死纪全义，然后夺过纪大仓手中的铁锹劈死纪小根。接着日军如饿狼般地扑向人群用刺刀挑人。韩喜堂、韩凤喜等48人被杀害，其中老年人40名、少年3人、青壮年5人。（冀内二-293页，刘中贵）

【故城县霍庄村惨案】1942年4月29日中午，日军攻打故城县霍庄村，冀南抗日骑兵团英勇抵抗，掩护驻霍庄的冀南党政军领导同志突出重围安全转移。下午3时日军占领霍庄，开始烧杀抢掠。日军对伤病员和老百姓用开水浇头等酷刑逼问冀南抗日党政军领导的去向，没有一人回答。有一名妇女干部高喊："打倒日本帝国主义！"、"中国共产党万岁！"立刻被日军砍杀。日军把40多名被俘伤病员和10多名老百姓枪杀在村北边的干枯湾坑里，又把80多名干部、群众和夹在中间的伤病员挑死在村外的一个场院里。此次日军共杀害干部、战士和老百姓500多人。（冀-273页，故文）

【深县中蓊村惨案】1942年5月16日，驻武强县日军小队长金子带日伪军、警察、宪兵队等400多人包围了深县抗日根据地中蓊村。日伪军把十几个大院的户主赶走，占据院子作为兵营达45天。其间，日伪军把该村的200多名老百姓逐个刑讯，逼问共产党、八路军的去向，但是没有一人回答，日伪军就酷刑打死了孙锁、李民2名青年，打伤140余人，打残4人。他们还从武强县六区皇甫、堤南、张法台、任庄、唐旺、王庄、东五祖寺、西五祖寺、豆村等抓来1000多名老百姓在中蓊村刑讯，逼问共产党、八路军的情况。审讯中杀死了堤南村张大圈、马纯周、张五妮和西五祖寺村的张文常、孙连印等47人，把300多名青壮年押送到东北当劳工（其中多数人被害死在劳工工地），还使400多名老百姓受刑致伤，20多名妇女被轮奸致残，抢走8名妇女充当慰军妇。（冀内二-178页，王汉章）

【阜城县前宋庄村惨案】1942年6月2日至6月4日，驻阜城县的日伪军500多人，在日军佐佐木少佐带领下包围了抗日根据地前宋庄村，对这个抗日堡垒村进行"清洗"。日军进村后，没有搜查到八路军的人和物，就把400多名老百姓赶到村西南的大坑里，令其跪下，然后拉出杨汝海，举刀逼问八路军的去向，杨低头不答，又逼问宋广均，宋答不知道，日军就把宋推入井中，往井内扔砖将宋砸死在井内，接着又把代理村长宋玉振活活打死。日军还用狼狗把常文信咬死在杨彦田家的猪圈旁。日军在前宋庄村住了三天两夜，共杀害百姓20人，打伤烧伤100多人，烧毁房屋17间，并把全村的猪、鸡吃光。（冀内二-182页，张启民　陈德山）

【宽城县九虎岭村挖心惨案】1942年7月4日和1943年1月17日，日本承德宪兵队特高课长木村光明先后两次指令喜峰口宪兵分队、警察讨伐队围剿八路军抗日游击队根据地九虎岭村。1942年7月4日晨，日军宪兵160多人包围了九虎岭村及周围小屯，抓捕了刘殿福等100多人转押至承德监狱，判刑103人，其中3人判死刑，被绞死在承德监狱，其余100人被判有期徒刑。这100人中，只有1人活着回家，其余人均在狱中被折磨致死。1943年1月17日晨，160多名日伪军宪兵、警察再次包围了九虎岭村，抓捕了刘文贵等150多人，当场枪杀6人，摔死了1名8个月大的婴儿，塞入冰窟窿淹死1人，还丧心病狂地将1名村民心脏和双眼挖出；刑讯致死1人；烧毁房屋150多间；抢走牛、羊、驴100多头。此次日军先后杀死14人，致使九虎岭村7户人家被杀绝。（书局－497页，日本战犯供词）

【定县北疃村惨案】北疃村是冀中抗日根据地之一。1942年5月27日，日军大江一大队500人包围了北疃村进行清剿。一部分日军按着事先探知的地域寻找地道口，堵死一边洞口，然后往洞内实放毒弹，在另一边洞口处架设机枪射杀逃跑者；另一部分日军在村内放火烧房，抓人杀人，抢掠财物，强奸妇女。北疃村的南北街、李家坟、李家街，以及冯香云及王文垣家井台边、李洛敏家院子、朱根德家土井边等地均变成了屠杀场，满是被害人的尸体。5月27日至28日，日军在北疃村呆了两天一夜，将北疃村220户人家杀绝了24户，224人惨遭杀害，烧毁房屋35间。（冀内二－223页，定县党史办）

【文安县叩岗村毒杀惨案】1942年8月11日拂晓，驻文新城（现文安县）日军头目小林带130多名日伪军包围了文新县二区抗日堡垒村水旱码头交通要道叩岗村。日军进村后，挨家挨户地搜查八路军及家属。他们把全村200多口人赶到叩岗村南的大场上，逼问八路军藏在哪里。折腾两个多小时，没有人回答。日军头目小林命令把40岁左右的男青壮年拉出42人，用刺刀逼着赶进大场北面的一间小屋内，堵严门窗，往里施放毒瓦斯。1个小时后才把被熏的人拖出来。赵文起、王永章、王连弟等21人被熏死，其他21人造成严重内伤。（冀内二－99页，赵宏泽）

【迁安县大杨官营村惨案】1942年8月14日至9月10日，日军驻迁安沙河驿镇第3联队及驻迁安县城日军守备队31大队2000多人，对长城南侧八路军游击队常驻的村庄进行扫荡。敌人把彭家洼村裘玉书、70多岁的赵玉丰及彭志的2岁儿子打死,抓走东密坞村72人,抓走西密坞村28人,抓走芝草坞村27人,抓走提岭寨村2人,抓走小崔庄村18人,抓走西峡口村8人,抓走五重安村4人。然后把被抓捕的人连同在县城监狱关押的"私通八路"的老百姓,集中押到迁安县城南30华里处的大杨官营村,于9月10日分三批集体杀害在大杨官营村西岚山脚下的老牛圈三个相连的大水坑里,共有312人惨遭杀害。驻迁安日军守备队长滕川竟亲自砍杀了30多人。敌人还烧毁房屋6400余间,其中白洋峪村先后遭到8次焚烧。(编译四-100页,刘绍友)

【遵化县马家峪村老人被害惨案】1942年11月20日清晨,驻丰润县左家坞据点的日伪军200多人包围了冀东军分区炸弹厂、军用物资库所在地马家峪村,村里人事先得知消息,均转移到深山躲藏起来,只剩下老人和妇女儿童。日军头目佐佐木命令把全村人赶到村中心五道庙坎下"训话",说这里是"匪区",逼人们供出八路军伤病员和弹药的藏匿地点,但没人回答。日军先将徐浩林、徐从林、马玉如3位老人杀死示众,但仍然没有问出八路军的消息。日军便开始大屠杀,用刺刀将43名60岁以上的老人刺死。马家峪人把老人遇害的地方称为"老人坑"。(编译四-106页,李永春)

【冈村宁次制造的枣强县王均村二马分尸和"坐家具升天"惨案】1942年9月12日至9月17日,侵华日军司令冈村宁次亲自坐镇枣南县恩察镇,指挥日军10000多人,把在枣南县东部的董庄、前后陈庄、东王均、杨苏等十几个村抓几百名的男青壮年押到王均村。日军在王均村驻扎了6天，设置了4处杀人场。在前街中部的空场里，用铁丝将被捕人员的锁骨穿透连成一排，然后分批枪杀。还把被抓的人双脚拴在马后，策马急驰，致人肢体撕裂拖死。在村东头的水坑旁边，把人身上坠上石头或土坯，推进水坑淹死，对挣扎浮上来的人再用枪打死。在宋九振家的猪圈旁，村民被枪杀后，尸体被推进粪坑里。在村西的打谷场上，把村民用铁丝穿成串，一层放吃饭桌子、凳子、椅子、箱子、木柜、木器家具，然后逼迫人们躺在家具上，一层一层累起来，浇上汽油点燃烧死。日军取名"坐家具升天"。日军还在打谷场西头放置三口铡刀用来铡人。此次日军在王均村杀害310人，其中有王均村村民18人，外村村民292人；轮奸王均村妇女10多名，上至60岁老妇下至11岁姑娘；另烧毁房屋80多间。（冀内二－185页，王世德）

【遵化县东新庄毒杀惨案】1942年10月22日清晨，日军包围了抗日斗争活跃的东新庄，把全村男女老少从家中赶到大庙西侧的广场上，四周架起机枪。广场东面有一口水井，井台凸出地面半人高，广场西面是一座打制农具的烘炉，北面有一处院子，日军逼迫人群在水井北边面南而站。日军驻遵化县小队长常昭站在井台上，用半通不通的中国话问："你们这个村共产党八路军的有？说出来，大大的良民。"问了几遍之后，有的人回答说："我们都是百姓，没有共产党八路军。"许多人都附和此说。常昭把脸一沉，向日军说了几句，两个日军士兵拉来一具尸体，是抗日政府区长徐志，他已经牺牲了。常昭又问众人，众人不语。常昭遂下令从人群中拉出5个小伙子，并逼问他们，他们齐声说不知道，常昭恼着成怒地命士兵把他们5

人枪杀了。常昭又让士兵从人群中拉出曹万贵等10人，并逼问他们，这十人怒而不语，被日兵推进井里，用毒瓦斯毒死。常昭又从人群中拉出张文元，用烘炉里烧红的烙铁烙脸，张文元一言不发，受刑而死。日军又在井南边挖一个大坑，砍杀了16人。此次日军共杀害53人。（辽大-510页，冀政协）

【三河县泗河村惨案】 1942年10月25日夜间，日军500多人包围了座落在三河县城东南15华里有400多户2000多口人的抗日堡垒村泗河村，妄图消灭在泗河村宿营的八路军蓟宝三联合县三、四、五区区小队及干部。天亮后，日军把全村人赶到村西头田玉丰家房前的空场上，逼问众人八路军藏在什么地方，众人都说没有八路军。日军一连打伤打昏十几个人，也没问出情况。日军遂枪杀了80多岁的王昆和王廉的老母亲。此时，被老百姓掩藏的八路军趁天刚亮向外突围，与围村的日伪军接火，枪声四起。日军头目山本得到报告，命令日伪军追击，他却留在原地更加惨无人道折磨老百姓。时值初冬，他命令人们脱光上衣，往其身上浇冷水，把坚强不屈的50多岁的村民辛守臣打死。见没有问出情况，又用火烧人们的脸、手、脚和身上，把高守正、张勤等人当场烧死。日军在泗河村酷刑折磨了四天三夜，也没逼问出八路军的情况，于是大开杀戒，共杀害了48人，重伤残120多人，烧毁房屋150多间。（冀内二-106页，三河县党史办）

【大厂回族自治县南寺头村清真寺惨案】 1942年11月23日，驻夏垫镇据点的日军以开会为名，把位于县城西北15华里处的南寺头村15岁以上的400多名群众赶到村西的清真寺，逼迫群众交出私藏的枪支武器。伪警长唐得生照名单点名，把被点名的人押进寺内的沐浴室和南北讲堂受刑。杨文海被日军枪杀在寺内众人面前，杨学正被日军用烧红的铁条捅进肛门烫死。另有杨普林、杨茂志等60多人被折磨致重伤残。（冀内二-110页，李延录 甘瑞龙 李春元）

【深县辰时村惨案】1942年11月2日，驻深县辰时村据点的日军，把从辰时、辛村、史村、耿村、封家庄、西黄龙、中蓁村、院子、大流、东沿湾等村抓来的300多名男性青壮年，集中到中心据点辰时村进行酷刑刑讯，从中筛选出认定是共产党八路军的40多人。日军在辰时村据点东侧沟墙外的开阔地上挖了三个方圆丈余的大坑，把被抓来的300多人集中到开阔地围着大坑坐下，日伪军在四周持枪站岗。日军中队长三国吉树带一队日军在坑旁进行大屠杀。首先由三国吉树示范杀人，他将张邱村的王万贵、东留曹村杨我金等人砍杀，其余日军照此办法，将余下的38人全部杀害。（冀内二-191页，深县党史办）

【魏县张辉屯村惨案】1942年11月15日黎明，驻邯郸、大名、魏县日伪军2000多人包围了距离魏县南23公里的大村庄张辉屯村。该村有6000多口人，由9条街道组成。日军首先打死了地方抗日武装首领曹万玖，然后进村烧杀抢掠，首先在村北打死了曹金宝等4人，又在村南冯街打死了冯长金等16人，在曹街把11名老百姓推入井里淹死。此次日军共杀害152人，打伤致残93人，另有137人被抓走当劳工，被抓走的只有几个人活着回来，其余生死不明，另烧毁房屋500多间。（冀内二-208页，邢春峰 岳海）

【滦南县潘家戴庄摔死儿童惨案】1942年12月5

日清晨，驻张各庄、司各庄的日伪军 250 多人由骑兵队长铃木信率领，包围了八路军迁（安）滦（南）卢（龙）联合县基干大队二连、三连驻地潘家戴庄，敌军进村挨家挨户搜查八路军。八路军事先得知情报已带领部队和部分老百姓转移，村中只留下不愿离家的人。天亮后，日伪军把余下的老百姓赶到村东南"会场"上，四周站满了日伪军，铃木信开始问话："八路的有多少？都往哪里去了？"人们不言语。日寇拉出教师马文焕逼问，马答不知道，被一群伪军用棍棒当场打死。又从人群中拉出齐盘成逼问，齐仍答不知道，被一个日军开枪打死。日军一连杀害了十几个人，均未得到回答。气急败坏的日军从人群挑出 20 多名年轻力壮的人，用枪逼着他们挖出一条长 10 丈、宽 7 尺、深 6 尺的大坑，把群众逼赶进坑里。奋起反抗的群众往外跑，日伪军用刺刀、棍棒乱刺乱打，把群众压迫进坑里，在上边堆上柴草，纵火焚烧。中午过后，日伪军用过午饭，又逼着人们挖出一条长 2 丈、宽 1.5 丈、深 5 尺的大坑，把妇女往坑里赶，铃木信发现人群中有年轻姑娘，又命令士兵把十几个姑娘从坑里拉出来，拖进地主潘俊章家的大院进行强奸，日伪军发泄兽欲之后，又把她们拖回大坑里用刺刀挑死。剩下 30 多个哭爹叫娘的孩子们，被汉奸张占鳌带头，拎着孩子们双腿往碌碡上摔，摔得脑浆迸溅，血肉横飞。最后，日军把挖坑的 20 多青壮年枪杀在坑里。杀完人之后，日伪军开始烧房，熊熊烈火一直烧了三天三夜，潘家戴庄变成一片焦土。此次潘家戴庄留下未走的 371 户 1765 人中共有 1110 人惨遭杀害，其中 30 名婴幼儿被摔死，60 名妇女惨遭蹂躏后被杀，27 户人家被杀绝，有 31 户只剩了孤儿寡母。另烧毁房屋 1030 间，老百姓财物被抢劫一空。

（编译四-108页，田益延　刘作云　王树增）

【内丘县"爱护村"惨案】 1942年12月24日至26日，日军在内丘县占领地区大肆宣传"中日亲善"、"皇军只打八路军、不杀老百姓"，把占领的村庄宣称为"爱护村"，对老百姓"不扰、不抢、不杀"。可是从12月24日至26日三天，驻尧山、赞皇、宁晋日军对被其占领的西张、东瓷窑沟、柳林沟、西庞、南岭5个村庄进行清剿搜查八路军。进村后，敌人用刺刀逼问老百姓说出八路军的去向，村民均回答不知道。敌人当场杀死西张村李喜路的妻子香梅，在张公庙前杀死李老哲、李景玉等8人，在东瓷窑沟村把保长魏老星用水灌死，还烧死了吕脏小、丛忍子等6人，在西庞村戏楼前活埋了程秋子、郑春德等4人，在柳林沟村枪杀了申秋妮、程秋根等人，还在南岭村杀死了从其他村抓来的13名保长。日军在5个村共杀害46人，打伤致残120多人。（冀内一-211页，内丘县党史办）

【承德县"二一"惨案】 1943年年初，日军在扫荡中将在胖和尚沟村水泉屯开会的迁（安）遵（化）兴（隆）联合县十三区干部包围，抗日政府干部高云峰在突围中不幸牺牲，衣兜中装的各村抗日干部名册落入敌人手中。日本驻伪满热河省承德宪兵队如获至宝，决定按名册进行一次大逮捕大屠杀。在承德宪兵队特高课长木村光明的指挥下，于2月1日兵分三路对胖和尚沟村及周围的14个村庄进行大搜捕。第一路日本宪兵队600多人分别在胖和尚沟村抓了70多人，在东涝洼村抓了120多人，在南双庙村抓了110多人，在苇子峪村了抓80多人，在两益城村抓了80多人，在小营村抓了45人，在鹰手营子村抓了70人。日军把以上7个村570多人全部押到新杖子村的一个大院里，院中架着机枪，日军持枪在四周站岗。在西厢房设置刑讯室，用棍棒打、皮鞭抽、上吊、炭火烧、烙铁烫、扒光衣服冻等多种惨无人道的手段进行刑讯折磨，但没有得到任何消息。第二路日军200多人分别包围了承德县下板城附近几个村庄，在胡杖子、大杖子、牤牛窖等村抓捕了280多人，全部押到下板城日军田野大队部进行刑讯，受刑人均坚强不屈，敌人什么情况也没得到。第三路日军和警察讨伐大队200多人分别包围了该县上板城村及附近几个村庄，在黄旗湾、三道河、松树沟、西大庙等村抓捕250多人，全部押到上板城烧锅村院内关进4间房子里进行刑讯逼供，但受刑人没向敌人说出任何情况。三路日军在14个村庄共抓捕抗日村干部和老百姓1100多人，经过多次刑讯，有十多人被酷刑折磨致死。日军把认定有"罪"的人和在花名册中记载的干部376人全部押送到承德监狱。被关押在承德监狱的376人中，有28名村干部被杀害在承德监狱和水泉沟万人坑，另有近300人被判刑，在两年时间内即有216人死于监牢中。日军此次暴行造成14个村庄共有600余人死亡，致使南双庙、东劳洼、鹰手营子3个庄变成"寡妇村"。（编译四－115页，郭培忱）

【兴隆县大帽峪惨案】 1943年2月7日夜晚，大帽峪村农民曹万章到洒河南岸马圈子村亲友家去拜年，路上碰见半壁山特务，特务向曹万章打了几枪逃跑了，枪声在夜间传到了兰旗营据点警察讨伐大队，在日本宪兵的带领下，他们出动200多人朝枪声响处大帽峪开来，并包围了村子，敌人进村后挨家逐户搜查八路军。村里人听到枪声都躲藏到地窖、柴草垛等地方，日军和警察讨伐队见村中没有青壮年，心中更怀疑大帽峪村是八路军的堡垒村，便开始放火烧房、烧柴草垛，顿时全村变成火海。许多老弱病残村民和小孩被大火赶出了屋，在外面挨冻，有的人被烧死在屋里。藏在柴草垛的青壮年73人被大火逼了出来，被日军抓住，押到兰旗营日本宪兵队据点进行酷刑刑讯。在刑讯中敌人用辣椒水灌、用烧红的烙铁烫、用鞭抽等残酷手段，也没问出八路军的情况。于是把其中的32人拉到兰旗营村南的一个土坑边用刺刀挑死，其余41人被押送到兴隆和承德监狱迫害致死。另有在村中房屋被烧时致死24人，后来还有因家中劳力被抓无人供养饿冻死62人。仅有42户的大帽峪村死亡共计166人，只剩老少残疾41人幸存。（冀内二－70页，何连仲）

【兴隆县楸木林村惨案】 1943年2月9日夜，为报复冀东八路军第13团在楸木林村北山坡设伏消灭80多名日军之仇，日军驻兴隆县和半壁山据点的日伪军300多人包围了楸木林村。他们围住村庄后便挨家挨户抓人，共抓捕了99名青壮年，用4辆汽车拉到兴隆县城进行刑讯。然后将其中的43人杀害在兴隆县城南土门"万人坑"，另外56人分别被杀害在兴隆县监狱和承德监狱。只有50多户的楸木林村，先后被杀害101人，10户人家全家被杀绝，21户人家男人被杀绝，变成了"寡妇村"。（兴内－135页，张春生）

【平泉县光头山地区惨案】 1943年2月至7月，伪满西南地区（热河省）特务宪兵队队长、西南防卫委员会委员桥本岬（日本人）组织宪兵、特务和警察讨伐队，对热河省平泉县光头山承（德）平（泉）宁（城）抗日联合县及游击队活动地区进行四次大搜捕。其中，1943年2月，在平泉县黄土梁子、八里罕、张家营子，宁城县三岔口，以及承德县三家、王家营、大庙等村抓捕了500多人。4至7月份,又在宁城、平泉、承德与光头山接壤的几座村庄抓捕了"抗日嫌疑人"500多名。近半年时间内日军前后共抓捕了1000多人,经过在平泉、承德等地多次酷刑刑讯,打死了30多人,刑伤诱发致死10多人。日军最后认定580多人为"国事犯",送往承德监狱判刑,其余人释放,但其中70多人因此失去生活能力而致亡。580多名被判刑者中,有50多人被判死刑遭杀害,在承德被判10年以上徒刑者有530多人,分别送往东北各地监狱服刑。日本投降后活着回来的只有几个人,绝大多数被折磨死在东北各地监狱。(书局-537页,日本战犯供词)

【新河县城北柳树坟活人靶惨案】1943年3月16日上午,驻新河县城日军小队长木木带领30多名日军从县监狱里提出被日军俘虏的冀南第2分区雷秋忙、史立科、焦小堂、张彦秋、张兰贞等8名武工队战士,押往县城北柳树坟,扒光其上衣,捆在树上,蒙住眼睛,30多名日军在百米远的对面瞄准射击将其杀害,日军头目木木又用战刀把其中8人的头颅砍下,此即为日军制造的北柳树坟活人靶惨案。(冀内二-215页,新河县党史办)

【安平县张刘乡村惨案】1943年3月28日拂晓,驻安平、崔岭、子文、角邱4个据点的日伪军400多人包围了张刘乡村。敌人进村后,用刺刀逼问八路军县游击大队队长王东仓的藏身地方,所有人均回答不知道,于是敌人开始杀人。在村西小学校里,束鹿县张古庄村共产党员郭绥迁赶集卖棉花因没带"良民证"而被抓,日军向他逼问八路军的下落,他总答不知道,被日军刺了数刀,并被割耳朵和脑袋挂起来示众。日军又把张刘乡村张满川连刺9

刀杀死。在村中心张氏家堂里，刺死了张世稀、张凤明二人，打伤10人。在张跃亭门口猪圈旁，用棍子压腿、压脖子，用子弹刮肋骨等残忍手段折磨死了村粮秣主任张恒昌和他70多岁的母亲与妻子等8人。在村东井台旁，杀害了共产党员张二雨，割掉张付思的鼻子和耳朵后推进井里淹死。此次张刘乡村一共被杀害23人，被打伤致残24人。（冀内二－195页，安平县党史办）

【完县野场村惨案】 1943年5月7日清晨，日军扫荡部队100多人在完县野场村东北石沟搜查八路军，把隐藏避难的野场、龙王水、王家庄、解放4个村200多名老百姓驱赶到石沟村靠山坡的一块地里，用枪和刺刀逼问八路军的去向，老百姓们沉默不语。日军就用重机枪向人群扫射，将野场村王长合、王喜亚、王德子、陈亭等118人杀害，其中包括10多名婴儿和十几名60多岁的老人，受重伤54人。（冀内二－236页，完县党史办）

【易县北淇等村残害妇女惨案】 1943年5月15日拂晓，日军和伪军共3500余人包围了易县狼牙山附近的北淇等村庄，把在围剿时抓到的老百姓一起赶到北淇村村西大寺广场上，逼问八路军杨成武部队的去向和公粮藏在哪里，被问的人全答不知道。日军首先杀死南淇村的郭洪如，把他扔进寺庙西边的枯井里；然后又把刘恒利、郭宪章等25人扔进水井里，日军还往井里扔石头，一层人一层石头。又把郭汉章和郭洛路挑死，用柴草焚尸；接着把一个20多岁的姑娘和一个13岁女孩扒光衣服轮奸，还烧毁房屋120余间。另外日军杀死界安村77人，杀死菜园村30余名妇女，并把100多名妇女的衣服扒光烧毁，逼迫这些女人赤身裸体地为其抬子弹、挑水。从5月14日至17日，日军在北淇等村共杀害300多名老百姓，残害致伤200多人，烧毁房屋7000多间，抢走牲口500多头。（冀内二－244页，易县党史办）

【永年县小北汪村惨案】 1943年6月18日晨，日军3000多人包围了驻小北汪村以许铁英为首领的抗日武装"铁血团"1000多人，双方激战一天，各有严重伤亡。八路军为了争取"铁血团"共同抗日，派部队前来支援铁血团突围，许铁英趁机带领400多人突出包围圈。日军攻下小北汪村后，开始对老百姓进行报复，先是把在农田干活的农民张景和开枪打死，又把在小北汪村通往七方村的路上行走的30多人开枪射死。日军进入小北汪村后，对未来得及逃离的村民疯狂地进行烧杀抢掠。他们把抓到的男女老少赶到天主教堂前的一条胡同里跪在地上，胡同口架着机枪，开枪恫吓群众，子弹从人们头顶掠过，吓得孩子乱哭乱叫，日军逼迫老百姓交出枪支。老百姓根本没枪，日军就开始杀人。全村共有279人被杀害，其中30多名妇女遭强奸后被杀，被害者中有未满周岁的婴儿，也有70多岁的老人。日军还烧毁房屋800多间，杀死和抢走400多头牲口。（辽大－605页，冀政协）

【永年县何营村惨案】 1943年5月5日，盘踞在永年县的日伪军1000多人包围了何营村。武安县田村的平调落子剧团正在何营村演出，许多老百姓正在看戏，忽听有人高喊："日本鬼子来啦！"顿时，人群四下逃奔。日军竟疯狂地向无辜人群射击，顷刻间40多人倒在血泊里。一部分日军把未能逃跑的人群赶到村旁九龙庙内，然后用机枪向庙内扫射，对未死的人用刺刀乱捅，然后搬来许多柴草秫秸扔在死伤的人堆上，浇上汽油放火焚尸。除了戏台、九龙庙两地杀人场外，日军还在村中挨家挨户地搜查，把躲在屋内的人杀光。全村遭杀害的人共有169名，被烧毁房屋770多间，抢走大牲口176头。（辽大－608页，冀政协）

【赤城县监狱日军吃人心惨案】1943年7月，驻龙关的日军坳田、赖田、长野等指导官命令特务于化龙带人将在监狱内关押的26名抗日志士，从龙关东门押到二庄沟门口刑场杀害，并强迫屠夫张生荣挖出被害人的心。张屠夫被吓得只挖出7个人的心，被日军坳田、赖田、长野等人烹食了。1944年8月，驻赤城县城日军首席指导官叶建山洪光等人进行清狱，由汉奸司法股股长李介凡率人进狱照名单提人，把在扫荡中被俘的龙崇赤联合县宣传部部长孟宪铭、游击队队长杨克南等37人押到赤城城南五里岗子沟刑场杀害。在路经赤城街时，孟宪铭等人高喊："打倒小日本！共产党万岁！毛主席万岁！"新中国成立后，赤城县人民政府把孟宪铭等烈士被害时走过的街道命名为"宪铭街"。（冀内二－113页，孟宪昌）

【平山县奶奶庙惨案】1943年9月21日傍晚，12名日军把关押在太堡岭的38名青壮年押往奶奶庙东北山头的瓦窑梁场上，逼他们跪在打坯坑前，用洋刀砍头，最后留下张留福、武荣喜二人带路。此时下起大雨，张留福谎称大便，躲过日军视线逃出虎口幸存。除张留福外，其余37人全被日军杀害。（冀内二－327页，高俊儒　延辨尘）

【平山县石人梁三村惨案】1943年10月22日清晨，日伪军3000多人包围石人梁山脚下的六亩元、白草坪、南段峪3个村庄，用石头砸死六亩元村村长井才贵70多岁的父亲、刺死董白西等6人。在白草坪村强奸了白存祥的儿媳妇后用刺刀挑死，还残忍地剖开她的肚子挖出心肺放在石头上，接着又砍杀了张万红、杨吉成等13人。在南段峪村枪杀李吉红、李占星等10人。日军在石人梁3个村共杀害31人，所有房屋、家具被烧光，牛羊被抢劫一空。（冀内二-331页，高俊儒　延辨尘）

【灵寿县陈庄大寨山惨案】1943年10月24日，驻陈庄东北大寨山顶上的200多名日军，到山脚下李家庄村烧房抢东西。因为人们多日前已外出躲避战火，村中无人，日军便向四周山坡沟壑扫射，然后如同狼群般进行搜山，结果从洞穴和林中逼出妇女和儿童49人，其中8个小孩，最小的3岁。日军把他们押到大寨山顶，逼问八路军和藏粮食的地方。无论大人和孩子，均答不知道。日军首先把11岁的男孩李连庆摔死在山谷里，人们还是回答不知道。日军又把魏福英等48人推下山崖摔死，只留下带路的15岁李拴庆，他趁天黑路熟逃出虎口，才免遭杀害。（冀内二-296页，灵寿县党史办）

【平山县板山南山惨案】1943年9月9日，日军在板山村四周山中搜山，把藏在石洞树林中怀孕10个月即将分娩的贾福妮及其11岁、7岁、3岁3个女儿和1岁的儿子，贾的两个妯娌赵英妮、张凤妮及未满周岁的婴儿、2个女儿和贾的父母等13人全部杀死。在蒲扇沟杀死闫白子一家3口及闫连印等15人。此次日军共杀害78人。（冀内二-326页，高俊儒　延辨尘）

【易县寨头村惨案】1943年11月5日至8日，驻寨头村临时据点的日军，从寨头、杏树台、乔家河等村抓捕了八路军伤病员、抗日游击队员和无辜老百姓共111人，关押在寨头村张洛贵、龙洛丹两家房子里，不给吃喝，并进行酷刑刑讯，逼问受伤失踪的日军下落和八路军的去向，受刑人坚决不说。日军恼怒，用刀割下游击组长赵元登妻子的鼻子和乳房，还把1名伤员刀劈两半，而后命人在村外挖了8个大坑，把余下的108人全部砍杀在坑内。（冀内二－263页，易县党史办）

【阜平县马兰村惨案】1943年11月21日清晨，驻孟家台村据点的日军把抓捕到的我晋察冀日报社25名人员押到下庄村，严刑拷问八路军设在西马兰村的报社人员和机器藏在什么地方。受刑人虽然被折磨得死去活来，但仍答不知道。日军用刺刀逼着25人跪在事先挖好的大坑边，边问边砍，一连砍杀了17人。后因日军去给空投信件的飞机发信号而停止了砍杀，才使剩下的8人死里逃生。日军花费3个月时间搜山，也没搜到晋察冀日报社任何人员和物资。上述17人为了保护晋察冀日报社献出了宝贵的生命。（冀内二－268页，赵宪　赵有海）

【崇礼县韭菜坪村惨案】1943年11月7日夜里，驻崇礼县的日军及警察讨伐队200多人，包围了位于崇礼县东南55华里抗日根据地韭菜坪村，与龙崇赤县抗日游击大队交火。由于日伪军火力猛，县大队乘夜黑突出包围。日军进村后，挨家挨户搜查八路军，把15岁的张全元挑死，把李明录怀孕的妻子、岳母一一刺死，还残忍地把即将分娩的胎儿挑出腹外，刺死赵明福，杀害刘大昌夫妻。日军杀害韭菜坪村村干部和群众9人，未出生胎儿3人，7人受重伤。（冀内二－116页，张庆满）

【平山县柏叶沟村梁丑小被摔死惨案】1943年12月8日凌晨，日军黑田支队包围了柏叶沟村，把熟睡的人们轰起来逼赶到梁小四家的北屋里，砸毁老百姓家的门

二、侵华日军在中国制造的部分惨案1062例

窗家具堆在一起焚烧，还烧了一大锅开水。日军从人群中拽出不满10岁的梁丑小，给他一把糖块，问他："谁是干部、八路哪去了？"梁丑小把糖扔在地上，回答说不知道。日军把梁丑小提起来摔死，随即用开水烫伤了梁丑小的父亲梁贵文等人，又用军刀将其劈死；接着日军用机枪扫射杀害了86人，烧毁房屋100多间。（冀内二-331页，高俊儒 延辨尘）

【平山县驴山地区惨案】 驴山位于平山县温塘西北，传说八仙之一张果老骑驴经由此地，山上留铸驴蹄印，故名驴山。1943年9月12日，日军对太行山区进行秋季大扫荡，兵分五路包围了驴山，对驴山周围十多个村庄进行惨无人道的大屠杀。日军进村后见人就杀，见物就抢，见女人就强奸，见房就烧。被杀害的人中有上至年逾古稀的老人，下至未满周岁的婴儿。日军在恶石沟抓捕了40多名藏在山洞里的老百姓，用刺刀逼迫人们排成队，从队伍里拽出年轻女人王让妮，令她脱光衣服，逼她不停地站立、蹲下、起立，进行侮辱，日军狂笑取乐后把她刺死。此次日军扫荡驴山地区，在恶石沟杀害了逃难的老百姓共计有冷泉村78人、梁家窑村46人，加上其他村屯在山洞避难的群众共有300多人；在庙沟村杀害200多人；在白龙池村把躲藏在赵兵家的20多人全部烧死，还集体枪杀了50多人；在全神庙村杀害28人；在苇票沟、椿树湾、王五沟、南红草洼、雁雀石等村庄杀害160多人。此次大扫荡日军共杀害驴山周围村屯老百姓700多人，烧毁房屋1000多间。（冀-260页，延辨尘；辽大-355页，冀政协）

【平山县苏家庄烧活人惨案】 1943年秋季，日军在平山县的瓦口川中部、滹沱河北岸一带扫荡，其司令部

设在苏家庄。日军把从各地抓来的老百姓押到苏家庄，女的关押在一户农家大院，男的关押在日军司令部住的院内两个大菜窖里，进行逐个严刑审讯和杀害。对女的进行先强奸后杀害。由于老百姓对日军暴行非常仇恨，刑讯几天也没有得到日军想要的情报，日军气急败坏地把汽油倒进关押男人的两个窖内，扔进点燃的火把，大火腾地一下从窖口窜出丈高，顿时浓烟滚滚，窖内发出声嘶力竭的哭喊声，日军端着上刺刀的枪守在窖口，由于火势太大，没有一人能够逃生，150多人活活被烧死在两个窖内。在关押妇女的院内，100多人遭受到日军的强奸，还有20多人被杀害。日军还烧毁600余间房屋。（冀内二–325页，高俊儒延辨尘）

【平山县焦家庄铡人惨案】1943年9月23日凌晨，日军侵占了温塘乡焦家庄村，在这里设下扫荡指挥部，每天到周围的村庄进行烧杀抢掠，把被抓的群众押到焦家庄关在李录子、李正明、李高粱等几家的屋子里进行毒打审讯或杀害。被抓来的群众不甘心被日军折磨残杀，夜里偷偷地商量对抗敌人的办法。第二天日军逼着被抓来的人去运粮食，走在街上，共产党员齐老印向身边的难友使个眼色，大喊一声："乡亲们，跟鬼子拼呀！"刹那间队伍大乱，几个押队的日军还没明白怎么回事，就被挣断绳索的人们用石头砖块砸倒在地。闻声赶来增援的日军包围了反抗的群众，人们赤手空拳跟敌人扭打搏斗，日军用机枪扫射、步枪打、刺刀捅，反抗的群众一个个倒在血泊里。日军把被杀害的105人的尸体扔进李正明家的水井里。日军在街上枪杀完运粮反抗的群众，又把关押在李高粱家屋里的人视为抗日分子，残忍地用铡刀铡死160人，有的甚至被铡成三截，敌人把残碎的尸骸扔进李高梁院中的井里。接着，日军又把李录子家关押的110人一个一个地用战刀砍死，把尸体扔进李录子家的水井中和猪圈里。日军在焦家庄盘踞28天，杀害焦家庄及周围村庄的老百姓400余人，烧毁房屋700多间。（冀内二－329页，高俊儒　延辨尘）

【平山县岗南村惨案】1943年12月11日下晚，黑田支队从苏家庄出发，兵分两路包围岗南村。来不及逃难的群众被逼赶到曹玉庆家院里，日军在四周架起机枪监视，逼问谁是八路军干部，武器粮食藏在哪里，人们怒而不答。敌人便把16岁的曹兵英从人群中拉出来逼问，曹答："不知道！"日军气得暴跳如雷，把曹兵英拖出去活埋了。然后又砍杀了模范队长曹更祥和8名群众，仍然没有逼问出消息。在曹建章家大院里的日军，也逐个逼问群众，人们宁死不讲，日军便凶残地开始大屠杀。他们把成年男人拉出来，用一根绳捆绑两个人，每人扛一捆秫秸，押到尚家湾村北一条大沟边，全部刺死，然后把秫秸堆到尸体上放火烧尸。日军在岗南村共杀害135人，重伤12人。被害人中有东岗南村40人，西岗南村53人，其他村42人。（冀内二－333页，高俊儒　延辨尘）

【平山县"三峰山"惨案】1943年9月19日，日军侵占了平山县瓦口川东北方的湾子、冷泉、樊土沟三个村庄，建立起防共第三道封锁线。为监视附近的村庄道路，日军在三个村庄附近的太行山海拔千米以上的群峰中最高的黄巾寨、北顶、王母观山顶端筑起了碉堡，把周围大道小路都控制在炮火射程之内。从1943年秋至1944年春，被日军抓来的5000多名民夫在刺刀的逼迫下，每人身负百余斤，从山下往山上背石运料，往返一趟20多华里，每人每天只给四两玉米面粥,在零下十多摄氏度的严冬中,许多人被冻饿身亡。日军对逃跑的民夫十分残暴,把人头砍下,插在民夫干活的路边木桩上示众。日军还把民夫按村籍或县籍编班,实行连座法,凡班里有一人逃跑者,集体遭惩罚,跑一人杀一人,跑二人杀一双。对逃跑被抓回来的人,扒光衣服,用铁丝穿鼻子、穿耳朵、穿锁骨、穿脚后跟筋等手段进行残害,或者把其拖到外边反绑双手跪在刺骨的寒风里受冻,直至折磨死。日军用一年多时间在该地筑起了20个碉堡,共杀害了1800多人。(冀内二-335页,高俊儒　延辨尘)

【阜平县平阳村惨案】1943年9月至12月,日军调动40000多兵力,对晋察冀边区进行为期87天的大扫荡。其中日军对阜平县境王快镇与平阳村之间长60余里、宽40余里范围内的山区进行轮番搜山、"扫荡"。9月21日,在平阳南山一座巨大的山洞内抓住32名老百姓,押到各老村打谷场上全部杀害。9月23日,从鹿驼山山洞内搜出平阳村农会主任白国贤等8人予以杀害。9月24日,从铁岭老对窝山洞搜出青年突击队员孟广珍等人予以杀害。10月21日,在铁岭老头子窝山洞发现有200多名老百姓,日军向洞内射击,孟广奇等8人遭杀害,其余群众被抓回据点进行刑讯。10月22日,从张家沟土洞里搜出25名妇女,刑讯后将18名妇女推进洞里放火烧死。10月22日,另一股日军在平阳村西梨树园内发现一个洞,将洞内藏匿的孟同路及其76岁的母亲、48岁的姐姐、46岁的妻子、60岁的嫂子、11岁的外甥女和4岁的儿子等8人及从别处抓来的8人也推进洞内,点燃谷草,把洞内藏的木柜等物烧着,将16人全部烧死。10月25日晚上,日军把抓来的21名青年押到一座宽大的平房顶上，用机枪扫射杀死。11月9日，日军把抓到的98人逼赶到上平阳村，分成49对，用细铁丝反捆住双手，再背靠背一对一对地拴在粗铁丝上，日军令两头的人来回拉锯似地牵扯粗铁丝，人们东倒西歪，惨叫声震天。然后将98人挤压进一间屋子里，6天6夜进行刑讯逼供，接着从铁丝上解下一个杀一个，直至全部杀死为止。12月9日，日军在上平阳村的一个大院内杀死140多人，其中有60多个妇女被绑在一起，每个被扒光衣服全部砍了头。日军在87天的扫荡中，在各老村驻扎3天，在王快镇与广安之间来往驻扎8天，在土岭驻扎13天，在铁岭驻扎11天，在井心沟与上平阳间来往驻扎11天，在上平阳驻扎1个月，每天杀人，每天烧房，仅平阳街死尸就300多具。平阳村周围有被害人共计752名，加上由曲阳逃到阜平被杀害者，共计832人，烧毁房屋5000余间。（冀内二－251页，赵宪 赵有海）

【井陉县黑水坪村毒杀惨案】 1943年11月11日至27日，5000多名日伪军包围了黑水坪村，全村57户、270多口人，在我晋察冀九支队的严密组织下全部转移到深山石洞中躲藏起来，日军在村中扑了空，便开始烧房、杀牲口、抢财物，然后于11月14日，开始大搜山，将黑水坪、大洛水、胡仁、桃王庄、菩萨崖等村之间的梁、谷、洞一一搜遍，抓到不少老百姓。日军不论男女老少全部将其扒光衣服，押到黑水坪村进行刑讯，逼问八路军的去处和藏粮食的地方，但没有得到需要的口供。于是日军把范来喜等20多人全部杀害在黑水坪村。日军在搜山时发现了藏在北梁沟500多米高的密林与石崖掩盖下的老虎洞内藏有数十名老人和儿童，就把他们赶出洞外，进行拷打刑讯，但也没有一个人屈服。日军便把他们的被褥衣服等物在洞内烧毁,还把一个5岁的女孩烧死。日军发现老虎洞分为外洞、内洞两段,内洞比外洞大好几倍。日军就用刺刀和手榴弹逼迫洞内的150多人全部出来,男女分开,被扒光衣服,站在洞口两侧挨冻。敌人开始刑讯,把女的推进洞内进行强奸。由于众人均不屈服,日军什么也没有逼问出来,日军又把人全部推进洞内,点燃烈性毒瓦斯,投入洞内,150多人除一人幸存外全被毒死。日军把黑水坪村的印毛楼、曹家庄村的赵老汉两人各自的头颅与生殖器用细铁丝拧在一起,推入井中害死。还残忍地往被强奸的妇女阴户里钉木橛,活活疼死。在黑水坪用火烧、狗咬、投井、刀砍等手段杀害400多人,尸体堆满了三口井和两个猪圈。此次暴行中,日军在黑水坪及老虎洞等地共杀害1000多人,烧毁房屋500多间。(冀内二-299页,井陉县党史办)

【迁西县长河川十三村木棍插阴道惨案】 1943年10月7日至27日,日军5000多人包围了中共冀热边特委驻地东水峪、西水峪等13个行政村及属辖40余个自然屯(即长河川地区)进行"肃正作战"。日军认为长河川地区的老百姓无论男女老少全部"私通八路军"。在扫荡中,东水峪村一个16岁的少女,被一群日军轮奸3个多小时,造成瘫卧不起,含恨死去。西水峪村一个30多岁彭姓女人被8个日军轮奸后,用木棍扎入阴道刺死。日军在21天的扫荡中,在长河川13个村共杀害245人,烧毁房屋2800余间,掠走大牲口11000多头,糟蹋粮食140余万斤,抢走栗子73万余斤,水果100多万斤。(冀内二-77页,付文和 张书明 杜志成)

【任丘县"反共誓约"惨案】 驻华北日军经过

1942年"五一"大扫荡之后，不但没有消灭八路军，反而激发了抗日力量暗中大发展，形成了"老百姓是水，八路军是鱼"的局面。日军为了"把水淘干，才能将鱼捉尽"，1943年下半年，华北日军头子冈村宁次在冀中大搞所谓"新国民运动"，以任丘、高阳两县为示范区。任丘伪县长王直平、伪新民会头子李润孚等人制定了6条"反共誓约"的誓词，发到全县让男女老少背诵，并组织日军、警察、宪兵等武装队伍到全县各村检查，把群众集中到一起抽查背诵"反共誓约"条文，凡是问话不答、指定条文不会背的人，一律按通八路、通共产党惩治。日军从1943年10月开始，在全县集中大搞6个多月"反共誓约"大检查，检查中杀害了麻家务村王虎、东关张村陈卜，以及东良淀村董增、孟家之等500多名老百姓，打伤致残1000多人，烧毁拆除房屋2500多间，制造了震惊冀中的"新国民运动"、"反共誓约"大惨案。（冀内二-147页，苏尚义）

【徐水火车站奸淫杀人惨案】日军驻徐水火车站班长，绰号"大胡子"，人称"野驴"。他在徐水站至漕河站铁路以西地区，从1943年11月18日至1944年1月8日期间，每日逼令伪组织人员献送良家美女，违令不送者就砍杀。其先后砍杀了伪组织人员70多人，其中有巩固庄4人、正村1人、曹各庄1人、付村6人、高各庄2人、小台村2人、源头3人、杨庄9人、大西良11人、东漕店3人、徐河桥14人、李庄3人、东良3人，及伪自卫团人员8人，并且丧心病狂地专门奸污14～15岁的少女，给徐水火车站附近老百姓造成深重灾难。（冀内二-351页，知之 九皋）

【行唐县东合等村惨案】1943年3月20日夜，日军行（唐）灵（寿）平（山）"灭共委员会"指导官后藤，用诱骗手段抓捕了口头村、白石村、东合村老百姓近80人,妄以"共产党员"罪名,用机枪射杀了口头村20多名青年。白石村一名19岁妇女被30多个日军轮奸一夜,次日又遭3次轮奸致死。此次日军先后砍杀东合村37人。(冀内二-352页,《晋察冀日报》)

【安国县城妇女被害惨案】自从日军占领安国县城后,经常从农村抓人,县城监狱内关押了1000名男女老少。有一次,日军把一名少女扒光衣服两手背绑在一个柱子上,令其两腿叉开,正对烤火台,用火苗烧燎小腹下部,使其被烧焦而死。日军还将一名成年妇女扒光衣服立在院子里供日军取乐,然后把她倒吊在院内树上,手离地尺余,日军用刀子割掉其乳房,并将其开膛破肚而死。(冀内二-354页,《晋察冀日报》)

【阜城县柳树高庄三村惨案】1944年1月25日清早,人们正在家中吃年饭,驻阜城县日伪军包围了柳树高庄村,把人们赶到村东龙王庙前,逼问八路军的县、区干部是谁,人们全不作声。日军中垣曹长腰挎一把从天津买来的"金护手"战刀(他就是为了试刀,才趁人们过年之机到柳树高庄村抓人),见被问的人全回答说没有八路军,中垣气得嗷嗷乱叫,翻译说:"你们不说实话,通通的死啦!"被逼问的人还是回答说没有。中垣抽出明晃晃的长刀,用早已准备好的水壶冲一下刀面,照准耿立田的脖子就是一刀,把头砍下。中垣又窜到杨庙村砍杀了杜黑、郑雪、陈行3人。再窜到申董村砍杀了申瑞林、申西增等人。日伪军称曹长中垣为"试刀太君"。就这样,丧失人性的中垣为了试刀,在中国人过春节之时竟惨无人道地砍杀了8人。(冀内二-199页,阜城县党史办)

【高阳县城惨案】1944年4月21日晨，天下着小雨，人们正吃早饭，日伪军突然包围了高阳县城内的几条街道，人们被吓得从屋内冒雨往外跑，被日伪军围堵回来赶到一个宽敞的院子里，逼问八路军在哪，被逼问的人均答不知道。日军就把郝凤祥、董庭湖等32人杀害。（冀内二-355页，子熙）

【灵寿县陈庄镇惨案】1937年6月底前，陈庄镇共有780户3800人、商户100家、店铺30家、小作坊150余家。1937年7月至1945年8月的八年间，该镇前后4次遭到日军的屠杀，共有155人（男69人、女86人）遇害；被日军抓捕刑讯虐伤致死23人；因男人被杀或被抓后家中无劳力而饿冻患疾死亡1071人（男653人、女418人）；被日军抓捕送东北当劳工253人，无下落的73人，在外死亡的41人。此即日军在灵寿县陈庄镇制造的惨案。（冀内二-358页）

【赤城县九道沟惨案】1944年6月15日上午，驻张家口日军5000多人分三路包围了大海陀抗日根据地。日伪军在搜山中发现了姜庄子村东南九道沟窝棚内藏匿的村妇联主任郭凤荣及其60多岁的婆母，以及张秀莲、胡满的妻子和三户人家6名2~8岁的孩子。日军逼问这10名妇孺说出八路军的去处，大家坚决回答不知道，日军当即开枪打死郭凤荣、张秀莲和胡满的妻子，又用乱刀戳死郭凤荣60多岁的婆母，踢死了张秀莲3岁的男孩，用刺刀扎死其余5个孩子。（冀内二-119页，孟宪昌）

【张家口市坝口七村惨案】1944年12月25日，驻龙烟矿区的日军小队长小铃，带领日伪军300多人包围了大小坝口、唐家庄、花家梁、常家庄、车道沟、赵官梁、大段地等村，以开会发配给物资为名，把老百姓哄骗到一起，共抓捕300多人，集中关押在大坝口村的破庙里酷刑刑讯，追查共产党员和八路军的下落。在刑讯中打死陈月、陈顺、陈玉3名共产党员。经过多天刑讯，最后筛选82人"有罪"，其中11人被亲属花重金保出，另71人送宣化监狱关押。后将大坝口赵林治等20人押往大同服刑，其余51人仍在宣化关押，造成30多人死于狱中。日军在抓捕行动中烧毁房屋300多间，抢走耕畜100多头。（冀内二－121页，赵辰录 莘普天）

【武邑县审坡村惨案】 1944年8月18日清晨，驻武邑县的日伪军100多人包围了审坡村，全村男女老少被赶到街中心丁字路口，日本宪兵队队长岩赖训话，要老百姓交出抗日干部王五妮、马大森和八路军的机枪，被逼问的人都说不知道。日军队长岩赖用枪托猛砸抗日村长乔书卜的父亲乔文山，将其砸倒之后又用皮靴使劲踩他的头，鲜血从老人嘴、鼻子、耳朵冒出，乔文山老人当场身亡。经过几个小时折磨，日军打死1人，打伤造成终身残疾2人，打伤80多人，但仍未没问出八路军的情况。日军便抓走40名青壮年送去日本北海道长盘坑煤矿当劳工，其中23人被折磨死在日本，只有17人于日本投降后回村。（冀内二－201页，武邑县委党史办）

【肃宁县丰乐堡惨案】 1944年8月23日，驻高阳县日军小田大队200多人包围了冀中抗日堡垒村丰乐堡。日军用机枪封住了村庄的出入道路，将四面临水的丰乐堡围得严严实实。有许多青壮年男女潜水逃出村庄，日军将无力逃跑的老人、妇女和儿童逼赶到村东头黄延营的院子里,即开始大屠杀,把 72 名老人、妇女和儿童烧死在黄延营的院子里。有 102 户 300 多口人的丰乐堡村,被烧死和杀死共 87 人,烧毁房屋 710 间,抢走粮食 33 车。(冀内二 - 155 页,齐忠义　李国谦　赵玉昆)

【抚宁县平市庄村惨案】1944 年 11 月 16 日至 19 日,驻秦皇岛日军及伪军 3000 多人围剿抗日政府驻地——220 多户人的平市庄村,人们事先得知情报转移进山躲藏。日伪军进村后,既不烧也不杀,却驻下不走,派特务和日伪军每天轮流进山向藏在山洞里的老百姓喊话:"老乡们,快下山吧!皇军不打人,不骂人,不杀人,再不下山就会饿死啦"等。三天过后,村民们带的干粮吃完了,孩子饿得哭叫起来。日军便开始一遍一遍地搜山,抓住了区长康第等 5 人,用竹签穿十指等酷刑刑讯,受刑人誓死不供任何情况,日军就把王印亭、王吉春二人砍杀,又分别把王印怀和王绪两人的 60 多岁的母亲杀害,将两个老人的头用柴草汽油烧焦。此次日军杀害 9 人,烧毁房屋 480 余间。(冀内二 - 94 页,芦建忠)

【河间县禅阁村惨案】1945 年 2 月 8 日拂晓,驻河间县日伪军 300 余人包围了抗日模范村禅阁村。村内只有几名抗日县区干部和伤员,面对强势的围村敌人,老百姓在干部们的组织下,迅速进入地道躲避。敌人挨家逐户地搜查,后来发现了地道口,就用柴草烟熏,还在猪尾巴上拴上毒瓦斯弹,驱赶着猪带着毒气弹钻入洞内,把老百姓从洞内逼出来,集中到一个院内进行刑讯逼供,让人们交出共产党员和八路军。在刑讯中打死于铁成、魏朋启、杨书业、王兆宣、单忠等人,轮奸青年妇女,计有 27 人遭杀害,17 人被绑走。(冀内二 - 163 页,李文欣)

【泊头市军屯村惨案】 1945年5月3日天还没亮，驻淮镇据点的日伪军300多人，包围了泊头市西北50华里的军屯村，把村中200多名老百姓赶到村西北角的一个广场上，逼问失踪的一名日军的下落。被逼问的人没有一人开口，日军便用大镐砸死张培兴及其妻子、女儿3人。然后把200多人押到淮镇据点，其中有60多人趁乱钻进赶集的人群中逃生，剩下160多人被押进淮镇两间民房关押。经过5天刑讯，受酷刑的人们始终没人招供，日军先后把宿光发、宿光和、刘德顺等143人杀害在淮镇西南莲花池与关帝庙之间事先挖好的大坑内。此次日军致使201户815口人的军屯村，有6户人家被杀绝，其中儿童和婴儿58名；烧毁房屋若干间。（冀内二-168页，泊头市党史办）

【张北县狼窝沟灭口惨案】 日军侵华期间为防御苏联进攻，在塞罕坝的坝上坝下分界地——黑风口两侧构筑军事工事，修筑交通壕总长600余华里，修筑各种明碉暗堡200多个，在每一个山头上都修建指挥所一处。近七年时间内，从各地抓来修工事的劳工万余人。在极端恶劣的劳动环境和极端残酷的生活条件下，许多劳工死亡，被抛尸在工地附近的山沟里。为了保守军事秘密，每当一个工程竣工之后，敌人就把劳工分批拉到张北县水深三米多、水域面积90000多亩的内陆湖——安固里淖淹死。为防止尸体上浮被人发现，日军还把几个劳工捆在一起，或者在劳身上捆上石头坠入湖中淹死。日军用此种残酷手段杀害劳工最少有3000多人，被当地百姓称为"狼窝沟惨案"。（辽大-194页，冀政协）

【新城县高碑店火车站狗咬活人惨案】 1937年7月至1945年8月日本投降期间，驻高碑店火车站的日军在站西卸煤场的一处约 15000 平方米的坑凹地方设置了杀人场。1940 年 6 月，在日军兵站做饭的赵秀看见，日军把抓到的两名青年绑在一米多高的木桩上，让日军新兵当靶子练刺刀，把两名青年的五脏六腑戳烂，把尸体扔进 5 米深的坑内。1941 年秋季，日军又把车站集市口摆摊卖粗布的孟凡泰、薛瑞岭二人当成八路抓住，先割掉薛瑞岭的耳朵取乐，然后把 2 人用刺刀大卸八块扔进坑里。1942 年端午节，日军抓来 4 个青年，用 3 条军犬窜上窜下狂咬 4 人，把人撕成碎块，日军在旁哈哈大笑，并用人肉喂狗。最后把碎尸扔入坑内。8 年间，日军仅在此地就杀害 600 多人，人们称为"万人坑"。（冀－192 页，新文；冀内二－232 页，张惠霞　刘萧）

7. 日军在山西省制造的部分惨案

【阳高县城惨案】1937 年 9 月 9 日拂晓，日军侵入阳高县城，用刺刀把人们从家中赶到大北街口，先把青壮年和老幼分开，分东西两侧跪下，后又把人群往南街驱赶，在南瓮圈用机枪向人群扫射、投手榴弹炸、用刺刀挑，当场就有 600 多人倒在血海里。9 月 12 日，日军又挨门逐户地搜查，把抓到的人押在关帝庙、眼光庙、南金道三处，并残杀了 300 多人。日军两次大屠杀就有 1000 多名无辜百姓惨遭杀害。（冀－339 页，尉汉章　王倬）

【东条英机制造的天镇县城惨案】1937 年 9 月 12 日，日军东条英机旅团和伪蒙军侵占天镇县城，日军兵分三股屠杀老百姓。一股从北城墙往西在北门口堵截欲逃出城的 300 多名居民，赶进奶奶庙后将其全部用刺刀捅死。

又在东街、北街抓捕 500 多人逼赶到北门外的一条沟里用刺刀捅死。另一股日军沿东城墙往南，在马王庙内强逼人们脱光上衣，用刺刀挑，尸体堆满了三间房子。第三股日军在西街云金店前，用两挺机枪射杀 200 多名百姓；又把抓到的 100 多人赶到西城门南侧用刺刀捅死。9 月 13 日，日军在城内又搜查抓捕 500 多人，押到北街大操场用机场扫射全部杀害，还强奸妇女 20 多人。东条英机率领的日军在两天内共杀害天镇县城无辜百姓 2000 多人。（冀－339 页，高军）

【左云县城刺刀捅阴道惨案】 1937 年 9 月 18 日夜，日军攻入左云县城，在城内大肆屠杀，强奸妇女。他们把府街一妇女轮奸后又用刺刀从阴道刺入捅死。日军从 18 日晚上 11 点多钟一直杀到 19 日上午，有 287 名老百姓被日军杀害。（冀－340 页，李全明）

【灵丘县东河南村惨案】 1937 年 9 月 21 日至 24 日，日军进犯东河南村，在村内到处抓人、杀人。遭日军杀害的有村民刘大成及留日学生卢昌、段玉泉等 100 余人，烧毁房屋 50 多间。（冀－341 页，海志宽　赵继英）

【板垣征四郎制造的灵丘县城杀人比赛惨案】 1937 年 9 月 22 日至 23 日，日军板垣师团侵占灵丘县城，天天杀人，强奸妇女。日军还丧心病狂地在城内大搞杀人比赛，把被抓来的人当作练刺杀的靶子，凡是一刀能砍下人头的兵就受称赞，一连几刀砍不下人头的则遭训斥。日军还在城东北角大云寺后的大马场、北城奶奶庙前的大菜园、城西北财神庙、老君庙后的空地上，用机枪向人群扫射，杀害了 600 多人。他们还把无辜百姓当活靶子练刺杀，有一个姓丁的居民被日军刺了 17 刀，遍体刀伤，敌人以为他死了,把他扔在野外,丁夜间苏醒后爬回家得以幸存。为记此仇,他自此改名叫"十七刀"。从9月23日至10月23日,日军在此地共杀害平民百姓1000余人,强奸妇女几十人。(冀-341页,郝宝钰 陈步萍)

【平定县固驿铺撕劈妇女惨案】1937年9月27日凌晨,日军路经平定县固驿铺村,发现村北山洞里隐藏着十几名老弱村民,日军便把他们全部枪杀。日军在村里把刘香妮强奸后又残忍地将其撕成两半,还杀死了包括10岁男孩和80岁的老汉在内的无辜百姓30余人。(冀-342页,刘玉玺 刘春明)

【应县茹越口村惨案】1937年9月28日拂晓,日军东条英机部队路经应县茹越口,搜捕躲藏的老百姓,并抓住一个打死一个,共打死刘事恒、张润善、刘太等30名无辜百姓。(冀-343页,张平)

【朔县机枪扫射坦克碾压尸体惨案】1937年9月28日日军攻占朔县县城。日军进城后,对手无寸铁的逃难人群疯狂地进行屠杀,他们把逃难人群不分男女老幼,或用麻绳捆在一起,或用铁丝穿透锁骨连成一串,押至南门外进行严刑拷打。日军站成长长的一排,端着刺刀,指挥官一声令下,日军"哇"的一声冲向人群乱捅乱刺。被抓来的群众越集越多,足有2000多人,日军就改用机枪扫射。顿时,枪声、刺杀声、惨叫声连成一片。南街二道巷塞满了抓来的群众,日军把群众十个一伙八个一串的押到南城,集体枪杀于南城壕南城门外长百米、深9米、宽9米的大城壕里。日军唯恐有人活着逃生,又开来坦克在尸体上来回碾压,血与土混成黑红色血泥,又在尸体上浇上汽油焚尸灭迹。日军见着妇女,上至七八十岁的老人,下至十几岁的姑娘，不分场合，不分时间地点，扒光衣服就发泄兽欲，强奸后就杀死。从9月28日至10月1日，日军在朔县县城共杀害无辜百姓4800余人，其中包括国民党军何柱国部队官兵600余人。（辽大－247页，彭征　志华　俊楼　广学尔章）

【宁武县城惨案】1937年10月2日晚至13日，日军300多人侵占了宁武县城，在城内到处抓人杀人。他们把延庆寺、文庙、城墙外壕沟、西城门洞等地变成杀人场，共杀害2200余人，烧毁房屋2600余间，强奸妇女100多人。（冀－344页，尹文政）

【崞县城关机枪扫射惨案】1937年10月8日晚至9日，崞县县城沦陷，日军入城后即开始在城关王家围、西关庙、西崖等处杀人放火。在西门附近他们用机枪扫射杀害了100多人，又在街头、巷尾、院落里杀害了100多人，在小东门附近杀害96人，在南门外3个大坑内杀害了270多人。两天时间内，日军共杀害2500余人，烧毁庙宇和民房3000多间。（冀－345页，王如阳　康钊铭）

【灵丘县东福田村惨案】1937年10月14日下午，日军在灵丘城关搜捕抗日军民，一部分居民向东福田村逃跑，有6个日军尾追射击逃跑人群。东福田村的人听到枪声也四散躲避。一部分从城关逃来的妇女和儿童不熟悉地形，跑进一条三面陡壁的山沟，日军堵住沟口进行射击，枪杀妇女、儿童和老人56人。（冀－348页，郝宝钰　陈步萍）

【山阴县北周庄村惨案】1937年10月17日晨至18日，日军100多人包围了北周庄村，村民向村外逃跑避难，被日军射杀。日军见人就捅，见房就烧，见妇女就强奸。两天时间里，日军在北周庄村共杀害无辜百姓72人，强奸妇女80多名，烧毁民房1300多间。（冀－348页，丰宝山　赵有极）

【板垣征四郎制造的原平县南怀化惨案】王家庄乡南怀化村是历时23天的忻口战役中战场的边缘，是日军进退之地。1937年10月14日下午，日军板垣征四郎师团一部在原平县王家庄乡牧娃沟一带遭到八路军的伏击，日军死伤500多人。当日晚，日军在南怀化村以大屠杀进行报复。当时南怀化村有203户1020口人，还有在忻口战役中从外地逃到南怀化避难的500多口人。从10月14日至11月8日的二十多天里，全村被日军杀害了1200多人，烧毁房屋1000多间，140多头牛马驴、200多头猪、600多只羊全被杀光吃掉。（冀－347页，康钊铭　王如阳）

【山阴县元营村惨案】1937年10月21日拂晓，日军30辆载满士兵的汽车驶至黄水河木桥边，见桥无法通行，就开进了元营村。进村后横冲直撞，见人就杀，见房就烧。共杀害48名无辜老百姓，烧毁房屋403间，烧毁庙宇两座。（冀－349页，丰宝山　赵有极）

【平定县前小川村惨案】1937年10月25日下午，日军4000多人向前小川村进犯，进村后即开始杀人、抢粮，见到妇女就强奸，共强奸残害23名妇女，杀害无辜村民92人，烧毁房屋100多处，抢杀牲畜410多头（只）。（冀－349页，吴利）

【平定县东沟村惨案】1937年10月26日凌晨，日军侵入东沟村，逼问村民中国军队的去向，村民回答不知

道。日军即开始杀人、砸东西、抓人，共杀害81人，5人受伤，抓走6人。（冀－350页，廉思璐）

【平定县桥头村汽车碾尸惨案】 1937年10月27日下午，途经桥头村的日军进村后，打死村民刘富科，日军开动汽车把他的尸体碾成肉饼。又把200多名村民赶到石桥边，把妇女拉出来扒光衣服和鞋袜，供日军拍照取乐。然后开枪杀害了117人，烧毁房屋170余处。（冀－351页，张建政）

【平定县槐树铺村惨案】 1937年10月，我抗日阵地旧关失守后，槐树铺村老百姓四散逃难。来不及逃走的和在半路被堵截回来的人均惨遭日军杀害。全村共被日军杀害150多名村民，烧毁店铺和民房500来间。（冀－352页，王身举　董铁锁　赵省清）

【大同市南郊鸦儿崖村惨案】 1937年11月1日清晨，日伪军分三路包围了鸦儿崖村。敌人进村后见物就抢，见人就杀，共杀害村民29人，烧毁房屋60多间，牲畜家禽被抢劫一空。（冀－352页，郭凤仪）

【代县中解村惨案】 1937年11月1日至11月8日，日伪军三次到中解村向村民逼问八路军去向，均回答不知道。日军在中解村24街杀害了严佛寺李和尚，烧毁严佛寺和民房100多间；又在翟街烧毁民房400余间，抢走粮食20多万斤；在刘街烧毁房屋500多间，损失粮食30多万斤，并枪杀了6个农民；在沙家村烧毁民房200余间，杀害村民8人；在张家寨烧毁民房260余间，烧抢粮食10多万斤，杀害6人；在小花沟杀害村民18人，烧民房160多间。日军共残杀村民44人，烧毁房屋2000余间，烧抢粮食100

多万斤。(冀-352页,庞效琦)

【怀仁县刘晏庄村惨案】 1937年11月3日下午,日军工程队300余人,乘20辆汽车开进刘晏庄村,对电话线被割断和公路桥被烧毁之事进行报复。日军见人就杀,见房就烧,一个下午就杀害了108人,烧房500余间。(冀-353页,王定邦 王世玉 贾如泽)

【榆次市北田村惨案】 1937年11月6日及以后的一个月时间内,日军小股部队多次到北田村袭击老百姓,先后杀害许福顺、王守元等40余名无辜百姓。(冀-354页,郭思俊)

【榆次市张庆村惨案】 1937年11月7日,日军川岸文三郎师团300人追击川军路经张庆村,发现了隐藏在附近蒿草中的川军,用机枪把20余名川军射杀。随后把张庆村包围,在村中抓人杀人,强奸妇女,计杀害手无寸铁的村民117人,强奸妇女10余人,把"合成社"、"源泰昌"、"同义集"当铺及村民财物抢掠一空。(冀-354页,程栓明 刘改英)

【交城县惨案】 1937年11月13日,日军侵占交城县城,随即到交城县农村进行"宣抚",实施烧杀抢掠强奸妇女之兽行。他们首先烧毁了西汾阳村的老爷庙、广兴村的龙王庙和学校。1938年1月,在贾家寨村杀害村民10人。1939年夏,将国民党交城县警务局长王宝良、城关商号的伙计、商贩等40余人均以"通匪"罪名予以杀害。从1937年11月至1945年8月,日军在交城县杀害无辜百姓3043人,烧毁房屋120000余间,抓走村民1256人,奸淫妇女6500多人,抢走或烧毁粮食5334万斤,抢走或杀死牛2806头、驴927头、羊11940只、猪776头。(冀-356页,

武淑元）

【阳曲县湾里村惨案】1937年11月27日，为报复在湾里村被八路军第358旅重击之仇，100多名日军包围了湾里村，挨家挨户搜查八路军，找不到八路军就逼问老百姓。受刑的人都答不知道。日军就疯狂杀人，计杀害了村民47人，但仍没问出八路军的去向。（冀－359页，陈庆寿 高翠英）

【浑源县唐庄村惨案】1938年2月12日上午，日军300余人包围了距县城4公里的八路军三团驻地唐庄村。抗日军民早已闻讯撤离村子，日军在村内找不到青壮年，就对老弱病残和妇女儿童进行惨无人道的屠杀，共杀害无辜村民127人，有12户被杀绝，烧毁房屋350余间，杀死牲口300余只（头）。（冀－361页，郭宪莲 杨振宇）

【忻县令归村惨案】1938年2月12日，驻忻县县城的日军200余人包围了中共东忻县党政机关住地令归村，躲在村外的人也被日军搜出赶回村。日军就地杀害了40余名村民。（冀－363页，海舟）

【文水县西峪口村惨案】1938年2月15日晨，日军1000多人从文水县开栅镇向西峪口村进犯，边扫射边冲进村内，村民郭本旺、刘高荣等被日军射杀。日军逼迫村民宋景章喊话，把躲藏的村民喊出后集中到宋英春家的后墙外，用机枪扫射和刺刀捅杀，然后用干柴烧毁尸体。共有58名无辜村民被杀害。（冀－363页，马文堂）

【隰县双池镇机枪射杀惨案】1938年2月18日，日军侵占双池镇，把逃难不及的商户和在南沟底、火山村等地抓住的逃难农民共230余人全部用机枪射杀，并放火

点燃村镇院落。(冀-364页,刘镜铭)

【汾城县沙女村惨案】1938年2月16日凌晨至1939年7月13日,日军先后4次烧杀沙女村。1938年2月16日杀害村民20人。同年4月26日杀害李长兴等13人,烧毁房屋323间。1939年5月13日杀害村民4人,烧毁民房126间,烧毁庙宇43间,烧毁公房58间。同年7月13日烧塌洞口闷死4人,烧毁房屋120间。沙女村先后被日军杀害41人,烧毁房屋670间,造成100余户人无家可归。(冀-365页,毛体仁 赵相如)

【灵石县马和村惨案】1938年2月18日,日军侵犯马和村,在村内枪杀闫长贵、张二成等29人,烧毁民房10余间。在临近该村的葫芦头村枪杀牛成耀等12人,将青年妇女续五姣轮奸后杀死。此次日军共杀害52人,烧毁民房50余间,宰杀耕牛70多头,抢走骡马80多头。(冀-365页,燕永志 郭长明)

【灵石县双池镇惨案】1938年2月19日凌晨至27日,日军侵占灵石县双池镇,见人就杀,见物就抢,见房就烧,见妇女就强奸。8天中,共杀害无辜百姓300余人,宰杀牲畜100多头,强奸妇女30多人,烧毁民房200余间,抢掠财物无法计算。(冀-366页,郭长明)

【长子县城被炸惨案】1938年2月20日下午,日军出动飞机1架,跟踪轰炸中国守军第47军;又于21日晨派4架军机轰炸长子县城,炸死军民60多人,炸毁商店和民房250多间。(冀-367页,陈翼)

【长治县城惨案】1938年2月21日,日军侵占长治县城,从当日始,在63天时间里日军在县城以抓捕"通匪"人员为名大肆屠杀老百姓。把北关厢、大北街、小北营、玄武庙、小东营、官庄庙、二仙庙、宋家院、南街关公庙、东门外等地变成杀人场，仅在南街关公庙内就被日军残杀200余人。日军在长治县城共杀害500多名手无寸铁的老百姓。（冀-267页，李志勇）

【襄陵县境内惨案】1938年2月26日至1939年3月30日，日军在襄陵县境内东柴村、南辛店、贾庄村、赵曲村、张礼林、鄢里村、小韩村、东邓村、令伯村、辛建村、下靳村等村庄砍杀老百姓共210多人，烧毁房屋1800多间。（冀-269页，纪实）

【临县碛口镇惨案】1938年2月26日至1942年3月17日，日军先后4次在碛口镇烧杀。共杀害无辜村民84人，日机还投弹炸毁房屋310间，烧毁窑房739间，烧毁庙宇3座，打伤百姓51名，全家人被杀光1户。抢走大牲畜220头，羊1101只。（冀-370页，王俊士）

【晋城县惨案】1938年2月26日至1940年4月24日，日本军机先后4次轰炸并派兵侵占晋城县城，在占领期间共杀害无辜老百姓41000余人，炸毁烧毁民房78000多间，宰杀大牲畜57500头，掠夺财物不计其数。（冀-371页，丁建民　贺安荣）

【霍县境内惨案】1938年2月27日至1945年8月15日，日军在霍县境内的退沙村、柏乐村、杨家庄、贾村、范村、贺家庄、驹沟村、南堡、南辛庄和县城内共杀害手无寸铁的老百姓1204人，烧毁民房8456间。在段家梁村日军还惨无人道地在一户村民家逼着儿子烧开水活活煮死父亲。（冀-373页，霍文）

【保德县城烧活人惨案】1938年2月28日拂晓，日军飞机在县城投下一枚炸弹，炸死炸伤居民10余人。3月17日日军包围了保德县城，寻找被中国军队打死的18名日军尸体，居民们无一人回答。日军气急败坏，将抓住的30多人浇上汽油活活烧死。日军在城内到处放火，烧毁寺庙、公署、学校和民房1000多间，造成4000多人流离失所。（冀-374页，张秉林）

【方山县大武镇踢人头惨案】1938年3月4日拂晓，日军包围了大武镇，见人就杀，见房屋就烧，见妇女就强奸。日军把德和堂老中医张先生杀害后，砍下头扔在房顶，滚下后日兵像踢足球似的你争我夺满院乱踢。日军把李老太太的14岁孙女强奸后挑死。日军还在大武镇杀害600多人，抢走大牲畜100余头、羊1000多只，然后顺街由北向南浇上汽油烧毁民房和店铺、庙宇楼阁，大火历时4天不熄，把大武镇变成焦土瓦砾。（冀-375页，孟庆华）

【翼城县境内惨案】1938年3月4日至1945年8月15日，日军先后5次侵入翼城县城及周围村庄，在7年零6个月中，日军在县城及浮图、中卫、史庄、三寿城、上下高村、高家垣、刘庄窑、西王村、浇底村等地共杀害老百姓4208人，打死打伤妇女儿童2085人，杀死壮丁1612人。烧毁民房73490间，掠夺粮食65581石，掠夺牲口14848头。（冀-375页，艺志）

【安泽县良马村惨案】1938年3月6日下午，日军侵犯良马村，把沿途受到中国军队阻击之仇发泄到老百姓身上。他们把躲进教堂的42名老幼弱残的村民一个个捅死，其中有16名不满10岁的儿童和4名怀孕妇女。（冀-

376页，逯丁艺）

【介休县梁家庄村惨案】 1938年3月7日清晨，日军闯进介休县梁家庄村搞"清乡"，日军手拿名单和照片，挨家逐户搜查抓人，人们早已闻讯逃出村外躲避，少数老弱病残群众在村里三个窑洞内躲藏。日军在村中见房就烧，见柴草垛就点燃。在梁世光、梁英熙、梁永明三家大院的窑洞中藏匿的46人全部遭其杀害。日军烧毁民房和窑洞200多间，杀死牛羊200多只。（冀－377页，陈光明 侯加林 董方 孔繁成 刘保全）

【太谷县曹庄村大卸八块惨案】 1938年3月9日上午，日军包围曹庄村，对村民进行大屠杀。他们把村民吴卯元的衣服扒光，捆到文昌阁砍成8块。有24人藏在一个地窖内，被日军发现后点燃柴草活活熏死，并用枪射杀9人。此次日军共杀害48人，烧毁房屋100多间，抢走大牲畜10多头。（冀－378页，杨文忠）

【忻县南高村惨案】 1938年3月13日，日军和保安队400多人进犯南高村。在村外首先向小南高村发射炮弹，炸死1名13岁打柴的小男孩，又开枪打死60多岁的王巨保和他10岁的孙子，然后放火烧毁了28户人家的房屋。接着日军又闯进大南高村，见人就杀，在一个院内把躲藏的30多名村民用机枪射死20多人。当日日军在南高村共杀害村民46人，50多人受伤，烧毁民房3000多间。（冀－379页，海舟）

【潞城县神头村火烧生殖器惨案】 1938年3月18日拂晓，日军500多人对神头村及邻村进行三天大扫荡。神头村村边大瘩墶洞里藏有村民130余人。敌人用刀刺、开枪射杀杀害了 40 余人。余下 80 余人被赶进刘群则家院内，日军在院内堆上柴草浇上汽油点燃，把群众全部烧死。日军还把魏仓狗的妻子强奸后杀死。把魏广昌的生殖器用棉花包起来，点着火将他活活烧死。此次日军在神头村及邻村共杀害村民 236 人，烧毁民房 513 间，抢走 200 多头牲畜。（冀 - 379 页，靳伟）

【板垣征四郎制造的太谷县南山一带铡刀铡人、劈柴插阴道惨案】 1938 年 3 月 19 日，日军板垣师团 3000 多人在太谷县城南南山一带扫荡，烧、杀、抢掠、强奸妇女，无恶不作。在井神村杀害村民 131 人，其中用铡刀铡死 11 人，还把铡下的人头塞在死者的裤子里，并烧毁房屋 830 多间。在西山底村，奸污妇女 70 多人，把村民杨某的妻子轮奸后，用劈柴插入其阴道内折磨致死。枪杀该村村民 70 余人，烧毁民房 170 余间。在东山底村杀害村民 63 人，烧毁民房 220 多间。在龙门村杀害老人和小孩 17 人，烧毁民房 172 间。在北浇村杀害村民 10 余人，轮奸妇女 5 人。此次扫荡日军共杀害无辜村民 400 余人，烧毁房屋 1390 多间。（冀 - 380 页，杨文忠）

【定襄县大南邢村惨案】 1938 年 3 月 23 日和 1945 年 8 月 14 日，日军先后两次在大南邢村制造惨案。1938 年 3 月 23 日，日军首次进犯大南邢村，杀害村民 23 人，奸污妇女多人。1945 年 8 月 14 日，日军换防路经大南邢村，在路边踏响了民兵埋的地雷，被炸死炸伤数人，日军闯进村后进行报复，枪杀 10 人，活埋 10 人。（冀 - 382 页，续八宝　张国华）

【灵石县玉成村惨案】 1938 年 3 月 25 日上午，日军到玉成村扫荡，在村外发现20多名逃难的村民，日军用枪杀、刺刀挑将其全部杀害。进村后见人就杀，见房就烧，共杀害村民39名，3户被杀光，烧毁民房120多间。（冀-382页，郑东升）

【大宁县惨案】1938年3月中旬至4月初，日军侵犯大宁县，在大宁县县城及胡城、罗曲、牧岭等22个村庄制造惨案。在牧岭村杀害8人。在县城中街杀害4人。在白杜村烧死2人，烧毁民房和窑洞100间。在大冯村杀害14名男人，强奸妇女7人。在下吉亭村杀害3人。日军共杀害村民30多人，烧毁房屋200多间，抢粮食5万公斤，棉花万余公斤，抢杀牲畜百余头。（冀-394页，宁章）

【晋城县城关惨案】1938年2月26日，日军侵占晋城县城，先用飞机轰炸，然后烧杀。被日军军机炸死43人，炸毁庙宇和民房8096间。另外被日军步兵杀害的居民和村民1060多名，30多名妇女被强奸，烧毁房屋690多间。（冀-385页，丁建民 允宪伍）

【陵川县被奸妇女活扯两半惨案】自1938年春至1942年6月底，日军先后出动6批45架次飞机轰炸陵川县城及周围村庄，造成110多人伤亡和300多间房屋被毁。自1940年至1943年，日军又先后5次集中约45000兵力对陵川县境内进行大"扫荡"。在第5次扫荡时把横水河乡西石门村王某的妻子轮奸后，又把她两腿绑在相连的两棵树上，然后一松手，将其活活扯成两半。日军还往老百姓的酸菜缸、粮食柜、锅碗盆里撒放毒药或拉粪便。日军在平城、礼义、附城等30多个村庄屠杀老百姓16000多人，全县无辜百姓被日军杀害30000多人，县城周围的古建筑全被拆毁、烧毁。据不完全统计，烧毁民房8000多间。（冀-388

页，王长存　张江龙）

【石楼县城惨案】1938年4月1日至3日，日军进犯石楼县城烧、杀、抢掠。进县城前，先后5次共17架飞机轰炸县城及郊区，炸死20多人，炸毁房屋多间。日军进县城后，杀害无辜百姓100多人，奸污妇女10余人，烧毁房屋500余间，烧毁窑洞700多孔。（冀－390页，石协）

【武乡县城挖双眼铡四肢、阴道捅劈柴惨案】1938年4月4日，日军侵犯武乡县县城，在城内用刺刀挑、洋刀砍对老百姓进行大屠杀。日军残忍地把一位老人挖掉了双目后又铡去了双手和双脚，把一位30多岁妇女扒光衣服轮奸后，又在其阴部捅进一根劈柴致其死亡。此次共杀害无辜百姓200余人，烧毁民房1000余间，千年古城武乡被毁为废墟。（冀－391页，程专才）

【长治县西陕村惨案】1938年4月5日晨，日军包围了西陕村，进村前先向村内开炮并用机枪扫射。进村后，发现一个地洞内藏有村民，先喊话逼其出来，见没人应，日军便往洞内倒进煤油点着火，把洞内26人活活烧死。在村内把一个正在分娩的妇女连同将要出生的婴儿一刀劈成两截，母子同时死亡。日军共杀害百姓108人，将9人打成终身残疾，6户被杀绝，烧毁民房80余间，抢走牲畜150余头。（冀－391页，郜俊保　闫有德）

【襄垣县城墙上钉人惨案】1938年4月8日，日军1000多人进犯襄垣县城进行烧杀抢掠、强奸妇女。他们把铁匠炉工人赵银彪头朝下脚朝上钉在墙上，把黄老二和3个店员捆在一根柱子上，放出3条狼狗将4人咬死。把1名产妇轮奸后用刺刀捅死。日军在一天之内共杀害250余人，抢走黄金 3 斤 2 两、银元 2500 块、50 两重的元宝 36 个，烧毁房屋 1960 余间，经济损失 20 万银元。（冀 - 392 页，张林源）

【襄垣县白家庄村高粱秸插阴户惨案】 1938 年 4 月 10 日，20 余个日军窜进白家庄村，从村内抓捕了 55 人，村民冯太极的两个儿媳妇被日军轮奸后又被用高粱秸插进阴户捅死。日军共杀害 42 人，烧毁了房屋和用具。（冀 - 393 页，张林源）

【阳城县城关惨案】 1938 年 4 月 14 日和 1940 年 5 月 22 日，日军先后两次制造阳城县城关惨案。第一次是为报复被中国军队第 24 军袭击之仇，一天之内杀害了城内居民 700 多人，强奸妇女多人。第二次又杀害县城居民 200 多人。两次共杀害 900 多人。（冀 - 393 页，郭天林）

【曲沃县杨谈村惨案】 1938 年 4 月 14 日，日军 1000 多人包围杨谈村，以寻找被自卫队员击毙的一名日军尸体为由，在村内挨家搜查，共杀害无辜百姓 108 人，烧毁房屋 60 多间，抢走牲口 60 余头。（冀 - 394 页，秦国枢 陈嘉凤 董赞红）

【襄垣县西营镇割男孩生殖器烧死惨案】 1938 年 4 月 17 日和 1942 年 2 月 20 日，日军两次制造西营镇惨案。第一次是在战场上被中国军队击溃的日军士兵逃到西营镇，拿老百姓发泄仇恨，把抓到的 1 名男孩割掉生殖器扔进火堆烧死。把 13 岁的女孩桂兰轮奸后，用刺刀挖眼睛、穿阴道然后扔进火堆里烧死。此次共杀害 151 人，烧毁房屋和庙宇 2000 多间。第二次侵占该村时，把村民冯炳兰拴在马尾巴上，鞭打马跑将其拖死。此次日军杀害了村

民33人。两次共杀害184人，掳走40余人。（冀-394页，张林源）

【平陆县大潞沟惨案】1938年4月27日晨，日军2000余人向平陆县进犯，在该县大潞沟附近，日军从望远镜看到有成群逃难的老百姓，就用大炮向人群轰炸，然后靠近人群躲藏地带用机枪扫射。在大潞沟共杀害逃难无辜百姓200多人，（冀-396页，李春生）

【沁水县西河、固镇惨案】1938年8月2日晨，日军组织1000多人的兵力对沁水县西河、固镇、陈梁沟一带进行大"扫荡"，发现村里无人，就拉网式地进行搜山，把在山中窑洞内躲藏的40多名老百姓逼出来，把男人当成练刺杀的靶子予以杀害，把女人和老人、小孩烧死。日军不仅杀死西河村17人，还把外地逃来避难的80多人杀害。在固镇村把村民高万富连捅3刀，又用石块把其头颅砸烂。日军在固镇、西河、陈梁沟三村共杀害240余人，烧毁房屋1700余间。（冀-405页，晋沁）

【曲沃县安定村惨案】1938年6月6日上午，日军侵犯安定村，见人就杀，见房就烧，见骡马就拉走。日军还用机枪向逃跑的人群扫射，全村共被日军杀害104人，抢走牲口100余头，烧毁房屋100余间。（冀-403页，陈嘉凤）

【河津县东庄村惨案】1938年6月24日，日军从阎锡山部队阵亡的连长身上搜出一张写有东庄村村干部和老百姓支援中国守军抗日情况的纸张，便认为东庄村有八路军，遂对东庄村进行报复。日军疯狂至极，无论老人和孩子一律砍杀。日军共杀害东庄村老百姓126人（其中有

外村来避难的11人），被杀绝15户，其中青年村民顺堆与其父亲、儿子三人一起被日军砍杀。（冀-404页，刘大卫）

【临汾县涧头村惨案】1938年7月3日拂晓，日军包围了涧头村，住在涧头村内的阎锡山部队一个连，同围村的日军交火后迅速撤离出村，日军进村后疯狂烧杀抢掠，他们把青年村民刘要根绑在村边柳树上开膛破肚、挖出心肝。日军在涧头村、东麻册、沙乔、马站等9个村庄共杀害村民170人，烧毁房屋1800多间，其中涧头村被杀害47人，8户人家被杀绝，烧毁民房400余间。（冀-404页，梁正岗　徐月莲）

【稷山县城机枪射杀惨案】1938年9月9日拂晓，日军从东西两面向稷山县县城进攻，至中午县城沦陷。日军进城后，用机枪向城外逃跑的人群扫射，许多人倒在血泊中。日军把躲在城关教堂中的几百名老百姓也用机枪射杀。此次日军共杀害了800～900名县城居民。（冀-406页，杨海山）

【代县殷家会等5村惨案】1938年9月29日至10月1日，日军兵分两路到峪口村扫荡，在寨里村与八路军遭遇。八路军转移后，日军对峪口中、石家湾、殷家会、寨里、滩上5村进行大屠杀，共杀害老百姓115人。（冀-407页，庞效琦）

【五台县高洪口村惨案】1938年11月2日晨，日军以500多精锐兵力包围了八路军第2分区第5大队的驻地高洪口村。双方交战后，日军机枪、大炮齐发，攻进村里，见人就杀，八路军官兵250人、老百姓49人共299人遭日军杀害，烧毁民房10余间。（冀-409页，辛衣甫）

二、侵华日军在中国制造的部分惨案1062例

【交口县后务城村惨案】 1938年11月11日，日军包围了抗日政府驻地后务城村。日军用刺刀逼问4名村民："谁是八路陈建中？"回答不知道的当即被刺死，然后用机枪扫射被赶进学校院内的村民。此次日军共杀害135人。（冀－409页，交扣协）

【永济县赵伊镇惨案】 自1938年12月7日起，日军侵占了赵伊镇，在镇里设据点，建水牢、岗楼、工事，在镇南边设3个杀人场。盘踞在镇里据点的日军经常外出扫荡，把抓捕来的抗日军民或无辜老百姓，关在据点里进行酷刑刑讯，然后用刀砍、刺刀挑、活埋、棒打、汽油烧、开水灌、下水牢等残酷方式折磨致死。其中竟把杨家巷的村民杨顺才用开水灌进肚子活活烫死。日军在镇里共杀害200多人，烧毁民房70多间。（冀－410页，杨定坤）

【浮山县惨案】 1939年2月19日晨，日军侵占了浮山县城，立刻将这里变成人间地狱。日军先在浮山县城投掷炸弹30枚，炸死成年居民8人，炸伤8人；炸死小学生18人，炸伤8人；进占县城后射杀、刺死居民300余人；奸污妇女80余人。共杀害无辜老百姓395人。（冀－412页，周翔如）

【平陆县沙口滩村惨案】 1939年6月6日至8日，日军集结了空军、炮兵和骑兵30000余兵力，以突袭的方式，向驻守中条山的国民党第38军和第96军发起总攻击。因兵力与装备相差悬殊，中国军队死亡惨重，仅在沙口滩村东道壕一块地里，就被日军用刺刀捅死近600人。死于空袭、炮击、枪杀、刺杀的中国军民共有5000多人。（冀－418页，李春生）

【夏县文德村惨案】1939年6月14日下午，日军向文德村连续轰击了几十颗炮弹。第二天拂晓，日军100多人闯进文德村，用机枪向逃跑的人群扫射，抓住人就用刺刀捅洋刀砍，仅1个多小时工夫，日军就在文德村杀害了128人，杀绝7户人家，烧毁房屋800多间，抢走和打死耕畜300多头。（冀-418页，刘安祥）

【安邑县上段村惨案】1939年4月14日夜，日军20名骑兵100多名步兵进攻安邑县上郭村，受到国民党部队的伏击，日军伤亡100多人。期间，日军从14名被俘的国民党兵胸章上看到"上段村"三字，得知上段村是国民党抗日军队的驻地。于是就把打败仗的仇恨发泄到上段村的老百姓身上。4月15日上午10点多钟，日军攻进村后，见人就杀，见房就烧，不到3个多小时就杀害了94名村民，其中10岁以下儿童9人；使39户家破人亡，7户人全家被杀光。烧毁民房87间。惨无人道的日军联队长藤田茂由于杀人有功，升为中将，日本投降后，藤田茂被关进抚顺战犯所。1956年6月9日至19日，最高人民法院审判日军藤田茂在上段村大屠杀罪行，上段村大屠杀幸存者张葡萄等人出庭作证，藤田茂对大屠杀罪行供认不讳，他在法庭上说："我现在认识到，对中国进行残暴的侵略战争，不仅对中国人民犯下了滔天罪行，同时也给日本人民带来了空前灾难。今天，通过代表六亿中国人民意志的法庭，向中国人民特别是被害者表示痛改前非、真诚接受法庭裁判。"法庭于1956年6月19日8时30分宣判，判处藤田茂有期徒刑18年。（辽大-425页，张振华）

【河曲县城关轰炸惨案】1939年7月19日上午，日军出动飞机7架第一次轰炸河曲县县城，炸死居民300多人，炸毁房屋 200 余间。11 月 16 日，日军出动飞机 36 架第二次轰炸河曲县城，炸死居民 40 余人，炸毁房屋 3000 余间。1941 年 1 月 26 日，日军出动飞机 7 架，第三次轰炸河曲县城，炸死居民 110 余人，炸毁房屋 2000 余间。（冀－420 页，辛民）

【大同市大王村遭割乳房惨案】1939 年 8 月 21 日拂晓，日军包围了大王村。日军挨家挨户搜查八路军，然后把人们赶到村南的广场上，逼问谁是八路军。被问的人均回答不知道。日军就用木棒把李焕、李绪打死，又用刺刀挑死了李垣吉等 5 人。搜山的日军在桥儿沟发现了 20 多名躲藏的村民，当即用机枪扫射将其打死。当天日军共杀害大王村 84 人。第二天日军又在大王村南的山庄窝铺枪杀了 20 多人，还把一名拒奸的女人乳房割掉，捆住其四肢扔进山药窖点火熏死。日军先后共杀害 124 人，烧毁房屋 160 多间。（冀－421 页，王公亚）

【昔阳县城惨案】1940 年 5 月 1 日零点开始，驻昔阳县城日军下令在县城内所有的机关、学校进行"清政"。他们把被捕的人赶到宪兵队院内，对 100 多名被捕者进行拷打逼问谁是共产党八路军。被拷问者在重刑下均坚决地回答："不知道。"日军中队长清水利一下令以"通匪"罪名，把 100 多名手无寸铁的人逼赶到县城西河河滩统统活埋。日军还在县城附近农村大逮捕，把人押回县城进行严刑审讯，最后拉到县城西河河滩上预先挖好的坑边砍杀。日军连续在县城及周边农村进行"清政"，先后屠杀和活埋 300 多人。（辽大－464 页，陈文秀）

【平定县马家庄村惨案】1940 年 9 月 13 日，日军 800 多人包围了抗日县政府驻地马家庄村。日军认为马家庄村男女老幼全部"通匪",见人就杀,见房就烧。老百姓被日军用刺刀围住,寸步难行。日军如同野兽,用各种酷刑折磨村民。有的村民被刺刀挑死,有的村民被浇上汽油烧死,有的被火烧脸、烧头发,有的两腿被刀劈成两半,有的女人被奸后又被捅死。日军共在此地杀害312人,房屋与财产被烧毁无数。(冀-436页,刘玉玺 刘春明)

【寿阳县羊头崖村惨案】1940年9月19日晨,日军兵分两路夹击羊头崖村的抗日力量。抗日武装早已闻讯撤出村。日军以开会为名,把村民集中到大庙院内进行屠杀,共杀害216人,20户人家被杀绝,烧毁民房200余间。(冀-438页,岳守荣 杜有别)

【崞县刘庄村惨案】1940年9月20日拂晓,日军包围了刘庄村,封锁住所有的路口,对手无寸铁的逃难村民开枪射杀。日军屠杀持续了4个多小时,共杀害村民204人,烧毁房屋300多间,牲畜及财物被抢劫一空。(冀-439页,康钊铭 王如阳)

【寿阳县王村惨案】1940年9月21日晨,日伪军200多人包围了王村,进村后挨家挨户杀人放火,强奸妇女,多数人未起床就被日军砍杀在被窝里。日军共杀害134人,杀绝19户,烧毁房屋和窑洞249间,抢走牲畜35头,抢走大量粮食和衣物。(冀-439页,岳守荣 杜有别)

【盂县活川口村刺刀捅阴户惨案】1940年9月22日晚,日军包围了八路军驻地活川口村,多数村民乘夜黑路熟随八路军撤出村。第二天,日军把抓到的30名老弱村民赶到村外的山凹掌沟寻找村民和八路军,但一无所获。日军就用手榴弹炸死20多人。其间日军把崔双凤轮奸后,割掉奶头,用刺刀捅烂阴户而死。接着日军开始搜山,把搜查出的人全部杀害,一共杀害106人,烧毁房屋400多间。1941年秋,日军又在活川口村施放病菌,致使141人死亡。日军两次屠杀使活川口村240多人丧生。(冀-439页,张贵红)

【方山县日军狼狗活活咬死人惨案】1939年至1945年,日军盘踞方山县7年,在水峪沟村杀害了八路军20名伤病员,在桦树坪村放出狼狗把闾长李来保活活咬死。7年间日军共杀害无辜老百姓498人,烧毁了59个村庄19121间(孔)房屋和窑洞,抢掠老百姓白洋9949元、金银首饰4325两、粮食5728石、中西药品1742斤、牛马大牲畜1923头。(冀-441页,李中)

【和顺县榆树湾村惨案】1940年10月22日晨,日伪军400多人包围了八路军驻地榆树湾村,把50多名村民和八路军100多名伤病员困在村里。日军见房就烧,见人就杀,共杀害村民和伤病员150多人,4户被杀绝,烧毁房屋300多间,抢走牲畜70余头。(冀-443页,张东保)

【沁源县韩洪村烧活人惨案】1940年11月24日下午,日军进犯韩洪村,把从村旁苗家壑搜捕出的129名男女老幼,统统赶进龙王庙内。日军将院中堆放的几堆柴草浇上汽油放火烧人,对逃跑的人用机枪射杀,结果这129人无人幸免,全部被杀害。日军还烧毁房屋1200多间,烧毁庙宇一座,抢走粮食1000多石。(冀-446页,孙青)

【昔阳县西峪村惨案】1940年11月18日拂晓,日军500余人包围了抗日模范村西峪村。日军见门就砸,见房就烧,见人就抓。他们把全村男女老幼逼赶到村东三角粪池边，用刺刀逼问："八路的有多少？都往哪里去了？"拒不回答的人被日军当场用刺刀挑死。然后逼着男女分开，把女人赶进地主白景章家的大院，日军像野兽般地对女人进行强奸，被奸污的女人又被赶回到三角粪坑边。日军见得不到八路军的情况，便开始大屠杀。他们用手榴弹往人群扔，用机枪向人群扫射，顿时尸横一片，鲜血如河。当天共杀害386人，杀绝25户，烧毁400余间房屋，掳走29名男青年和7个青年妇女，到县城杀害了其中23名男青年，7个青年妇女都被蹂躏，11个月后才放其回家。（辽大－467页，陈文秀）

【沁源县上舍村惨案】1940年11月26日，日军300多人在扫荡途中包围了上舍村，妄图消灭红元抗日游击队。日军兵分两路，一路去村外搜山，一路在村内杀人。他们把老百姓赶进菩萨庙，用刺刀乱捅，上至70岁老人下至3岁儿童统通杀掉。此次日军共杀害无辜村民200余人，有10户被杀绝，所有财产被抢劫一空。（冀－447页，韩元理）

【和顺县平松村机枪扫射惨案】1940年11月29日拂晓，日伪军500多人包围了平松村，把村民赶到打麦场逼问谁是八路军，众人不答。日军就用刺刀乱捅，当场把王成太的三个儿子用刀砍死。接着日军用机枪扫射，杀害了108名手无寸铁的老百姓，烧毁房屋40多间，抢走牛驴100多头，还把全村的粮食和衣物抢光。（冀－447页，张东保）

【寿阳县阳摩寺村惨案】1940年12月24日和1941年5月13日，日军两次制造阳摩寺村惨案。第一次日军100多名进村抓捕割断电话线的人，杀害了村民211人，烧毁房屋 116 间。第二次日军进村又杀害 8 人。两次共杀害 219 人，43 户被杀绝。（冀-452 页，岳守荣　杜有别）

【兴县城关被奸妇女当刺杀靶子惨案】兴县是八路军晋西北抗日根据地，因此也是日军最仇恨的县城。1940 年 12 月 21 日，日军在飞机和大炮掩护下，侵占了兴县县城。八路军师长贺龙及政委关向应得知日军扫荡情报后，带领 120 师军政机关和老百姓撤离县城进山设伏，日军在兴县县城扑了空。日军进城后，开始烧、杀、抢、掠，把没来得及躲避的群众赶到城北，用刺刀挑死，将尸体扔在北城墙下的深沟里。把县城西关郭家沟 20 多个没有逃脱的老百姓（其中有婴儿和儿童数名）赶进康家大院，先把妇女拉到屋里强奸，然后把被奸污的女人放回院中当作练刺刀的靶子，20 多人全被刺死。日军在县城各处搜捕杀害了 300 多名老幼妇弱居民。12 月 26 日，日军在兴县城东郭家峁、程家沟两村杀害 80 多名老百姓，其中 8 户人家被杀绝。日军在红月村的打谷场上用机枪射死 47 人，有 5 户人被杀绝。在李家塔村抓住 20 多名妇女，全部将其强奸，其中一个十四五岁的姑娘被日军压在炕上强奸，然后用枕头堵住女孩的嘴，把女孩闷死，接着又有 5 个日军轮奸女孩的尸体。日军在瓦圹村烧毁 300 多间房屋，杀害了 30 多名老百姓，强奸 17 个妇女，其中一个 11 岁的女孩被奸后长时间不能走路。此次日军扫荡兴县城乡，共杀害老百姓 1300 多人，烧毁房屋 5700 多间，抢走和烧毁粮食 3000 余石，抢走和屠杀耕牛 1000 多头，其他物资和财产损失严重。（辽大-492 页，樊润德）

【岚县草子寨刀劈女孩惨案】1940 年 12 月 31 日拂晓，日军 100 多人侵袭草子寨村，把躲藏在地窖里、柴草垛里的人搜出,然后赶到村前的河滩上,日军用机枪向人群扫射,在河滩上的人群顿时倒下一片。还把一个藏在家里的8岁女孩抓出来用军刀劈成两半。仅几个小时,日军就杀害170多人,重伤48人,杀绝28户,烧毁房屋800余间。(冀-454页,范浩　田嘉禾　高指前　李琪春)

【五台县小柏沟村惨案】1941年1月18日拂晓,日军200多人包围小柏沟村,端着刺刀逼问老百姓八路军藏身的地方,回答不知道的人都被日军刺死。日军共杀害157人。(冀-458页,辛志文)

【沁源县曹家沟村烧活人惨案】1941年1月22日至24日,日军在扫荡搜山时,先后两次抓住200多名村民关押在曹家沟村下院。24日,日军把关押的200多人用刺刀逼着往上院的楼房里赶。楼房的地上、楼板上铺满谷草,把人逼进楼里后锁上楼门,院中架着机枪,接着往楼门楼窗浇上汽油,放火烧楼。除一部分年轻力壮的人逃出幸存外,共被日军烧死120多人,烧毁房屋17间,抓走青壮年50多人。(冀-459页,韩元理)

【应县下社村惨案】1941年2月18日晨,日军包围了乔日成部队占领的有着12个堡子的下社村,与乔部激战多时。19日凌晨,乔日成的部队成功突围。日军恼羞成怒,用坦克撞开堡门进入新堡,开始大屠杀,日军在前堡、新堡共杀害村民150余人,杀害乔日成部队士兵及商人1500余人,烧毁房屋800余间,奸污妇女几十人。(冀-461页,张平)

【辽县红都炮台活埋民夫惨案】1941年春"百团大战"结束后,日军从各地抓来1000多名民夫在通往武乡、榆社两条公路之间的红土山上修筑红都炮台,有许多人在修筑过程中被折磨死。炮台完工后,为防止民夫走漏消息,将未逃走的300多人用碎石灰渣活埋在深不见底的深壕里。还拆除附近民房数百间,使老百姓流离失所。(冀-463页,刘琦　张世华)

【武乡县峪口村惨案】 1941年3月8日至10日,日伪军300余人对峪口村进行清剿,并在却净、王海峪、石科、大有一带村庄进行搜捕,把抓到的人带到峪口村进行刑讯,杀害了129人,掠夺粮食200余石。(冀-464页,程专才)

【大同市"钩鲤鱼"、"烤全猪"坑儒惨案】 1941年12月至1942年12月,日军在占领大同市一年内先后五次抓捕杀害知识分子。第一次于1942年新年之日,日军以请客为名,抓捕了数百名知识分子,把其中397名能念下来《模范英语读本》的人均当亲英美分子,是"皇军"的敌对人物,统统活埋在郊外的五条沟里。第二次又秘密捕杀100多人。第三次捕杀200多人。第四次把100多名知识分子用火车拉往外地,音讯皆无。第五次是1942年10月31日,日军逮捕100多名知识分子,当日就枪杀了32人。日军还用"钩鲤鱼"(即用铁钩钩起人的舌头)、"烤全猪"(即烧着一堆炭火,在火上架起铁床,把人放在床上活活烤死)等残忍手段杀害其中多人。(冀-476页,盛力)

【垣曲县惨案】 从1938年2月至1945年8月7年半的时间里,日军在垣曲县境内杀害手无寸铁的平民4209人,抓走致下落不明的221人,打伤致残16046人;烧毁民房68598间,拆毁庙宇学校6658间;抢走牲畜10147头,宰杀耕牛8450头、猪羊61792只;鸡74343只;抢走和烧毁小麦1447841石、其他杂粮150868石；抢劫布帛金钱难以计数；奸污妇女罪行罄竹难书。（冀-523页，段玉林　吕辑书　车国光）

【灵石县富家滩煤矿惨案】 1937年11月至1945年8月，由日本人任矿长组成的47名管理人员和110多人的矿警队监工，强迫1700多名矿工在极其恶劣的环境下挖煤。从富家滩煤矿掠夺煤炭1030600吨，先后有1200多名劳工被日军残害致死，在矿区周围形成红苗谷地、东山、南头三处"万人坑"。（冀-527页，郭长明　尹秀珍）

【大同市煤矿万人坑惨案】 1937年10月至1945年日本投降，日本侵占大同市近8年时间，从大同市煤矿掠夺走优质煤炭1400多万吨，造成6万多矿工死亡，在矿区内黄土沟、杨树湾、四老沟、黄草沟、大南湾、老爷庙、煤峪口等地形成14处万人坑和烧人场。其中，尸骨最多的是由两个废弃的煤洞构成的煤峪口南沟的北山坡上。这个煤洞分为上下两个洞，上洞宽6～7米，深40多米，下洞宽4～5米，深70多米，两个洞中堆满了被害矿工的尸骨。据统计，日寇平均每掠夺230吨煤，就有一个劳工被夺去生命。（书局-107页，李秉刚）

8. 日军在内蒙古自治区制造的部分惨案

【科尔沁左翼后旗吉尔戈郎烙阴户惨案】 1932年1月，日军从科尔沁左翼后旗南部边境地区，逮捕平民60多人。其中关押在吉尔戈郎监狱的是由科尔沁左翼后旗双庙子、刘木匠窝铺、四喇嘛窝铺、蕾花甸子一带抓来的郑有财、张靖、张马倌、刘玉等15人。日军用毒打、绑吊、压杠子、灌辣椒水、火烤、烙铁烙、用烧红的炉钩子烙女人阴户等酷刑，逼迫他（她）们交待反满抗日的罪行和同伙，受刑人坚贞不屈。最后这15人被日军拉到吉尔戈郎西南沙坨里活埋。（冀－531页，吴修尚）

【海拉尔要塞劳工万人坑惨案】从1934年至1944年8月，为在呼伦贝尔盟海拉尔市修筑军事要塞工程，日军从东北和华北各地抓来几万名劳工，在日军少将野村部队的官兵监督下，每天从事10～12个小时的繁重劳动，每日只吃两稀一干三顿混合面，冬天在零下40℃的严寒中干活，冻饿致死每天均有发生。对逃跑者或予以枪杀，或喂狼狗、活埋、吊尸示众。为了保密，凡在要塞干活的人，只准入不准出。每当完成一项工程，就将该工程的劳工全部处死。因此，在要塞工地周围形成了海拉尔北山、敖包山下和伊敏河北岸三处"万人坑"，里面共埋葬了几万名中国劳工的尸骨。（冀－531页，谷瀛滨）

【乌兰浩特市王爷庙惨案】1935年12月31日夜，因王爷庙伪陆军兴安军官学校日本军官欺负蒙古族学员，被蒙古族学员打得鼻青脸肿。白音那拉木、小喇嘛、万宝、海柱、乌日滚布等8名结义学员为了摆脱日寇压迫，趁学校过新年放假之机，砸开库房带足武器弹药骑马逃出，后被多路围追堵截的日伪军抓获，这8人均被杀害在王爷庙。（冀－533页，巴音图）

【萨拉齐县城和公积板村惨案】1937年10月16日上午，日军进犯萨拉齐县城，进城后见人就杀，他们用刺刀捅、大洋刀砍、举枪射击，不到两小时，就杀害70多人，然后把尸体扔在玉皇庙后的大水坑内。16日下午，日军包围了包头市东郊的公积板村，先向村内发炮轰击，然

后进村杀人。共计杀害村民41人,有50多名妇女遭日军轮奸,有的被奸后也惨遭杀害。(冀-534页,文军)

【包头市惨案】1939年12月20日下午,日军一部进驻包头,开始在市内大搞"清剿",大肆抓捕支援傅作义抗日部队的人员。他们把市商会会长董世昌等85人抓住,关押在日本宪兵的留置场进行酷刑刑讯,把市公署卫生股股长娄耀东的手指足指插满竹签,逼迫他们招供。有的被扒光衣服架到火炉上活活被烤死。最后有9人被枪杀,9人被折磨致死,其余人被判刑。被判刑者中至1945年日本投降后只有1人活着回来,其余人均被残害致死。(冀-536页,文军)

【呼和浩特市惨案】呼和浩特旧名归绥、归化,日伪蒙疆时期改称"厚和",是伪巴彦塔拉盟的首府。1940年7月13日清晨,日巴彦塔拉盟警务厅组织日本宪兵队、警察局、伪蒙古宪兵队、特务组成"搜查本部",包围了巴彦塔拉盟师范学校,把该校抗日救国会派去延安学习的会员(即学校失踪的学生)的家长、兄弟、姐妹抓进"厚和"宪兵队设在旧城东顺城街东口路北井八巷的监牢里关押。1945年5月,又逮捕了涉嫌抗日救国会的人员550多名,被捕人中包括抗日救国会负责人刘伟、打入敌人内部以少校参谋作掩护的共产党员刘鸿雄、抗日救国会领导人之一贾恭、巴彦塔拉盟师范学校校长闫继傲等。日本宪兵和特务用开水浇头、压杠子、火烧、吊打等手段进行酷刑逼供,让受刑者交待抗日救国"罪行"。被捕人遭酷刑折磨致死和被杀害者累计270多人,其余被判刑或释放。日军先后两次进行大逮捕,使呼和浩特市("厚和")的抗日救国会组织遭到严重破坏,革命力量受到极为惨重的损失。(辽大-

471页，安臣　李靖扬　董兰云）

【林西县叶来盖惨案】1940年春，日军在叶来盖屯（今赤峰市林西县兴隆乡三村）修筑军事工事。为了所谓"保守军事秘密"，凡是参加修工事的民工，均不能活着离开工地。该工事从1940年春开工，至1943年8月完工，先后被日军害死在工地的劳工有100多人。（冀－537页，李殿文）

【通辽县城惨案】1943年，日军在伪满洲国兴安省宪兵总队通辽分队的基础上，又增加汉奸、特务，成立了伪满洲国第九宪兵团。这些宪兵特务到处搜集反满抗日情报，无论在城市或农村，凡是发现3～5人以上小声细语说话者，都被认为是秘密谈论国事的政治犯，一律抓捕刑讯。他们把有上述"行为"的张木匠、吴铁旦等无辜老百姓当成反满抗日人员杀害。被日本宪兵队特高课用这种手段杀害的无辜百姓不计其数。（冀－538页，郝桂林）

【昭乌达盟喀喇沁右旗惨案】1943年7月10日夜，日军在喀喇沁右旗七家、五家、旺业甸、三道沟门等地逮捕了侯林、侯增、王生、王发、申秀文等153人，其中有2名共产党员、2名游击队战士。日军将被捕人士全部关押在王爷府警察署进行拷打刑讯。侯增在刑讯中被打死，高子祥、陈子荣等被打伤致残放回家后死亡。日军于7月15日根据在刑讯中得到的线索，又在承德县的三家、和家、榆树底、丛家营、龙王庙、东沟门、大西沟等地逮捕雷振山、雷振民、马俊、黄志等100多人，关押在三家村于海峰家的院子里进行持续13天的刑讯，其间，用水把榆树底村的高村斌活活灌死，然后把三家村关押的人和王爷府警察署关押的人统统送往承德监狱关押。在狱中把在喀喇沁右旗被捕的人池景增、郑福生、史万春等判死刑杀害，曹振全、张永江、崔振和等40人被判10年以上徒刑，送往东北各监狱服刑。其余人释放回家。被判刑的40人只有3人活着回家，其余人均被折磨死在各监狱。这是日军制造的喀喇沁右旗惨案。（书局－542页，日本战犯供词）

【乌兰浩特市王爷庙鼠疫惨案】 1945年8月13日，日军伪兴安省保健科长小松从医学院细菌库拿出大量感染鼠疫的老鼠，放入储存大米、白面的食物库中，卖给当地居民，造成王爷庙及附近村庄3000多人患鼠疫死亡。1945年至1948年乌兰浩特市及周围地区鼠疫流行，发病47522人，死亡39097人，波及18个旗县，后经千方百计控制，才将鼠疫扑灭。这是日军投降前，给内蒙古人民造成的鼠疫灾难。（冀－540页，巴音图）

9. 日军在山东省制造的部分惨案

【济南市惨案】 1928年4月21日，日本第六师团长福田彦助率该师团侵占济南，把济南商埠区域变成日军武力控制下的"租界"，烧、杀、抢、掠、强奸妇女，无恶不作。5月3日至14日日军开始大屠杀，计杀害济南军民3945人，受伤者1537人，财产损失29575623元。这是日本侵略者疯狂制造的济南"五三"惨案。（辽大－65页，韩凌轩　王兆良）

【平原县马颊河畔惨案】 1937年10月27日，从德州开来的日军100多人分3路向梅家口村、曲陆店、官道孙庄3村进犯。日寇见人就杀，见房就烧，抓住女人就强奸，在上述3个村庄共杀害冯振海、史连可等87名村民，强奸

妇女7人，烧毁房屋350间，抢掠鸡鸭500余只。（冀－564页，王昭建）

【济阳县城关机枪扫射惨案】1937年10月31日，正逢县城大集，日军飞机投弹8枚，炸死11人，炸伤4人，炸毁民房20余间。11月13日上午，日军开来100辆汽车和装甲车在县城西门外两侧设伏，围城日军把从各地征集来的1800多名壮丁和200多名难民逼出西门，用大炮和机枪扫射，不到半个小时，2000多名壮丁和难民全被日军集体杀害。14日，日军在县城内抓住340多居民，也全部用机枪扫射杀害。日军在济阳县城关共杀害2500多名老百姓。（冀－565页，王昭建）

【临邑县牛角店惨案】1937年10月27日凌晨，日军包围了牛角店村，见人就用刺刀挑，把王永会等人挑死在苇湾里。日军还往村民院里扔手榴弹，逼迫村民出屋，然后杀害了手无寸铁的老百姓80余人。（冀－566页，马素珍）

【莘县观城惨案】1937年12月12日，日军进犯观城，在村中发现一顶日军军帽，就把青年农民吕富亭捆起来拷打逼问军帽是谁的。吕不说，日军就用刀挑开吕的肚子，扒出内脏，砍掉左臂和头颅。日军认为该村是抗日部队的驻地，逼问抓住的村民说出抗日部队的去处，人人都答不知道。日军就用砍头、挑胸、割耳朵、砍胳膊等惨无人道的手段疯狂屠杀老百姓。日军还在防空洞搜出8名中国守军伤病员，将其全部砍杀。此次日军在观城共杀害居民155人。（冀－567页，范解人）

【博山县谦益祥惨案】1937年12月31日清晨，一些饥民到"谦益祥"货栈哄抢粮食和生活用品，看门人请求日军出面制止，日军包围了谦益祥大院，用机枪向饥民人群射击，手无寸铁的饥民被射杀109人，死79人，伤30人。（冀-568页，马素珍）

【淄博市河东村刀劈儿童惨案】 1938年1月28日，"抗日保家铁板会"会长张荣修杀死了淄川县维持会会长汉奸高福斋的3个随从。1月30日，日军200余人包围了张荣修的老家河东村，封住所有路口，把60多名外逃的村民逼回村里，用各种酷刑逼问张荣修的"抗日保家铁板会"的去向，受刑人回答不知道。日军就把张大修、张干修等人的耳朵割掉，用刺刀挑死。把不满周岁的孩子劈成两半扔进火堆里。当天日军共杀害276人，终生致残的30余人，杀绝42户，烧毁房屋2000余间。（冀-500页，马素珍）

【淄川县杨家寨村机枪扫射惨案】 1938年2月2日拂晓，日军包围了杨家寨村，把村民逼赶到小南门外的一块农田里，让青壮年面朝北跪下，把妇女、老人、小孩赶到南边。日军逼问群众"抗日保家铁板会"的人去处，谁也不回答。日军便用机枪向青壮年扫射，100多名村民即刻倒在血泊里。日军在村内又打死31人，此次该村村民共遭杀害169人。（冀-571页，范解人）

【淄川县张店区黑铁山机枪扫射惨案】 1938年2月11日晨，日军包围了黑铁山下的于家庄、铁冶、中埠3个村子，把抓住的300多名村民分别集中到铁冶和于家庄两村，用机枪扫射。计杀害于家庄村52人，伤残10人；杀害中埠村34人，残3人；杀害铁冶村83人，残22人。黑铁山下3个村庄共遭日军杀害169人，致残35人。（冀-

572 页，关天宇）

【泰安县山阳村惨案】1938 年 2 月 14 日，日军 600 人到达山阳村西河岸，首先炮击村庄，然后冲进村杀人放火。不到两小时就杀害村民 72 人，伤 13 人，烧毁房屋 3000 余间，烧死大牲口 1015 头，猪和羊 3500 余只，烧毁粮食 50 余万斤，抢走大、小车辆 400 多辆。（冀－572 页，关天宇）

【临沂县古城村、大岭村惨案】1938 年 3 月下旬，日军闯进城北古城村，见人就杀。日军在古城村杀害 62 人，其中农民王汉友一家 4 人被杀死在菜窖里。另一股日军在大岭村把姜志敏等 27 人杀害，烧毁房屋 300 多间。与此同时，日军飞机还向临沂县城内狂轰滥炸，炸死县城北大街居民 30 余人，炸伤 300 多人。日军在西城墙根用刺刀捅、机枪扫射杀害了 480 多人。日军还在火神庙旁和南门里设两个杀人场用以屠杀居民。日军在临沂县共杀害居民 3000 多人。（冀－574 页，关天宇）

【沂水县上、下峪子村惨案】1938 年 3 月 7 日夜，日军两个排包围上、下峪子村，在北山架起机枪，在村东支起大炮向村中开火射击。村民被惊醒纷纷向村外跑，结果被雨点般的子弹和炮弹打死。此次日军共杀害村民 120 多人，炸毁房屋 20 余间，炸死耕畜 30 余头。（冀－575 页，马素珍）

【滕县县城惨案】1938 年 3 月 14 日晨，日军在飞机、大炮等重武器掩护下向滕县进攻。从 14 日至 17 日，飞机在空中轰炸，步兵在坦克、大炮掩护下向县城攻击。东关大街、沙窝街、国门街的 1400 余户 4700 多间房屋被炸或

烧毁。日军共杀害居民 2259 名。(冀 -575 页，关天宇)

【枣庄市郭里集惨案】 1938 年 3 月 20 日，日军侵占了峄县和枣庄。一部分日军占据了枣庄市以东的郭里集村。日军进村见人就杀，见妇女就强奸，把不少妇女被逼得上吊、跳井自杀。日军在郭里集村盘踞两个多月，共杀害郭里集村和附近村庄老百姓 500 余人。(冀 -576 页，关天宇)

【枣庄市临城西邹坞机枪扫射惨案】 1938 年 3 月 30 日下午，100 多名日军闯进西邹坞村，两天之内杀死村民 83 人。当天夜间日军端着刺刀挨家挨户搜查抗日武装力量，见到青壮年不由分说举刀就刺。第二天又把从各家搜出来的 100 多名村民集中在一起，用机枪扫射杀害。(冀 -577 页，关天宇)

【牟平县城惨案】 1938 年 4 月 3 日晨，驻烟台日军 300 多人向牟平县进攻，途中遭到民众抗日武装阻击。抗日武装撤退后，日军把抗日武装活动过的地方的老百姓当作发泄仇恨的靶子进行大屠杀。日军侵占牟平县城后，见人就杀，无论男女老幼一律杀害，远则用枪射击，近则用刺刀挑，日军所过之处尸横遍野。日军还把 4000 多名老百姓赶到城西南的一块空地上，强迫其跪下，用十几挺机枪正要扫射，该县红十字会两名负责人王心斋、贺俊生冒死向日军求情，保证 4000 多人内没有一个八路军，一场血腥屠杀才幸免。日军还不罢休，从人群中挑出 30 名男女押去烟台，男的被押送东北当劳工；女的被奸后卖给妓院。日军还烧毁民房 2894 间，文庙、文昌阁、魁星楼等古迹被烧成废墟。1938 年 2 月 9 日，日军又派飞机投弹炸死牟平县城老百姓近 100 人，有数百人受伤致残。(冀 -577 页，马素珍)

二、侵华日军在中国制造的部分惨案 1062 例

【潍坊市坊子区虾蟆屯村惨案】1938 年 4 月 20 日傍晚，日军闯进虾蟆屯村，边放火烧房边杀人。这个 40 多户的小村庄，200 多间房屋全被烧光。日军为保铁路运输，把虾蟆屯车站西北角变成日军杀人场，先后有 100 多人在此遭日军砍头杀害。（冀-579 页，马素珍）

【日照县南湖村惨案】1938 年 5 月 12 日是南湖村赶集的日子，河滩上挤满了商贩和赶集人群。当日上午日军 5 架飞机呼啸而来，轮番轰炸，当即炸死老百姓 637 人，被炸伤的人无数。（冀-582 页，关天宇）

【禹城县辛店镇惨案】1938 年 5 月 28 日上午，辛店镇民众抗日武装首领褚连三为继子娶亲办喜事，左邻右村来了许多人随份子钱（即送红包并参加婚宴），日军 300 多人突然偷袭辛店镇，围镇日军接连向镇内打炮，起初人们还以为是迎亲的鞭炮响，大家都没在意。不多时，日军涌进镇来，见人就杀。褚连三的队伍丝毫没有防备，也随着人群往北跑，被日军截住赶到北围子南面的一座园子里，把青壮年同老幼及妇女分开，各站一边。日军向人们逼问八路军游击队情况，没人回答。日军官逐个检查青壮年手掌有没有茧子，对被怀疑的人当即用战刀砍、刺刀挑、步枪射，抗日武装和群众 126 人先后被日军分 6 批杀害。（冀-582 页，禹文）

【禹城县唐庄村机枪扫射惨案】1938 年 7 月 20 日至 21 日，日军 60 多人到禹城县东南相互间仅半里之隔的王寺庄和唐庄抓捕破坏津浦铁路的老百姓。两庄均坐落在铁路边，是抗日队伍经常宿营的村庄。因此，日军对其恨之入骨，对老百姓疯狂报复。因那天雾大，人们听到日军在

王寺庄杀人的枪声，以为日军怕在雾中遇到八路军埋伏，不敢来唐庄。便未逃走。结果日军又乘浓雾包围了唐庄，把各家的人赶到谷场上，逼问是谁带头破坏铁路的。被问的人不吭声，日军暴跳如雷，立即开始大屠杀。在场的83名群众，被日军用3挺机枪扫射全都倒在血泊中，只有3人被尸体掩盖未死，有3户人家被杀绝，烧毁房屋200多间。（冀－583页，禹文）

【临朐县龙岗村惨案】 1938年8月15日凌晨，日军200余人包围了龙岗村，村民听到北门有枪声，就向南门方向跑，把南门一打开，日军的机枪对准人群开火，人们顿时倒地。此次日军共杀害75人，打伤40人，烧毁房屋几十间。（冀－586页，关天宇）

【淄川县佛村惨案】 1938年10月3日凌晨，日军600余人包围了八路军地方政府驻地佛村。站岗的村自卫团员发现日军后鸣枪报警，村民纷纷向外逃。日军进村后，见人便砍，见房就烧。日军抓到跑不动的老弱病残妇幼，见一个杀一个。此次日军共杀害佛村老百姓68人，杀害地方政府工作人员40多人，烧毁民房560余间，抢走和杀死牲口283头。（冀－587页，关天宇）

【掖县县城惨案】 1939年1月15日，日军侵入掖县县城，日军认为掖县县城是八路军的地盘，到处搜查暗藏的八路军，凡是给八路军供过吃住、做过鞋和袜的人，一律按八路处理。搜查结束后日军即在县城进行大屠杀：1月25日夜，在县政府西院杀害34人。1月27日夜，在省立第九中学院内杀害120余人。1月28日夜，在九中南操场和县政府西院杀害250余人。第四次在大洪昌钱庄后院杀害40余人。短短几天内，日军共杀害440多人。（冀－589

页，关天宇）

【阳谷县阿城镇惨案】1939年3月22日晨，日军1500多人包围了驻扎在阿城镇的国民党冯寿彭的部队。交战至中午，日军攻进阿城镇，开始对老百姓进行疯狂报复，杀害阿城镇居民112人，在战斗中冯寿彭的部队死伤官兵100多人，日军还烧毁民房1000多间。（冀-590页，马素珍）

【禹城县赵庄村惨案】1939年4月23日拂晓，日伪军2000多人与八路军129师武装工作团在赵庄交战，日伪军伤亡500多人，后八路军保护着赵庄村部分老百姓成功突围转移。日军吃败仗后恼羞成怒，对留在村内手无寸铁的老百姓进行大屠杀，老人、病人、妇女和儿童，均成了日军的屠杀对象。日军在村内到处查找藏人的地窖、洞穴、柴草垛等隐蔽处，将搜出的人或用手榴弹炸，或用火烧，或用机枪扫射，或用刺刀挑，共杀害140多人，14户被杀绝，烧毁房屋250间。后人为了牢记日军罪行，把赵庄改称为"火烧赵"。（冀-590页，禹文）

【沂源县东里店惨案】1939年6月7日上午，日军5架飞机轰炸了国民党山东省政府驻地东里店，投下许多炸弹，炸毁了两家报社，炸死炸伤近50人。6月10日，日军飞机第二次轰炸东里店，又炸死近150人。两次轰炸共炸死200余人，炸毁房屋4000多间。（冀-591页，弓健行）

【东明县小井村惨案】1939年11月24日下午，几百名日军包围了驻扎在小井村的国民党军队。双方激战后，国民党军队撤出战场。日军进村后，对村民进行报复，用手榴弹炸、刺刀挑、机枪扫射等手段杀害村民88人。（冀

-594页，马素珍）

【东明县王官营村惨案】 1940年4月2日，日军包围国民党豫北地方武装丁树本部队，丁部且战且退，退到王官营村时，被日军击溃，团长牺牲。日军闯进王官营村，杀死丁部伤兵数百人，一个在该村养伤的八路军营级干部也被杀害。日军还对村民进行疯狂屠杀，杀害了朱永刚等近百名村民，（冀-596页，弓健行）

【黄县黄城阳村惨案】 1940年至1944年5月，日军先后8次到黄城阳村"扫荡"、"清乡"，共杀害村民30多人，被日军打伤致残、饥饿而死的300多人，烧毁房屋917间。（冀-597页，孙明云）

【寿光县牛头镇大卸八块惨案】 1940年6月23日拂晓，2000多名日伪军包围了牛头镇，为了追查八路军的兵工厂地址，对牛头镇老百姓进行疯狂报复。受刑的男女老少都回答不知道八路军的兵工厂在什么地方，日军就把村民赶到三官庙前进行集体屠杀，共杀害了73人。同时对妇女强奸蹂躏，甚至惨无人道地将她们开膛破肚，还把孕妇的胎儿挑出取乐，并残忍地把军属马钦明杀死后砍成八块。（冀-598页，弓健行）

【乐陵县大孙村铁钎捅阴道惨案】 1940年12月13日晨，日伪军300多人驱赶着从河北省境内抓来的数百名民夫，到大孙村据点修工事。盘踞在大孙村据点的日伪军对不听话的老百姓，均以"私通八路"为由进行杀害。他们用大刀砍、铡刀铡、剖腹挖心、倒挂肉钩、割耳断肢、大卸八块、烙铁烫、灌辣椒水、铁蒺藜鞭打等20多种酷刑，残杀手无寸铁的老百姓。他们把一名15岁的刘姓姑娘轮奸后，又把烧红的铁钎捅进其阴道将其折磨致死。在大孙村东南角的大坑里，每天都有人遭杀害，使大孙村据点四周成为尸骨累累的千人坑。（冀-598页，马素珍）

【平度县杨家村狼狗咬死活人惨案】 1941年4月16日拂晓，日军100多人包围杨家村搜捕八路军干部。人们听到枪声向南山逃跑，日军用机枪向逃跑的人群扫射。他们抓住一名八路军女干部，强迫她解下裤腰带把其一只手拴在马鞍上，另一只手提着裤子跟马跑，将其拖到据点，连同另外抓到的2名女工作人员一起，将她们的衣服扒光，用烧红的铁器烫她们的全身，最后将其枪杀，还放出几条狼狗把被俘的八路军战士满喜桂活活咬死。此次日军在杨家村共杀害军民70多人，伤10余人。（冀-601页，弓健行）

【莒南县渊子崖村惨案】 1941年12月20日上午，日伪军1000余人向渊子崖村扑来，遭到自卫队顽强抗击。至傍晚，八路军山东纵队一部赶来增援。我军撤出战斗后，日军攻进村内，即开始疯狂屠杀，把自卫队员和村民男女老少共杀害145人，打伤数十人。（冀-603页，范解人）

【文登县营南村刀劈儿童惨案】 1942年3月26日晨，日军包围营南村。日军进村后，首先强奸了在陈桂序家躲藏的5名妇女，还把一个19岁的姑娘轮奸后杀死。接着把130名村民赶到村东场上，用3挺机枪射杀，把受伤未死者又用刺刀挑死。还把1个在妈妈尸体上哭泣的4岁女孩一劈两半予以杀害。此次日军共杀害130人，另有因惊吓、悲愤、饥饿而死5人，烧毁民房1008间。（冀-604页，范解人）

【鄄城县箕山乡惨案】 1942年4月下旬，日军在豫鲁边同国民党军队交战，日军追击国民党军队途经箕山乡一带，烧杀抢掠，无恶不作。5月1日晨开始在箕山乡村杀人作恶，他们用枪打、刺刀挑、火烧、手榴弹炸等残酷手段杀害了包括77岁的老人和2岁儿童在内的村民87人，伤76人。（冀-605页，范解人）

【昌邑县农村惨案】1942年5月18日至21日，日军在昌邑县境内胶济铁路北侧30多个村庄进行为期4天"大扫荡"。日伪军2500多人分别在姜家泊抓捕62人，在十字路抓捕82人，在新安庄抓捕67人，在闫家车道抓捕41人，在潮海村抓捕23人，在二甲村抓捕12人，在刘车道抓捕36人。在抓人过程中打死18人。他们把抓去的751人（男646人、女105人）中近500人打伤致残，后由亲属出钱赎回；另外200余人押送济南，其中76人押送东北下煤窑（除6人逃生外，其余人全部死亡），余下100多人只有少数人带伤回家，多数被日军迫害致死。（冀-606页，范解人）

【寿光县清水泊惨案】1942年6月9日，日伪军5000多人，骑兵300余人，汽车100余辆，装甲车3辆，采取长途奔袭五路合击战术，在寿光县清水泊地区部分村庄屠杀200余人，抓走100多名青壮年，送到抚顺煤矿下井，从此杳无音信。10月4日，日军再次扫荡，杀害八路军伤病员200多名，屠杀老百姓400多人。（冀-606页，范解人）

【莘县东节村惨案】1942年7月12日至13日，日军在丘寺、杨寨、肖屯等村抓到村民30人，在东节村、佛善村、苏海村、山屯等村抓捕了村民100多人，关押在东节村据点内的3个土牢里，酷刑逼问谁是抗日家属，是谁烧了东节村据点炮楼。受刑人坚决不说，敌人一无所获，于是开始杀人。共屠杀村民 72 人，其中活埋 33 人、枪杀 20 人、炸死 7 人，余下者多在土牢中闷死或下落不明。（冀－606 页，范解人）

【莱芜县云凤乡大卸八块惨案】1942 年 8 月 29 日，日伪军 6000 余人重点扫荡八路军新甫县机关所在地云凤乡管辖地的多个村庄，因县机关转移，日军扑空。日军首先炮击云凤乡，然后进村杀人。他们把村民集中到一起，酷刑逼问八路军县机关的去向，受刑人均回答不知道。日军兽性大发，在孙家庄、李条庄、东凤阳、西凤阳、庞家庄等 9 个村共杀害老百姓 111 人，并把李条庄患精神病的亓凤台的母亲砍成 8 块杀害。（冀－607 页，范解人）

【乳山县马石山活烧老人惨案】1942 年 11 月 23 日，日军在胶东进行冬季大扫荡，在马石山东北大院村南山发现有藏人的山洞，即向洞内发射燃烧弹，将洞内 8 人烧死。在西尚山村，日军把一名八路军战士按在烟筒上，然后在锅下烧火，把他活活呛死。日军在招民庄村把 70 多岁的许德义用草苫卷起，然后从脚底点火，一直烧到头部，将其活活烧死。日军此次扫荡搜山，在马石山范围共杀害老百姓和八路军干部战士 503 人。（冀－508 页，范解人）

【荣成县崂山机枪射杀惨案】1942 年 12 月 6 日上午，日军把崂山附近刘家村数百名群众赶到三面环海的烟墩上，到了下午即用 3 挺机枪射杀，在烟墩上当即倒下 100 多人。村民中有的人跳到海里，日军又向海面射击将其枪杀。另一股日军侵入冯埠村、迟家村，对无辜群众施用酷刑逼问八路军的去处，同样也没得到八路军的任何情况。日军便疯狂地杀人，在两村共杀害 300 多人。日军还把合围崂山附近各村时抓到的数千人押到崖头村的一片洼地里,将其中300多名手掌上无老茧的村民,均划为共产党员、八路军,在身上划上红叉,然后全部押送到威海,再后送到东北下煤窑,从此后这300多人再无消息。(冀-609页,范解人)

【曹县吕楼村烧活人惨案】1943年2月22日夜,日军兵分3路包围吕楼村,村自卫队长吕新荣呼喊群众突围,因出路已被日军封锁,无处可逃。天亮后,全村男女老少被逼赶到谷场里,一个日军首先用刺刀挑死一名在母亲怀中哭叫的孩子,随后又砍杀村民3人。接着日军把人群赶到3间屋子里,堵严门窗,堆上檩条和秫秸,放火烧屋。将多名妇女扒光衣服强奸后,再赤条条地扔进火堆烧死。此次惨案被烧死杀死男女老幼138人。(冀-611页,范解人)

【济南市"新华院"万人坑惨案】1943年3月,日军驻济南部队在济南市官扎营街西北角建立了一个由日军第12军(1944年后为第43军)参谋部直接管理的"新华院",专门负责对战俘的看押、审讯、劳役和虐杀。院内各种刑具齐全,还养着一群狼狗,院子四周有围墙、电网、岗楼、水壕等警备设施,使之与世隔绝。院内常年关押被俘被捕者有3000人以上。审讯的刑罚有殴打、水刑、火刑、吊刑、开水烫、挖眼、割耳、活埋、扒皮、狼狗咬死、细菌试验等,无所不用。从1943年3月至1945年8月,新华院先后关押抗日军民和爱国志士35000余人,其中被日军杀害了17000多人。凡关押在新华院的人被判死刑后,都押往琵琶山刑场杀害,因而形成了济南市"琵琶山万人坑"。(冀-613页,孙明云;书局-185页,李秉刚)

二、侵华日军在中国制造的部分惨案1062例

【梁山县惨案】1943年8月4日,日军1000多人到梁山地区扫荡。日军在梁山脚下的张坊、独山、郝山头、马振扬、孟庄、前集、石头园、丁堂等村进行烧杀抢掠、强奸妇女。日军还毫无人性地往孟庄村老百姓家的饭锅、水缸、菜缸、酱缸、面缸里拉屎撒尿。在上述村庄里共杀害113名手无寸铁的村民,强奸妇女37名,烧毁7869间房屋,抢走财物不计其数。(冀-614页,弓健行)

【菏泽县冯庄村惨案】1943年10月18日,日伪军2000余人包围了郓(城)鄄(城)巨(野)菏(泽)4县交界的冯庄村。日军认为该村是共产党八路军活动的据点,对村民进行疯狂报复,见人就杀,共杀害村民59人,打伤20多人,还把25岁的张李氏轮奸后用秫秸塞入她的下身,再用刺刀刺死。(冀-616页,孙明云)

【茌平县茌南4村抛摔幼童惨案】1944年6月27日拂晓,日军向茌平县二区进行"铁壁合围",在茌平县南部张会所庄、石海子村、尹庄、门庄4村杀害了朱世常、石莲芹、王金奎、九循严、门吉昌等134人,其中石海子村一名年仅4岁的幼童,被日军提着小腿抛向半空,摔下后未死,日军又用刺刀将其肚子割开,幼童当即死亡。(冀-617页,孙明云)

【肥城县安驾庄区惨案】1938年1月2日至1944年9月1日,在5年零8个月时间内,日军在安驾庄村建立了据点,从此给安驾庄村及附近地区群众带来深重灾难。其间,日军共杀害安驾庄村村民37人,烧房屋900余间。杀害南赵庄、赵家颜子、马家埠、西江庄、北石沟、南辛庄村民368人,烧毁房屋1506间。加上因灾荒、疾病,死

亡人数共达 2503 人。强奸轮奸妇女 147 人，其中强奸致死 14 人。抓壮丁运往外地当劳工 408 人，其中自此杳无音信的有 125 人。又逢肥城地区大旱 3 年，人祸加上天灾，致使当地被逼外出逃荒者 22338 人，卖儿卖女的 601 人。（冀－617 页，孙明云）

【高密县刘连仁被抓劳工惨案】 1944 年 10 月 14 日中午，高密县城居民刘连仁被汉奸以"无业游民"为名抓走，10 月 18 日连同其他被抓的人，被押到青岛日军的"劳工协会"里。不久，被关在日本装运矿石的轮船底舱里，运到日本北海道的雨龙郡沼田村明治矿业公司昭和矿业所当劳工。刘连仁因为受不了非人的虐待，冒着九死一生的危险，逃了出来，在深山老林里穴居 13 年，其间，用野菜、嫩草充饥，用破碎布条树皮遮体，白天深居穴洞，夜晚出来觅食。直到 1958 年才被发现，回到祖国。（冀－618 页，马素珍）

【泗水县戈山厂惨案】 1945 年 2 月 5 日，八路军在泗水县城打死了伪和平建国军军长荣子恒，歼灭日伪军 2000 余人。吃了败仗的日军调集重兵围攻泗水城，八路军早已撤离，日军扑空，遂掉头扑向县城附近的戈山厂村，把 1000 多名男女老幼围困在村内，然后向村内开炮，炸倒寨墙，村民拿起简陋的武器与日军拼杀。日军兽性大发，冲进村里凶狠地疯狂杀人。结果被日军共杀害 96 人，伤残 132 人，烧毁房屋 2100 余间，300 多户的戈山厂村被化为一片灰烬。（冀－619 页，孙明云）

【茌平县张家楼村惨案】 1945 年 3 月 31 日晨，日伪军 3700 多人包围了张家楼村。仅 2 个小时，日军就在该村杀害村民 333 人，打伤 271 人，劫走 264 人；烧毁民房

2723间,抢走耕牛86头、大车48辆,其他财物不计其数。(冀-622页,孙明云)

10. 日军在江苏省制造的部分惨案

【苏州市惨案】自1937年8月13日起,日军飞机先后20多架次多次轮番轰炸苏州城,把苏州新闻门到胥门的一条学士街炸成一片废墟,炸死炸伤居民400多人。日军还把住在胥门的北京女子师范大学校长杨荫瑜打伤,然后绑住她的两只脚一直拖到胥门城楼上,掼入城河中,又朝她补打了两枪,致其惨死。9月中旬日军又从苏州城向宜陵镇侵犯,杀害了宜陵镇12名老人。(冀-628页,苏速)

【镇江市阴户塞手榴弹炸死惨案】1937年10月13日至11月28日,日军飞机30多架,先后4次轰炸了镇江市,共炸死平民860多人,炸伤200多人。日军侵占镇江后,杀人放火、强奸妇女,无恶不作。从1937年12月8日至1938年10月12日,日军在宝盖山东面发现一座防空洞,就用机枪向洞内扫射,杀害了300余名平民。在节孝祠巷旁的火星庙内有一座由美国牧师办的难民收容所,日军竟在所内枪杀了200多名难民。广东山庄、杨彭山和宝盖路小学等地被日军残杀的老百姓有1500多名。镇江全市被日军杀害的平民共在万人以上。日寇还把南门大街、大市口、五条街、西门大街等街巷的1.2万间房屋全部烧毁。把多家商号及银行财款抢劫一空,公私财产损失达1亿元以上。日寇强奸妇女如同野兽,凡15岁以上的女人,只要被日军抓到就无一幸免。日军还往往把被其奸污的女人杀害,甚至往其阴户里插尖竹折磨致死;有的日军把被奸女人的手

脚捆扎在树间,将手榴弹塞进阴户里引爆将其炸死。(冀-629页,李植中)

【苏州市平望镇惨案】 平望镇地处江苏浙江两省毗邻之地,也是苏州与嘉兴铁路中心站,是兵家必争之地。1937年10月15日上午9时许,日军飞机2架投弹12枚轰炸了平望镇,炸死36人,炸毁房屋80多间。同年11月14日,日军侵占平望镇,杀害居民400多人,烧毁房屋700多间。(冀-631页,吴国钧)

【江阴县顾山镇竹竿塞阴户惨案】 1937年11月21日至22日,日军从常熟白茆港口登陆向江阴顾山地区侵犯,包围了顾山镇后,共杀害镇内居民90人,其中东巷门内裁缝陈根福一家8口人均被杀害。日军还把少妇章氏强奸后用竹竿塞进阴户活活戳死。此次日军共强奸妇女49人,烧毁房屋338间,糟蹋稻谷50多万斤。(冀-632页,江成文)

【无锡市许巷村惨案】 1937年11月23日,日军16师团从白茆港口登陆后经常熟向无锡东亭进犯,24日下午进驻许巷村。日军看到村民,无论老幼都怀疑是"通匪"的八路,他们首先刺死村民许舜光的大儿子及5岁幼儿,又在村头场上杀害40多名无辜百姓。在3个多小时内,日军共杀害村民223人,烧毁房屋94间,还烧毁了村民刚刚收获的150多亩地的稻谷。(冀-633页,王世平)

【溧水县遭炸惨案】 1937年11月29日上午9时许,日军飞机9架轰炸溧水县城,投弹140多枚并低空轮番扫射,杀害居民1200多人,县城内被炸毁的大小店铺、房屋及损失的财产无法统计,造成溧水县有史以来最惨重的浩

劫。(冀－634 页，卢南)

【赣榆县惨案】 1937 年 11 月 29 日至 1943 年 11 月 27 日，日军在赣榆县境内石桥村、小道口村、柘江、黑林、徐朱洲村、海头、郑园、邵埠地、沟窝等村镇和县城共杀害老百姓 2289 人(男 1821 人、女 471 人、儿童 97 人)。打伤致残男村民 307 人，女村民 45 人，儿童 71 人。抓走壮丁 195 人，逼迫当劳工 2194 人，当民夫 125 人。被日军强奸致残者中有老年妇女 11 人，青年妇女 68 人，少女 12 人。烧毁、拆毁民房 2448752 间，公房 8169 间。(冀－634 页，苏北铭)

【江阴县青阳镇及相邻九村惨案】 江阴县南部的青阳镇及相邻的九个村庄位于国民党军队抗击日军的战场附近。1937 年 11 月 27 日，日军攻下青阳镇进行疯狂报复，烧毁了青阳镇 200 余间房屋，烧毁转奚村、曹鲍村、胡家村、卢家村、徐家村、关家村、朱家村、杨家村、周家湾九个村屯的房屋 420 多间，杀害老百姓 660 多人。(辽大－209 页，洪邮生)

【江阴县城惨案】 1937 年 12 月 1 日，日军攻占了江阴县城，他们把机枪架在卡车上，在大街上边射边走，横冲直撞，来不及躲闪的人均被射死或压死。次日日军开始了大烧大杀。城内繁华的东大街变成一片瓦砾场；北门城外，从定波桥到黄田港片瓦无存，被烧毁 2057 间商铺和民宅。同时日军还烧毁了天纶布厂、江阴商办电话公司和南菁中学共五幢楼房；由南菁书院保留下来的 3 万多册珍贵的图书和"皇清经解续编"的全部木板、征存中学 2 万多册图书及许多教学仪器标本、城西区 617 间民房均被日军放火烧毁。日军把在城中抓捕到的老百姓男女分开，把男人集中到屋中或院内放火烧死或用机枪射死；把女人强奸后用刺刀挑死或用战刀砍死。在十几天内日军就杀害县城百姓1000多人。（辽大-209页，洪邮生）

【溧水县城惨案】1937年12月4日，日军侵占溧水县城，逢人就杀，许多妇女被强奸。日军先后在县城杀害居民300多人，掩埋在大西门街、小西门体育场、庙山沟三处杀人场。1938年4月15日上午，日军又在县城附近丰安寺村打死农民25人。（冀-637页，卢南）

【江阴县花山惨案】1937年12月3日下午，日军包围江阴县花山附近的曹鲍村和陆家村。在曹鲍村烧死42人；在陆家村把100多名老百姓绑成一串，押到卢家村后面的大池塘旁边进行屠杀，还把受伤未死的人推入池塘淹死。当天日军在曹鲍村和陆家村共杀害160多名老百姓。（冀-638页，江成文）

【高淳县城惨案】1937年12月7日，日军侵占高淳县城，进城后开始烧杀、强奸妇女、抢掠财物，使老百姓陷入灾难境地。日军首先在淳西庵附近枪杀了张征树、杨周春两位老人，接着就开始大屠杀，共枪杀平民517人，刀砍平民674人，烧死平民11人，强奸致死妇女15人，烧毁房屋3664间。（冀-638页，陈子青）

【溧阳县惨案】1937年12月溧阳县沦陷。日军在溧阳县搞了6次"清乡"和"扫荡"，所到之处，灾祸丛生。全县共被日军杀害7044人，其中男3922人、女3122人。打伤13659人，其中男7602人、女6057人。从1937年11月27日至1943年9月6日，日军还派飞机12架次轰炸溧阳县，把县城文庙、文昌庙、史候庙、张巡庙、鲁仙宫、

三皇寺等古刹和机关、学校及民房炸毁了111649间，造成财产损失3525亿元（法币）。（冀-638页，刘玉）

【松井石根和谷寿夫制造的南京大屠杀惨案】
为了"彻底挫伤"中国人民的抗日意志和迫使中国屈服，1937年12月1日，日本最高统帅部下达了第8号敕令："华中方面军司令官须与海军协同，攻占敌国首都南京。"1937年12月13日南京沦陷，在华中方面军司令官松井石根和第6师团长谷寿夫的直接指挥下，侵华日军在六个多星期的时间里，对放下武器的中国士兵和老百姓进行惨绝人寰的大屠杀，共在南京城内9个地方杀害30多万中国人。1937年12月15日下午，日军在汉中门外用机枪扫射杀害了放下武器的士兵和南京市民2000余人。12月15日夜，日军在鱼雷营江边用机枪扫射杀害了放下武器的中国士兵9000多人。后又在鱼雷营宝塔桥一带大屠杀，共杀害我军民30000人以上。12月16日下午在中山码头用机枪扫射杀害青壮年难民10000人以上。12月16日傍晚，日军在上新河地区用机枪扫射和刀劈，杀害南京市民和放下武器的士兵28000余人。12月17日，在煤炭港用机枪扫射杀害从各处搜捕来的军民和首都电厂工人3000余人。12月18日夜，日军在草鞋峡用机枪扫射和刺刀挑等手段杀害逃跑的难民及被俘的军人57400余人，把尸体全部抛入长江。12月10日，日军占领凤台乡、花神庙、雨花台一带，把被俘放下武器的士兵2000多人、逃难的老百姓5000多人，共7000多人分批集体屠杀。12月间，日军在燕子矶江滩用机枪扫射杀害难民和放下武器的士兵50000余人。除上述8起有代表性的集体大屠杀外，还有其他地区集体屠杀和国际安全区内的大屠杀。据中国南京军事法庭调查，日军在中华门、花神庙、石观音、小心桥、扫帚巷、正觉寺、方家山、宝塔桥、下关、草鞋峡等地集体残杀并焚尸灭迹达190000人以上。在中华门下码头、东岳庙、堆草巷、斩龙桥等地被零星残杀、其尸骸后经慈善团体掩埋者达150000人以上。这就是侵华日军制造的震惊世界的南京大屠杀惨案。两名指挥屠杀主犯刽子手松井石根被东京国际法庭判处绞首,谷寿夫被中国政府判处死刑。南京大屠杀是日本侵略中国犯下的昭彰世界的最严重的罪行。(冀-639页,陈平稳;辽大-326页,高兴祖)

【江都县仙女庙镇刀劈老人惨案】1937年12月14日晚,日军松井石根师团一部进犯江都县仙女庙镇,中国守军于学忠部与日军交战,后因防守力量薄弱而撤退。日军登陆进镇后开始烧杀,在9天时间里杀害了老百姓600多人,其中吴强老人被他们劈成两半,尸体横在长寿庵大场上。另外烧毁房屋3000多间。(冀-657页,杨立中)

【扬州市万福桥机枪扫射惨案】万福桥全长406米,是江都县仙女庙镇及附近村庄去扬州的必经之路。1937年12月14日,日军在万福桥附近村庄杀害老百姓100多人。12月17日晨,日军把抓来运送枪支弹药的400多名夫役从仙女庙镇据点放回,路经万福桥时,守桥日军却撕碎了仙女庙据点日军发给夫役回家的路单,用机枪向人群射击,拥挤在桥上的400多名青壮年夫役被日军全部射杀。(冀-658页,周翔)

【扬州市邵伯镇惨案】1937年12月19日至1938年8月22日,日军部队以搜索"支那兵"为名,在邵伯镇进行烧杀淫掠。在南米市杀害了居民陶学兼。把谈庄、候集、陈庄等11个村355户人家的房屋全部烧毁,杀害老百姓50多人。被日军蹂躏的妇女无法统计，有许多妇女被奸后自杀，有许多因抗奸遭杀，更多的则是在被奸后又遭到杀害。（冀-659页，杨立中）

【江宁县陆郎镇惨案】1938年1月8日，从江宁县江宁镇窜来6个日军到陆郎镇宋礼茂开的茶馆大吃大喝，其中3名日军酒后对年轻女人欲行非礼，被镇上商民自卫队及菜农打死。2月24日从江宁镇开来日军500多人包围了陆郎镇，扬言为被打死的3名日军报仇。日军在陆郎镇抓来无辜百姓110多人，押到镇旁神山头用刺刀戳、马刀砍将其杀害，后在镇里又杀害26人。当日遭日军杀害者共有130多人，烧毁房屋9300多间。（冀-660页，毛志良）

【昆山县马援庄村惨案】1938年1月26日上午，日军以搜剿国民党军队为名，在昆山县马援庄村扫荡，进村后见人就抓，把村民用刺刀逼赶到湖滨停船的芦苇滩边，用刺刀戳、马刀砍，2个多小时杀害108名村民，烧毁房屋204间，烧毁稻谷36万斤，烧毁船坊7座，杀掉耕牛32头。（冀-661页，昆文）

【靖江县旺家乡惨案】1938年3月3日晨，日军30多人包围了旺家乡的炳盛圩、标盛圩、小苏盛圩3个村，进村后先是搜寻女人进行奸污，然后在村中放火烧房，接着对救火的人开枪射杀。日军共杀害村民48人，烧毁房屋多间，许多妇女遭强奸。（冀-662页，黄存明）

【无锡市马山机枪扫射惨案】1938年3月12日，日军1400多人包围国民党军队驻防地马山。日军飞机对马山狂轰滥炸，国民党军队被迫撤退，日军遂占领马山，即对老百姓进行大屠杀。共计杀害老百姓1500余人，其中日军把隐藏在竹林里的100多个老幼妇女用4挺机枪扫射全部杀害。烧毁房屋3000余间，击毁、击沉渔船40余艘。（冀－663页，王世平）

【南通市吕四镇惨案】 1938年4月18日，日军用"宣抚"手段在吕四镇搞"清乡"，烧杀抢掠、奸淫妇女。1938年8月20日至1939年9月14日，日军飞机3次轰炸吕四镇，炸死17人，炸伤21人，炸毁房屋133间。1943年4月30日，日军在南新桥烧毁房屋600余间，把村民刘盘三、崔三宝、汤海等人做试刀、祭刀杀害。还用指挥刀把村民蔡三郎从左肩到右肋斜劈成两段，尸体被狼狗撕烂。此次日军在吕四镇共杀害13人。（冀－664页，欧阳玉清）

【南通市十里坊村活烧婴儿惨案】 1938年5月4日，日军遭到抗日游击队袭击，却拿老百姓进行报复。他们在遭游击队袭击过的十里坊村及左右邻村三牌楼、猫儿桥放火烧屋，不仅把大河两岸300多户人家2000多间房屋烧毁，并把陆文汉、陈寿等数十人杀害，还把育婴堂里的16名婴儿活活烧死，并烧毁大米数万斤，烧毁稻谷20余万斤。（冀－666页，孔令礼）

【南通市麻虾子榨村惨案】 1938年5月4日，日军到南通市郊麻虾子榨村扫荡，见房就烧，见人便杀。人们听说日军扫荡，急忙四散逃难，日军向逃难渡河的人群开枪，在川猫儿河滩上杀害108人，鲜血染红了河滩，后人称此地为"血泪滩"；并烧毁房屋无数间，麻虾子榨这个小小的农村集镇从此消失。（冀－667页，欧阳玉清）

【盐城县城惨案】 1938年3月30日中午，日军飞机3架轰炸盐城，炸死居民60多人，炸毁房屋1600多间。同年4月26日，日军侵占盐城，至7月5日撤走，在两个多月的占领期间，共杀害老百姓480多人，烧毁房屋46700多间。（冀-667页，陈明）

【盐城县上冈镇惨案】 1938年4月29日，日军在进犯上冈镇时，遭到保商团阻击。因此日军在占领上冈镇后，即对上冈镇老百姓进行报复，奸淫烧杀了68天，共杀害123人，奸淫妇女30多人，其中把一名妇女强奸后挑开小腹浇上汽油烧死。烧毁房屋25700多间，把上冈镇变成了一片废墟。（冀-668页，陈明）

【阜宁县城惨案】 1938年5月7日阜宁县城沦陷，日军在县城实行"三光"政策，首先把未撤走的国民党守军伤病员杀光，接着又杀害未逃走的居民400多人，烧毁房屋2000多间。另外在县城郊区中灶村杀害村民78人，烧毁房屋500多间。（冀-669页，陈明）

【丰县荒庄村惨案】 1938年5月15日下午，日军窜入丰县李寨乡荒庄村，村里青壮年大部分逃难离开村子，只剩老人妇女守家。日军逼迫村民说出国民党军队的去向，村民回答不知道，日军恼怒便开始杀人烧房，共杀害46人，重伤2人，烧毁村民全部住房，使荒庄村几年内无人居住，成为真正的"荒"庄。（冀-669页，陈明）

【淮安县城惨案】 1938年5月23日至6月15日，日军飞机21架次，先后3次轰炸淮安县城，投弹多枚，炸死炸伤居民320余人，炸毁房屋1300余间。（冀-671页，方汉生）

【如皋县石甸镇惨案】 1938年3月，日军闯入石甸镇，见人就杀，见屋就烧。石甸镇40多家商号、1753间房

屋全被烧毁，如皋县常备二团官兵和老百姓共110多人被害。（冀-672页，孙令礼）

【睢宁县双沟镇惨案】 1938年8月6日，日军飞机轰炸双沟，当日正值集市，当即炸死前来赶集的15名村民。飞机轰炸后，日军步兵窜进双沟镇，抓住青壮年当活靶子刺杀，共杀害居民57人。（冀-675页，马功成）

【宿迁县城惨案】 1938年11月22日至1945年8月18日，日军在宿迁县城4次进行大屠杀。第一次是在1938年11月22日，国民党守军与日军激战，日军攻陷县城北门，把城门内张老庙、石灰窑和西马路口一带未来得及逃跑的300多名老百姓全部杀害。第二次是于1938年12月1日夜，国民党军队反攻宿迁县城，双方激战后，日军再度占领县城，进行三天烧杀，1000多名居民被害，2000余间房屋被烧毁。1941年2月20日夜，日本宪兵在县城内逮捕反日教师和行政人员40多名，用各种酷刑折磨，释放3人，其余人均被杀害。1945年8月18日，驻宿迁县城日军奉命撤往新安镇集中，当日清晨，把在押的21人杀害了18人。（冀-676页，史素明）

【宿迁县埠子镇惨案】 1938年12月12日晨，驻睢宁县日军数百人与中国守军交战，被打死百余人，日军继续向宿迁县埠子镇进犯。日军占领埠子镇后找不到中国守军的去向，就拿老百姓报复，见人就杀，把居民邹永年、陈克勤等107人杀害。（冀-677页，郭寿龄　林总）

【阜宁县六套乡惨案】 1939年3月26日，日军部队进犯阜宁县六套乡，当时六套乡是我抗日11区区公所驻地，大部分老百姓和区干部已事先转移，有一名区小队战士最后撤离时被两名日军抓住,这名战士挣脱时打死一名日军后逃脱。日军为搜寻该名战士,在六套乡挨家逐户搜查。村民们怕被牵连而向村外逃跑,日军架起机枪向逃跑的老百姓射击,结果被日军杀害71人,杀伤37人。(冀-680页,方汉生)

【淮安县城杀害俘虏惨案】1939年8月22日,国民党守军韩德勤部队与日军第65师团第52旅团一个大队激战,双方力量悬殊,国民党守军失利,有90多人被俘。日军把俘虏关押在淮安城日军宣抚班,然后分批把这90多名俘虏杀害。(冀-682页,方汉生)

【宝应县氾水惨案】氾水渡口是交通要道,日军在氾水安插据点,经常对氾水四周农村进行扫荡。从1939年春至1945年秋,日军在氾水地区杀害老百姓400多人,烧毁房屋4506间,其中福星、长沙、运河、土塘、锅庄5村受灾最为惨重。(冀-684页,张赣生)

【淮安县黄土桥惨案】1940年2月5日,临近春节,驻县城日军窜到乡下企图捞一把过年物资,遭到民间武装"小刀会"的顽强抵抗。2月19日,日军又趁雪天到黄土桥附近村庄抢年货。"小刀会"早有防备,听说日军来抢东西,便集体迎敌与日军打起来。因为武器相差悬殊,大刀抵不过枪炮,"小刀会"组织伤亡惨重。日军在黄土桥附近的蒋南庄杀害老百姓200多人,加上外村赶来参加战斗的"小刀会"成员370多人,共计有570多人遭杀害;烧毁房屋150多间。(冀-690页,刘玉)

【泗南县双沟镇活劈儿童惨案】双沟镇是淮北抗日根据地三大镇之一。1940年9月16日,驻盱眙县城的日军近400人，趁中秋节之日侵扰双沟镇。正在过节的老百姓听到枪声弃家逃跑，日军用机枪向逃跑的人群进行扫射，杀害老百姓530多人，日军还抓住一个5岁孩子两腿活活撕成两半，并强奸妇女20多人，烧毁房屋3800多间。（冀－692页，李昌松）

【南京市"荣"字细菌部队制造的惨案】 1937年12月侵华日军占领南京后，于1939年在南京原国民党中央医院旧址建立了"中支那防疫给水部"，通称"多摩部队"，匿名"荣"字第1644部队，其部队长由731细菌部队长石井四郎兼任，后由大田大佐接任，再后由佐藤任部队长；该部有工作人员1500余名，下设总务部、防疫科、材料科、理化科、经理科；主要任务是研制霍乱、伤寒、鼠疫和赤痢等细菌。"荣"字第1644部队同731部队一样，除了用动物进行细菌试验外，还用活人进行细菌试验。1945年12月，一位当时有机会接近第1644部队的台湾籍人谢金龙证实：1942年他曾亲眼看见日军俘虏收容所所长森田中尉奉华中派遣军司令部第三课长广本上尉的命令，挑选了百余名中国俘虏到中山门中央医院旧址交给多摩部队做细菌试验。日本人把各种病菌注射到俘虏身上，观测其变化，结果在数天内，百余人全部死亡。1942年7月，"荣"字第1644部队部分官兵参加浙赣作战，把伤寒菌、副伤寒菌撒入战区蓄水池、水井、沼泽和民房，同时还把3000多个注入了各种细菌的烧饼分给中国战俘官兵吃，使他们带菌到各地传染疾病。1942年6月至8月，在浙赣战役中，1644部队用飞机播撒细菌，使金华、兰溪一带中国驻军及老百姓染恶疾死亡甚多。但也因此使参加作战的日军数千人染上疾病，住满了杭州日本陆军医院。1946年6

月，一个曾在1644部队服役，但不愿用细菌害人而逃跑到中国方面去的日军队员，在向远东国际军事法庭提供日军罪行证词时说："1942年6月7日，日军为了拔除浙赣地区的中国抗日基地，而进行惨无人道的细菌战，致使这一地区陆续发生大范围疾病，造成大批平民死亡，例如义乌县崇山村380多户人家，因被传染鼠疫而死的就有320多人，全家死光的有30多户。"此即是日军南京"荣"字第1644部队用细菌杀人的惨案。（辽大-452页，高兴祖 邹明德）

【吴江县芦、莘、厍、周四镇惨案】 1942年2月21日，日军千余人合击吴江县芦墟、莘塔、北厍、周庄四镇驻的国民党"忠义救国军"苏嘉湖促进纵队，双方激战20多天后，日军把占领之地作为报复的屠场，对芦墟、莘塔、北厍、周庄四镇进行大屠杀。20多天时间，日军共杀害老百姓1500多人，烧毁房屋300多间。（冀-695页，陆景宣 金冶）

11. 日军在陕西省制造的部分惨案

【西安市惨案】 1938年12月23日，日军出动飞机20架次轰炸西安城区，投弹80余枚，炸死炸伤130余人，炸毁四座清真寺和数十间民房。1939年4月2日中午，又有日军飞机7架次轰炸西安市区，投弹50多枚，炸死炸伤10余人，把西门内桥梓口防空洞门炸塌，致使躲在洞中的1000多名市民被活活闷死在洞内。同年10月11日下午，日机12架次轰炸市区东北的大华棉纺织厂，炸死工人12人、炸伤4人；炸毁厂房、烧毁物料总损失约1700万元（法币）。1940年，日机再次轰炸西安市区，炸死炸伤回民

200余人。(冀-543页,王宝成)

【高陵县惨案】 1939年10月13日日军飞机轰炸高陵县城,北街中和粟店被炸毁,炸死28人,重伤4人,轻伤23人。(冀-543页,王宝成)

【咸阳县惨案】 1940年8月30日至1942年12月,日军飞机先后12次轰炸咸阳县城内的工厂,投弹100多枚,炸死职工10人,伤数人,造成经济损失约30万元(法币)。(冀-544页,王宝成)

【宝鸡县惨案】 1938年4～5月间,日军出动飞机7架次轰炸宝鸡县城,炸死炸伤100余人。同年8月20日,日机再次轰炸该县城,向往北崖茹家窑防空洞逃跑的人群投炸弹,炸死20余人。同年11月29日中午,日机向城内市场轰炸,炸死平民17人。1939年7月,日机36架轰炸县城,炸毁燃油库和火药库,死伤600余人。第二天日机又来轰炸,在一个院内炸死中国军队新兵300多人。据统计,仅两天时间被日军飞机炸死炸伤达2000多人。11月,日机再轰炸县城,有30多名平民被炸死。1940年7月,日军出动飞机36架次轰炸宝鸡县城,炸塌三马路和北崖防空洞,闷死在洞内50余人。同年8月31日,日机轰炸宝鸡县城郊的渭河南乡村,伤亡近30人。1941年8月,日机轰炸渭河两岸,死伤平民近300人。(冀-544页,王宝成)

【凤翔县惨案】 1941年8月22日上午,日军飞机7架次轰炸凤翔县城,炸死军校官兵近70人。9月初的一天上午,日机27架排成"人字形"向县城投弹并扫射,有农民4人死伤。(冀-545页,王宝成)

【渭南县惨案】 1938年4月,日军飞机轰炸渭南县城老市场，炸死8人伤3人。10月12日上午，日机9架次轰炸县城，死伤4人，炸毁房屋6间。12月某日，日机轰炸县城北塘巷外，死伤14人。（冀-545页，王宝成）

【华县惨案】1939年3月9日，日军飞机轰炸华县县城，炸伤2人，炸毁民房8间。10月13日，日军出动飞机9架轰炸县城，炸死50余人，伤40余人。1940年6月24日，日机又轰炸县城南街，伤2人。1941年4月20日，日机8架在县城上空扫射，打死1人，伤60～70人。1945年3月31日，日机轰炸县城附近一列火车，炸死司机和工役各1人，伤10余人。（冀-546页，王宝成）

【潼关县惨案】1937年11月7日，日军飞机轰炸潼关县城，炸死旅客、小贩、车夫多人。1938年2月28日上午，日机12架次轰炸县城火车站，炸死铁路工人和车夫12人，炸死骡马5匹。同年7月10日下午，日机9架次轰炸县城，炸毁民房25间，把中国守军某部一个排的40多名士兵全部掩埋。1939年2月21日，日机轰炸县城，炸死居民3人、炸伤40余人，炸毁房屋70多间。1940年9月中旬，日机6架次轰炸县城南大街，投下毒瓦斯炸弹，麒麟山脚防空洞内7人全部窒息而死。同年9月某日，日机轰炸县城凤凰山，把防空洞震塌，洞内8人全部死亡。日军在潼关县多次轰炸总共造成358人死亡，文物及财产损失达16.37亿元之巨。（冀-547页，王宝成）

【韩城县惨案】1940年11月27日，日军飞机轰炸韩城县城中山堂后殿，关押在那里的50余名进步青年被炸死，被炸伤13人。（冀-548页，王宝成）

【澄城县惨案】1941年5月6日上午，日军飞机飞临澄城县城上空，轰炸了端正街、衙门前街、北门、北横街、南街小学等地，共计投弹几十枚，炸死14人，炸伤数人，炸毁房屋和窑洞20～30间（孔）。（冀-548页，王宝成）

【蒲城县惨案】1939年10月16日，日军出动飞机17架次轰炸蒲城县城，投弹200多枚，炸死平民41人，炸伤37人，炸毁房屋300多间。同年12月9日，日机8架次再次轰炸该县城，投弹44枚，炸死8人，炸毁房屋158间。1941年9月11日上午，日机5架次轰炸县城中山街、关帝庙等地，炸死5人，炸伤8人，毁房50余间。（冀-548页，王宝成）

【延安市惨案】从1938年11月20日至1941年8月4日，日军出动飞机先后17次轰炸延安。1938年11月20日、21日两天，日军出动30多架飞机，投弹150枚，炸死炸伤152人，炸毁房屋309间。12月12日炸毁民房100余间。1939年3月10日下午，日机14架次再炸延安，共投弹70枚，炸死6人。9月8日又有敌机43架次飞临延安，共投弹200多枚，炸死炸伤58人，毁房150余间。10月15日，日机71架次投弹120多枚，炸死10人、伤13人。（冀-549页，王宝成）

【府谷县惨案】自1938年3月5日至1940年2月7日，日军先后轰炸府谷县城109次，炸死炸伤174人，炸毁民房1300余间。（冀-550页，王宝成）

【神木县惨案】1939年12月15日上午8时许，日军出动飞机35架轰炸神木县城，在北川和东门外炸死居民30余人，炸毁民房百余处。（冀-551页，王宝成）

二、侵华日军在中国制造的部分惨案 1062 例

【延长县惨案】 1937 年冬至 1939 年 10 月，日军出动飞机先后 12 次轰炸延长县城，在交口、马家河、城区呼家川等地炸死居民 25 人，炸伤 18 人，炸死牲口 112 头，炸毁民房 31 间，炸毁石窑一孔，毁坏粮食 2100 斤。（冀－552 页，王宝成）

【南郑县惨案】 1938 年 3 月 13 日至 1944 年 9 月 11 日，日军出动飞机先后 32 次轰炸南郑县城，炸死无辜百姓 500 多人，炸伤 200 多人，炸毁民房 120 多间。（冀－553 页，王宝成）

【西乡县惨案】 1943 年 2 月 8 日至 1945 年 7 月 25 日，日军出动飞机先后 3 次轰炸西乡县城，炸死无辜百姓 6 人，炸伤多人，炸毁民房无数。（冀－554 页，王宝成）

【安康县惨案】 抗日战争期间，日军出动飞机先后 4 次轰炸安康县城，其中尤以 1940 年 5 月 1 日和 9 月 3 日造成的惨案最严重。5 月 1 日，日机 24 架次，投弹 180 枚，炸死炸伤平民 200 余人，炸毁房屋 12 余间。9 月 3 日，日机 36 架次投掷燃烧弹、毒气弹 500 多枚，炸死及炸伤无辜百姓计 800 余人（另说仅炸死即有 800 余人），炸毁烧毁民房无数，安康中学校舍及教学设备仪器均被烧毁。（冀－555 页，王宝成）

12. 日军在甘肃省制造的部分惨案

【兰州市惨案】 1937 年 11 月 5 日至 1941 年 8 月 31 日，日军出动 1700 多架次飞机，先后 38 次对甘肃省各地，特别是兰州市进行狂轰滥炸。据甘肃省政府 1947 年 10 月不

完全统计，兰州市及部分农村遭日机轰炸共死亡663人，炸伤680人，总伤亡1343人；炸毁震塌房屋11330多间，人民财产直接损失（按1947年8月兰州市批发价折成）达64789亿元。（冀-559页，拓志平 孟国芳）

13. 日军在上海市制造的部分惨案

【上海市五卅惨案】1925年5月30日清晨，上海各校学生和工人3000多人上街游行，散发传单，愤怒抗议上海内外棉厂日本资本家元术和川村枪杀工人顾正红的罪行。帝国主义租界心脏地南京路老闸捕房的英国巡捕开枪射击手无寸铁的游行学生和工人，何秉彝、陈虞卿等13人遭杀害，重伤数十人，造成震惊中外的五卅惨案。（辽大-46页，邢安臣）

【上海市"一·二八"惨案】东北沦陷后，激起全国人民的极大愤慨。上海反日运动如火如荼，日本政府命令驻上海总领事村井苍松采取对策。于是日本公使馆驻上海武官田中隆吉勾结日本特务川岛芳子（金碧辉）制造了日本莲宗教和尚被杀案，嫁祸于中国三友实业社的毛巾工厂，以制造事端。日本驻上海舰队司令盐泽幸一借机向上海调兵遣将，于1932年1月28日夜11时30分，命令日军陆战队6000多人向上海闸北中国驻军翁照垣部队发动突然袭击，制造了震惊中外的"一·二八"事变。在蒋光鼐、蔡廷楷的第19路军英勇抵抗下，打得日军三易主帅，终因在蒋介石不抵抗的命令下，日军侵占了上海。此役造成官兵死伤14000多人、市民伤亡5000多人、60000多人无家可归的惨案。（辽大-122页，邢安臣 姜淑清）

二、侵华日军在中国制造的部分惨案1062例

【上海市"八一三"大轰炸惨案】 1937年8月13日，日本帝国主义妄图用闪电式战术吞并中国，对上海大举进攻。日本军舰用重炮向上海闸北一带轰击，日本海军陆战队以公共租界为据点向闸北、江湾进攻。中国军队愤起抵抗，日军则出动大批飞机对上海狂轰滥炸。8月14日弹落南京路外滩，死伤中外市民100余人；弹落多亚路大世界附近，炸死800余人，炸伤600多人。8月15日弹落大世界游戏场门前马路炸死450余人，炸伤200多人。8月23日午后1时，日军飞机轰炸上海公共租界，炸死炸伤中外人士700多人。8月28日下午2时，日军飞机在南站附近投弹8枚，炸死炸伤800多人，并把南市一带平民住宅大部炸毁。8月31日，在杨行汽车站候车的难民及伤兵200余人全部被炸死。9月8日，日军飞机轰炸松江车站，把由上海驶往北京的列车300多名乘客炸死。日军军机在南翔、苏州、嘉兴等火车站炸死炸伤的难民及乘客达数万人以上。日军飞机在周家桥附近的远东木厂及顺昌石粉厂投弹，炸死炸伤300余人。在罗泾云范围内残杀老百姓2244人，炸毁民房10908间。受日军飞机轰炸而塌毁的高楼大厦、商店、学校等建筑物无计其数，造成从外白渡桥、百老汇路、平凉路、沪东等繁华街路残垣断壁。市府大厦也碧瓦破碎，檐折栋断，内部结构也被火烧光。1937年11月12日，日军侵占了全上海，开始了三天三夜的大烧杀。在金山卫把村里的一口赤旱塘变成了日军的杀人塘，把闸北区整个的石库门弄堂和繁华街道变成一片焦土。恒丰路、共和路一带，只剩下一幢孤零零的三层水泥楼房。现在的"三层楼"居委会之名由此而来。此即日军从1937年8月13日以后不到一百天时间内在上海制造的惊天惨案。（辽大－397页，

杨玉芝）

【宝山县大屠杀惨案】1932年1月28日，日军在上海发动侵略战争，即"淞沪战争"。其间，日军对上海北区江湾、吴淞、殷行、引翔、闸北、彭浦、真如等地进行狂轰滥炸。2月24日，日军在江湾东隆庙枪杀村民20余人，在张巷宅一带把70多名村民赶进一处草屋放火烧死。2月28日，日军在高境庙一个地窖内放火烧死避难的村民40多人。在徐家巷杀害村民17人。3月1日在浦西村夏家塘杀害村民40余人。日军把村民夏兴生用8枚大铁钉钉在木板上，惨叫一天一夜，直至血液流尽死亡。日军在侯家木桥轮奸妇女18人，奸后杀害。日军炸毁民房7539间，财产损失48687万元（法币），商店及工厂财产损失17391万元（法币）。1937年8月13日第二次淞沪战争，日军残杀平民达11233人，加上战争带来的瘟疫、饥饿死亡，全县有23000多无辜百姓死于战祸。1937年8月13日至10月27日，日军在三桥村用汽油烧死31名男女老少，用机枪扫射杀害30多名老人和小孩。在月浦乡沿江一带杀害无辜百姓2782人。在月浦乡西河村用机枪扫射杀害百姓800多人。在罗店镇把中国红十字会救护队队长苏克刀劈6段碎尸。日军还在杨家楼村杀害百姓121人。在大场村杀害村民443人，烧毁房屋2424间。在吴淞乡泗塘村杀害100多名村民。在淞南乡杀害612名村民，烧毁房屋2132间。日军还强奸妇女3672人。罗店镇谢家宅村吴某之妻怀孕临产，遭奸后被剥光衣服用腰刀剖肚挑出胎儿。1938年日军在宝山县建飞机场和修建军事设施，强行平毁87个村庄，烧毁房屋1841间，造成1690户村民无家可归。（冀-747页，孙铁群）

二、侵华日军在中国制造的部分惨案 1062 例

【金山卫惨案】1937 年 11 月 5 日拂晓，日军在飞机、大炮掩护下攻占了金山卫。进城后当日即杀害群众 71 人，烧毁房屋 94 间。据统计，日军在金山卫地区共杀害老百姓 1015 人，烧毁房屋 3059 间。（冀-751 页，史采）

【金山县松隐镇惨案】1937 年 11 月上旬，日军在松隐镇杀害屠光裕、沈六卿等 15 人。1938 年 4 月 13 日，日军在市南村用机枪扫射杀害 7 人。日军共杀害 170 多人，烧毁民房 1500 多间。（冀-752 页，朱子云）

【青浦县惨案】1940 年 4 月 14 日至 27 日，日军 4000 多人，对抗日根据地青浦县的凤溪、陆家角、刘夏等村镇进行大围剿。据不完全统计，日军共杀害 740 人，其中枪杀 119 人，刺刀戳死 366 人，烧死 72 人，溺死 20 人。烧毁房屋 1618 间，使 259 户人无家可归。（冀-756 页，王志涛 胡志俭）

14. 日军在江西省制造的部分惨案

【湖口县惨案】1938 年 6 月 24 日至 29 日，日军飞机数十架，先后 4 次轰炸长江中游湖口县城，炸死炸伤老百姓 140 多人。（冀-825 页，舒钟）

【湖口县周玺村机枪扫射惨案】1938 年 7 月 20 日晨，日军包围湖口县周玺村，把村民和外地逃难来的难民 100 多人（除留下 18 名青壮年做挑夫外）押进一栋大屋内，先用机枪扫射，再用刺刀捅，全部予以杀害。后又放火烧房，把全村 78 户房舍全部烧光。日军又把为其运送物资到童家垅的 18 名挑夫杀害了 16 名，只有 2 人逃出魔掌幸存。

（冀-825页，涂苏中）

【湖口县周家坞村机枪扫射惨案】1938年7月24日，驻石钟山三里乡的日军窜到周家坞村，见屋就烧，抓到人就杀。把村民周文力、周凤员、周志端等70余人押往村口田地里，用3挺机枪扫射全部杀害，并烧毁了34户村民的房屋。（冀-826页，屠苏）

【湖口县鸟林梵村机枪扫射惨案】1938年8月23日，日军窜至鸟林梵村，架起机枪扫射，将村民周旺名、周寿灿等50余人集体屠杀，并纵火烧毁76户村民的房舍。（冀-827页，屠苏）

【吉安县城惨案】1939年3月17日，日军出动飞机32架，低空扫射、轰炸吉安县城，投下的尽是燃烧弹，地面顿时火光冲天。不到1小时，就把吉安城最繁华的大街永叔路烧得满目疮痍。烧死居民400余人，烧伤200余人，吉安城的精华被付之一炬。（冀-828页，稷川）

【南昌县下瑶埠村惨案】1939年4月23日，中国国民党军队奉令反攻南昌，途经南昌县上瑶埠村附近时，剪断了日军地面铺设的电话线数十米，日军通讯中断。国军部队过后日军即进行查寻，认为是下瑶埠村民所为。因此日军把下瑶埠村包围进行烧杀，先杀大人后杀小孩，最后烧房焚尸。此次日军共杀害48人，最小的只有4岁，最大的50岁。（冀-829页，蒋文澜　徐勃）

【南昌县岗前村惨案】1939年5月3日，驻莲塘镇岗前村的日军，为报复国民党军第79师伏击日军之仇，把黄台、罗坊、黄家等6村老百姓抓到岗前村宗家祠堂，用刺刀挑和机枪射，杀害村民百余人，把所有尸体抛入祠堂

门前的一个大水坑内。(冀-831页,稷川)

【新余县河下火车站惨案】1939年4月2日,日军出动飞机3架跟踪追逐轰炸从宜春方向驶来的列车,列车行至河下火车站,乘客们争相下车逃命,遭日军军机扫射轰炸,共炸死旅客100余人,重伤30多人。(冀-831页,涂苏中)

【奉新县赤角村机枪扫射、铡刀铡惨案】1939年4月24日,日军把关押在赤角村潘氏祠堂内100多名村民押到村头水塘边,用机枪扫射,把中弹死亡的尸体扔进水塘;对受伤未死者,又用几口铡刀铡,有的被铡两三段,尸体也被扔进水塘里。日军在赤角村共杀害179人,有27户被杀绝。(冀-832页,涂苏中)

【进贤县温家圳惨案】1939年6月5日,日军出动飞机9架轮番扫射,还投弹24枚轰炸温家圳,把新街口、下街头、菜市场、谷厂、令公庙、桥北等地炸毁。共计炸死平民36人,炸伤100多人,炸毁民房5幢,炸死牛3头,炸毁民船4只。(冀-832页,张慧莱)

【新建县厚田乡机枪扫射惨案】1939年8月15日,日军侵占厚田乡,开始进行惨无人道的烧杀抢掠。他们在中国军队驻扎过的象潭、桐岗、四联等村放火烧房,抓来几百名老百姓用机枪扫射,有200多村民丧生在日军枪口下。(冀-833页,涂苏中)

【南昌县荷埠周村机枪扫射惨案】1939年10月2日晨,日军"扫荡"抗日武装,把南昌县荷埠周村包围,把全村人赶到司马地、四川地、烟草地、武练场四个地方。日军在司马地用机枪向人群扫射,老百姓还没明白怎么回事，就被日军射杀了450多人。在烟草地有123名妇女、老人和儿童被日军杀害。日军在武练场射杀120多人，抓住逃跑的30人全部将其活埋。日军在荷埠周村共杀害790余名无辜老百姓，杀绝52户，烧毁房屋750多间，把有着1100多户、5800余人的荷埠周村烧成废墟，连续6年村里没有人烟。（冀-833页，曾粮）

【进贤县罗溪镇惨案】1940年4月16日上午，正逢三县九乡商贸交易集散地罗溪镇贸易大集，集市中人头攒动、买卖兴隆。突然日军出动飞机47架次轰炸罗溪镇，从上午10时至下午7时，日机多次轮番轰炸，炸死平民100多人，炸伤100多人，炸毁民船100多条，把罗溪镇炸得到处是残垣断壁。（冀-834页，涂苏中）

【波阳县城惨案】该县城驻有中国守军及鄱阳湖警备司令部。1941年3月2日至3月中旬，日军飞机先后两次轰炸波阳县城，城内二条巷至四条巷、上宦岭至府门口、城隍庙、积谷仓、高门七胜庙、张王庙、天主堂等地均遭轰炸，炸死居民50多人。该县监狱遭炸，死伤犯人20余名。炸毁房屋150余栋。1942年6月26日，随着鄱阳湖水不断上涨，日本海军陆战队在尧山登陆侵占波阳县城，进城后日军杀害居民227人，强奸妇女十几名。（冀-836页、841页，涂苏中）

【波阳县石门街惨案】1941年9月9日中午，日军飞机4架轰炸石门街，投弹40余枚，炸死村民36人，炸伤近100人，炸毁多间民房。（冀-837页，涂苏中）

【鹰潭县城拉扯胡须和阴户插竹竿惨案】鹰潭县是江西省东南部重要抗日根据地，因而成为日军轰炸的主要目标。1941年5月至1942年6月，日军飞机几乎天天轰炸鹰潭镇，最严重的有3次，先后炸死抗日军人、平民百姓10000多人，炸伤无数，炸毁房屋1000多栋，炸毁木船100多艘。1942年6月29日，日军侵占鹰潭县城后，不仅滥杀无辜，还毫无人性地杀人取乐。7月上旬的一天，日军在夏埠祝家村抓住两位70多岁的老人，日军把两位老人的"山羊胡须"拢结在一起，威逼老人互相拉扯胡须，直至把两位老人活活捉弄死。在东溪村抓住7名妇女，扒光衣服绑在树上轮奸。把一名正在经期的姑娘的阴户插入竹竿致其死亡。在一个多月的时间内，日军共杀害平民55人，强奸妇女几十人，烧毁房屋1000多栋。（冀－837页、842页，舒钟）

【赣州市惨案】1942年1月5日，日军飞机28架次轰炸赣州市，把繁华的赣州城变成一片火海，中山路、文清路和公园附近闹市区的商店、银行、机关、学校和居民住宅全都化为灰烬。炸死居民200余人，炸成伤残300余人，炸毁房屋1000栋。（冀－837页，稷川）

【进贤县城惨案】1942年6月2日下午，日军侵犯进贤县县城民和镇，开始野蛮地进行烧杀。6月3日，日军把躲在天主教堂的100多名平民捆绑在东门外，全部推入镇东桥下的河里活活淹死。日军还窜到夹洲王家村活埋了18名农民，并烧毁房屋200多栋。（冀－838页，张慧荣）

【进贤县曹家村惨案】1942年6月17日，日军侵犯曹家村，在村口架起机枪封住道路，进村后杀害了80多名手无寸铁的村民，烧毁100多间房屋，把财物抢劫一空。（冀－839页，张慧荣）

【余干县城刀挑幼儿取乐惨案】余干县濒临鄱阳

湖，境内湖泊众多，港汊交错，河渠纵横。1942年6月22日，日军侵占余干县城，推行"杀光、烧光、抢光"的"三光"政策。从6月22日沦陷至8月21日撤退，在60多天时间里，日军在县城杀人取乐、无恶不作。一个日军在县城附近的十甲村杀死一名3岁小孩，刺刀从腹部戳入背后穿出，日军竟扛着这杆刺刀串着孩子的步枪招摇过市。日军在县城搜寻到一批女人，强令其集中在一起脱光衣服供日军取乐。日军共杀害无辜老百姓388人，并纵火6次，烧毁民房3997栋，烧毁店房2663栋，烧毁船只30多条。（冀-839页，涂苏中）

【横峰县惨案】1942年5月浙赣会战后，从浙江西进与从南昌东犯的两路日军在江西省横峰县城会合，从6月29日至7月6日的8天中，两个旅团的日军在横峰县城及近郊农村，杀人放火强奸妇女，共杀害平民83人，打成重伤63人，强奸妇女200多人，烧毁房屋3000多栋。（冀-841页，屠苏）

【鹰潭县项家岭机枪射杀惨案】1942年5月"浙赣会战"后，国军和日军双方争夺铁路钢轨。日军利用鹰潭便利的水运，在铁路沿线抓来2000多名青壮年劳工，抢拆路轨、抢运堆积的钢轨运回日本国内。抢运完成后，1942年8月7日，日军即对劳工分批进行大屠杀。每批48至60人，用绳子把劳工的手串绑在一起，押至鹰潭镇龙头山项家岭用机枪射杀，被杀害的尸体成串滚入信江中，被江水冲走。日军用此种手段杀害了2000多名劳工，只有宋龙儒、夏伙泰、黄佑林3人中弹没死，又会凫水，才死里逃生。（冀-843页，涂苏中）

【南昌县塘南地区惨案】1942年7月17日深夜，

日军包围了南昌县塘南地区，该地区是日军与中国军队交战地界。日军在塘南拓林街把120多名逃难的老百姓赶进令公庙，在戏台上架起机枪，令老百姓在庙内集合排队。然后将庙内群众6人一组，一批批推出庙门在河岸枪杀或刺死。最后只剩下藏匿在戏台底下乱草堆中的张贵娇及儿子黄金山母子二人逃生。日军在塘南的陈村、马河口等村庄，见人就抓，见物就抢，见房就烧，疯狂推行"烧杀以助军威，奸淫以助军乐，抢劫以助军食"的野蛮政策。把沿路抓来的男女老幼赶到马河口村，从人群中挑出20多个身强体壮的男人，逼迫他们往据点挑运抢来的财物，其余的均被关押在一间大屋里，日军在房顶浇上汽油，把老弱妇女儿童关在屋里然后施放喷火器烧房，刹那间，油促火势，风助火威，火光冲天，屋内人全部烧死。那些被逼挑运财物的农民到了据点后，连同从其他地方抓来的70多个农民一起被日军赶到野猫洞，当作训练刺杀的靶子予以刺死，被刺伤的陈凤水被压在尸体下而侥幸生还，身上一直留下两处刀疤。7月18日，日军在西塘沟附近的各村抓捕200多人，都被当作活靶子射死在抚河岸边，尸体填满了西塘沟。200多名被害群众中，只有陈林根、陈全婆等5人虽身受重伤，却在尸体掩盖下死里逃生。日军在塘南地区14个地点共杀害860余人，先奸后杀妇女几十人，烧毁房屋723栋。（辽大－564页，汪祖德 温锐；冀－844页，曾粮）

【进贤县蚂蚁峡惨案】1942年8月19日下午，日军窜入李渡镇许家村，杀害5名老人后，沿途追击逃难农民至蚂蚁峡。蚂蚁峡的密林和蒿草中隐藏着李渡镇、长山乡、城前乡等地避难的老百姓几千人。日军在蚂蚁峡附近

山头用步枪和机枪向藏人的地域射击，杀害了避难的老百姓200多人。(冀-844页，屠苏)

【余干县枥窝村惨案】 1942年8月中旬的一天，日军到余干县枥窝村抢劫农民财物，并抓捕一些船民为他们装运财物。中午过后，日军把抓来的100多名为其装运财物的船民关押在村里念佛堂，每10人分成一批，绑成一串，拉到念佛堂门外稍远一点的空地上用刺刀刺死。在捆绑第二批人时，屋里有2人打倒门岗哨兵逃跑，并大声呼喊："打出去，不能等死。"人们纷纷从屋里往外逃，日军疯狂地追赶射杀。然后把大门封住，并浇上汽油，放火烧念佛堂，没跑出去的人全部被烧死。此次日军在枥窝村念佛堂共刺死、烧死36名老百姓。(冀-845页，稷川)

【泰和县惨案】 1945年7月7日至7月25日，日军27师团与40师团在赣州会合后，沿赣江向南进犯，途经泰和县13个乡及江西省战时省会泰和县城时，对其进行毁灭性破坏，烧毁了青石桥、后街、半边街、前街、横街、公路桥、武阳桥等处300多栋房屋，并在全县13个乡村杀害603人（其中男404人、女176人、16岁以下儿童23人），重伤265人，轻伤321人，强奸妇女几十人，烧毁房屋2125栋。(冀-847页，涂苏中)

15. 日军在福建省制造的部分惨案

【漳州市惨案】 1937年8月26日至1944年5月，日军出动飞机81架次多次轰炸漳州市，共投弹348枚，炸死平民189人，炸伤217人，炸毁房屋数百间。(冀-851页，芗文)

二、侵华日军在中国制造的部分惨案 1062 例

【建瓯县城惨案】1937 年 8 月 30 日至 1945 年 3 月 29 日,日军出动飞机 761 架次轰炸建瓯县城,投弹 2581 枚,死伤居民 869 人,炸毁房屋 650 座。(冀－852 页,潘芳)

【宁德县惨案】1937 年 9 月,日军在三都岛登陆,10 月 5 日,日军用水雷炸死渔民 13 人。1939 年 8 月 27 日至 1945 年 5 月 26 日,日军飞机先后 4 次轰炸宁德县城乡,炸死平民 24 人,炸毁了 108 家住房。在蕉城镇、濂坑乡、八都、七都乡等农村杀害村民 48 人。日军在宁德县共杀害老百姓 109 人,造成财产损失 2 亿多元(法币)。(冀－853 页,周孝钧)

【厦门市惨案】1938 年 2 月 3 日至 24 日,日军出动飞机多架次轰炸厦门市区,炸死居民 18 人,炸伤 21 人,炸毁房屋 63 间。5 月 11 日下午,日军攻占厦门市区,自此厦门市沦陷 7 年多,其间日军烧、杀、强奸妇女无恶不作:在城区和郊区农村以各种手段残杀老百姓 500 多人。在城区以查户口为名入户强奸轮奸妇女,被日军奸污人数无法计算。日军用水雷封锁海域,限制渔民远海捕鱼,凡是偷着出海越界的人就会船毁人亡。日军实行粮食配给制,每人每月仅配给 2 斤,造成许多人因饥饿而死,每天都有一二十人被饿死的事件发生。(冀－855 页,洪卜仁 罗钟)

【长汀县惨案】1938 年 4 月 30 日至 1943 年 11 月,日军出动飞机 78 架次先后 15 次轰炸长汀县城及郊区,投弹 551 枚,炸死老百姓 248 人,炸伤 204 人,炸毁 397 间店铺,炸毁民房 1409 间,炸毁 14 艘民船,造成财产损失 3 亿多元(法币)。(冀－859 页,文事实)

【海澄县惨案】1938年5月至1939年9月中旬，日军出动飞机23架次，投弹49枚，轰炸海澄县城，炸死居民142人，炸伤35人，炸毁房屋40余座，造成财产损失1.43亿元（法币）。（冀-861页，郭士杰）

【同安县惨案】1938年5月至1943年，日军出动飞机40架13次轰炸同安县及该县境内马巷乡、下潭民港口、琼头村、潘涂村、瑶亨乡、振南乡、舫山乡、澳头村等地，投弹113枚，炸死老百姓214人，炸伤70多人，炸毁渔船5艘，炸毁房屋890座。（冀-863页，协文）

【东山县惨案】1938年至1944年6月间，日军军舰和飞机多次侵扰东山县，日舰在沿海向村庄发射千余发炮弹，并出动飞机127批、356架次轰炸东山县城及农村，投弹1361枚，炸死老百姓892人，炸毁房屋2456间，炸毁渔船237只，7000多亩良田被毁，财产损失800万两银元以上。（冀-864页，东文）

【浦城县城惨案】1938年5月27日至1943年9月1日，日军出动飞机181架次，先后4次轰炸浦城县县城，投弹1040多枚，炸死居民190多人，重伤49人，炸毁房屋532间。（冀-866页，邱文彬）

【龙溪县石马镇惨案】1939年2月12日至1943年7月7日，日军出动飞机69架次，先后18次扫射轰炸龙溪县石马镇，投弹66枚，炸死居民87人，重伤210人，炸毁民房160余间。（冀-867页，郭士杰）

【连江县惨案】1939年3月至1945年5月，日军飞机多次轰炸连江县城及广大农村，使全县5583户人家遭难；炸死老百姓699人，炸伤131人，炸毁房屋644座、2127

间。1941年4月19日，日军从连江县小澳登陆，20日侵入县城，用机枪扫射打死逃跑的居民20多人。1945年5月19日，日军在县城抓捕700多人当挑夫，随日军从连江出发，经罗源、宁德、福鼎县至浙江省乐清县，一路受尽折磨，不少人死于途中，活着回家的不及半数。（冀-868页、889页，连文）

【闽侯县马尾镇惨案】1938年6月12日至1941年4月21日马尾镇沦陷，日军飞机先后107次轰炸马尾镇，炸死94人，炸伤92人。（冀-869页，林萱治）

【福清县惨案】1939年5月27日至1941年9月2日，日军出动飞机20多架次轰炸福清县城乡，投弹几十枚，炸死老百姓160多人，炸伤310多人，炸毁房屋140多间。（冀-871页，具融资）

【惠安县惨案】1939年5月31日，日军出动飞机7架轰炸惠安县县城，炸死8人。1940年8月5日，日军飞机轰炸蜂尾村，炸死船民4人，伤2人，炸沉装满3000余担白糖、桂圆的货船3艘。1940年7月16日，日军在惠安县登陆，杀害148人，重伤9人，烧毁房屋78间，烧毁船63艘。（冀-872页，庄澄甫）

【永安县城惨案】1938年6月3日至1943年11月4日，日军出动飞机110多架次，先后11次轰炸永安县城，投弹200多枚，炸死居民560多人，炸伤40多人，炸毁房屋1000多间。（冀-874页，邓家焕）

【福鼎县惨案】1938年至1942年，日军从海上炮击福鼎县沿海村庄沙埕镇，炸死居民34人，炸毁民房1000余间。1945年6月8日，日军在福鼎县白琳、点头、秀岭等农村及县城杀害老百姓 133 人，轮奸妇女 10 多人，烧毁房屋 120 多间。日军还在老百姓家的谷仓、米缸、酱缸、饭锅等处拉屎撒尿。（冀 -881 页，林振秋）

【惠安县崇武镇惨案】 1940 年 7 月 16 日晨，日军从军舰上向崇武镇开炮射击，有 25 名无辜老百姓被炸死。日军海军士兵又从后海、三屿、港关三个港区登陆，侵犯崇武镇，敌机则在崇武、獭窟上空投弹扫射，掩护地面日军在溪策乡各村烧杀抢掠、强奸妇女。直至下午 6 点多钟日军才撤回军舰。此次日军在崇武镇及相邻乡村共杀害老百姓 106 人，重伤 3 人，烧毁房屋 154 间，受到严重毁坏的房屋 412 间，大小船只被毁 495 艘。（冀 -883 页，庄澄甫）

【晋江县永宁镇惨案】 1940 年 7 月 16 日晨 4 时许，日军两艘航空母舰从外海直逼深沪湾，又有 6 艘军舰、4 艘登陆快艇、数十只橡皮艇从深沪湾入口驶向永宁镇，把深沪湾水域封锁，7 架日军飞机对永宁附近村庄低空扫射轰炸。日军乘坐快艇和橡皮艇登陆侵占了永宁镇的制高点宁东楼，在永宁镇共杀害村民 80 多人，奸污妇女 30 多人，烧毁房屋 40 多间，烧毁各类渔船、商船 300 多艘。（冀 -884 页，高武铺；辽大 -475 页，王大同　陈培坤）

【福州市惨案】 1941 年 4 月 21 日至 9 月 3 日，日军占领福州市 134 天，日军在福州市杀人放火、强奸妇女，无恶不作：遭日军飞机轰炸死伤市民 380 余人；用机枪扫射、活埋、剥皮、电刑、砍头等手段在东门岳峰山刑场杀害市民近 600 人；强奸妇女 119 起，有 30 多名妇女奸后被杀。1944 年 10 月 4 日福州市第二次沦陷，日军盘踞 236 天，残杀平民 39 人，致重伤 29 人。炸毁房屋 2745 间，烧毁房屋 5206 间。（冀 -890 页，林萱治）

【长乐县惨案】1941年4月19日至9月30日,长乐县第一次沦陷。日军在长乐县罗钦乡莲角村、岭沙乡沙岭村、金峰镇集仙桥村、沙壶屿乡沙京村、北青乡山村等村庄杀害村民320人,伤220人,烧毁房屋2291间,掠走稻谷1712担,宰杀耕牛319头。1944年10月5日,长乐县第二次沦陷。日军杀害村民100多人,烧毁房屋176间,宰杀耕牛649头。(冀-893页,航文)

【罗源县惨案】1945年5月20日,日军自福州撤出的第23混成旅团从连江进入罗源县境,历时7天。过境日军途经32个村镇,杀害村民72人,受重伤30人;强奸妇女50多人,其中有10人致残致死。烧毁房屋500多间,98家商店遭掠,使7951户人家受害。财产损失2448万多元(法币)。(冀-899页,周振星)

16. 日军在台湾省制造的部分惨案

【台湾省惨案】1895年(清光绪二十一年)6月17日,日本侵略者在台北设立总督府,实行以总督为首的军警专制统治,血腥屠杀台湾人民。1895年7月14日,日军侵占大溪、中坜附近的龙潭坡街市,杀死乡民73人。7月16日,日军在大溪刺死乡民近200人。7月23日,日军少佐松原率兵在板桥街、四汁头、土城刺杀乡民270多人,烧毁民房900栋以上。同日,日军少将山根率部队进入三角涌(今三峡镇),屠杀乡民200多人,烧毁民房1500多栋。7月24日,日军大佐内藤率军又在三角涌附近乡村屠杀老百姓400余人,烧毁民房1000间以上。8月2日,日军少将山根和大佐内藤攻入新埔街,杀死新埔联庄总局徐公会馆250余人，杀害无辜百姓5000多人，烧毁民房8000多间。同年8月，日军在南侵苗栗、台中、彰化，沿途强奸妇女，烧杀抢掠，杀害义军和老百姓900多人，强奸妇女60多人。在进攻嘉义时造成500多名台湾军民伤亡。10月11日，日军在攻占铁线桥时，杀害老百姓500余人。10月中旬，日军在进犯台南曾文溪等地时，杀害2000多名台湾人。10月21日，日军攻占台南，把600多个俘虏置于太阳下暴晒30个小时，不给水喝，许多人因暴晒、饥饿而晕厥后又被日军乱刀刺死。11月，日军宣布全台湾"平定"之后，便在台湾进行"清庄"运动，在"清庄"运动中，每个村庄被杀害的民众至少都在50人以上。1896年，日本台湾总督颁布了《匪徒惩罚令》，在这道残酷的法令下，台湾人民被无辜杀害10000余人。1897年1月2日至13日，日军在台北附近进行大搜捕，将所谓的抗日"匪巢"全部烧光，屠杀500多名起义民众。在罗东杀害了70多名平民。在宜兰周围杀害民众1500多人，烧毁民房10000多间。至2月16日止，义军被日军杀害1454人，被日本宪兵杀害377人。（辽大-10页，黄福才）

【云林县惨案】1896年（清光绪二十二年）6月，台湾中南部人民在柯铁等人领导下发动反日起义，以云林县斗六镇东南大坪顶（起义后改称"铁国山"）为根据地，与日军对峙。6月16日，日军围剿大坪顶山，见人就杀，见房就烧，斗六镇及周围70多个村庄连续5天5夜遭日军大屠杀，被杀害的平民百姓达30000多人，烧毁房屋4300多户，把云林县东南一带造成"路绝行人，炊火无烟，市街暗寂，鸡犬无声"。村民血肉飞散，村庄变成焦土，田园荒废。（辽大-10页，黄福才；冀-1265页，郭贵儒）

二、侵华日军在中国制造的部分惨案 1062 例

【台湾中南部惨案】 1897 年 1 月至 3 月,日军在台南番仔山围剿陈发、蔡爱抗日义军,把三里四方连村落统统烧光,杀害陈发等义军和老百姓 1659 人。1898 年(清光绪二十四年),日本政府任命儿玉源太郎为"台湾总督"。儿玉源太郎采取怀柔、欺骗、讨伐、镇压相结合的策略,企图各个击破各地的抗日义军。其诱骗手段在台湾北部起到一定瓦解作用,义军抗日活动大大削弱。儿玉源太郎把镇压重点转向台湾中南部。于 1898 年 11 月 12 日至 23 日,讨伐云林一带抗日义军;11 月 27 日至 12 月 14 日讨伐淡水溪一带抗日义军;12 月 20 日至 27 日讨伐打狗(今高雄)一带抗日义军。三次讨伐中共杀害台湾人民 2053 人,伤者不计其数。烧毁房屋 2783 间,未完全烧毁者 3030 间。1901 年 3 月,日军对詹阿瑞等人率领的反抗日本殖民者垄断樟脑、食盐专卖等暴政而起义的抗日义军进行围剿,杀害詹阿瑞义军 1900 多人,被抓后判处徒刑的 800 余人。(冀 - 1265 页,郭贵儒;辽大 - 10 页,黄福才)

【后壁林惨案】 1902 年 5 月 30 日至 6 月 4 日,日军用大炮等重武器围攻台湾南部著名的抗日集团领袖林少猫驻地打狗(今高雄)以南十二三公里的凤山后壁林村(今凤林村)。林少猫率部队奋勇抵抗,因寡不敌众,林少猫及亲友和乡民 4539 人全部被杀。日军为斩草除根,又以凤山和屏东为中心,"讨伐"林少猫武装残余,一直持续到 8 月中旬,在各地又杀害抗日义军及嫌疑者 524 人。1907 年又爆发了蔡清琳等领导的北埔抗日斗争,日军大肆进行镇压,杀害义军及群众 2200 多人。(辽大 - 10 页,黄福才;冀 - 1266 页,郭贵儒)

【苗栗县惨案】 1913 年 3 月,以罗福星领导的"华

民会"、"三点会"、"同盟会"、"革命会"等秘密抗日革命组织在苗栗召开革命同志代表大会,发起驱逐日寇活动,被日本警察发觉后,逮捕了罗福星等931人,其中罗福星等221人遭杀害,285人被判刑。罗福星临刑前赋有遗诗:"海外烟氛突一岛,吾民今日赋同仇。牺牲血肉寻常事,莫怕生平爱自由。"(冀-1266页,郭贵儒;辽大-10页,黄福才)

【噍吧哖惨案】1915年7月6日,以余清芳为领袖的"大明慈悲国本台征伐天下大元帅"宗教抗日义军数千人,进攻噍吧哖支厅牛港仔山,7月9日又突袭甲仙埔支厅及附近几处日警派出所,杀死日警数十人。8月2日再袭南庄派出所,攻进噍吧哖市街,占领支厅,旋又乘胜攻占虎头山。日本驻台北总督闻讯大惊,调集大批军警围剿起义军。余清芳带领起义军退入山地,日军对附近20多个村庄的居民开始疯狂大屠杀,有3200多人遭日军集体杀害。8月22日,余清芳等1957名抗日志士被捕,其中866人被判死刑遭杀害。台北总督府检察官上内恒三郎承认:"处死刑者超千人,为世界裁判史上未曾有之大事件。"此即日军制造震惊台湾的"噍吧哖惨案"。(冀-1267页,郭贵儒;辽大-10页,黄福才)

【雾社惨案】雾社位于台湾中州能高郡(今属南投县),居住数支泰雅尔人。1930年10月上旬,马骇坡社人举行婚礼,日本警察吉村路过此地,罗达奥长子向吉村敬酒,反遭吉村刁难和毒打。社首领罗达奥和众山胞在愤极之下痛殴吉村,吉村记仇在心。又因日本当局在雾社马骇坡大肆伐木,日本监工常吊打伐木工人致死,由此引起雾社人对日本人极深的仇恨。10月27日,罗达奥率领起义山民数百人冲进雾社公小学运动场，杀死参观运动会的能高郡郡守，打死台中州蕃务嘱吒日本人139人，打伤10人，并攻占雾社警察八室及12个驻在所。为此，日军调集1181名军警开始镇压雾社人民。日军用飞机、大炮、毒气弹向雾社6个居住区进攻围剿，炸死、毒死900多人。1931年4月25日，日军又杀害斯克、罗多夫等雾社山民250多人，并把这位抗日民族英雄罗达奥的头颅割下，放在台北帝国大学，当作民族学"标本"示众。直到台湾光复，其遗骨才得以安葬故里。（辽大－87页，黄福才；冀－268页，郭贵儒）

【高雄惨案】日军大举侵华后，日本侵略当局在台湾强征20岁至40岁男性青壮年到大陆参加侵华战争。台湾人民不愿为日本侵略者当炮灰。1938年10月8日、11日两天，高雄市、六甲等地发生了袭击日本警察的反战暴动，被日军包围，参加暴动的民众200余人被日军杀害，另有4000～5000人被捕入狱。1939年3月13日，高雄地区强征入伍的1000多名农民正要被押往大陆日军侵华战场，他们领到枪支后在高雄车站突然"哗变"，与日本宪兵激战半日，有600多名义士惨遭杀害。（冀－1269页，郭贵儒）

【东港惨案】1941年11月，原台湾文化协会主要成员吴海水有反日举动，被日本当局逮捕，吴被刑讯逼供供述东港有所谓"联络机关"，张明色为"负责人"。1942年，日本警察逮捕了张明色，逼他供出台南市律师欧清石是反日"主谋"。日本警察据此抓捕200余名知识分子关进监狱，许明和等人在刑讯中被打死。到1945年8月日本投降时，关在狱中的200多名知识分子仅有4人幸存，余者皆被日军残害致死。（冀－1269页，郭贵儒）

【台湾大学惨案】 台湾大学前身即日据时期的"帝国大学",蔡忠恕是台北"帝国大学"学生,也是台湾学生抗日运动领袖。1944年,在祖国大陆人民抗日浪潮的影响和激励下,蔡忠恕串连200多名学生秘密集会,酝酿反日起义,以期驱逐日寇,收复台湾,迎接抗战胜利。但不幸消息泄露,4月,日本警察大肆搜捕参加反日活动的学生,蔡忠恕等1000多人被捕入狱。蔡忠恕受尽酷刑折磨,惨死于狱中。(冀-1269页,郭贵儒)

17. 日军在河南省制造的部分惨案

【安阳县城机枪扫射惨案】 1937年11月5日,日军侵占安阳县城,西起小西门,东至裴家巷,南沿西营街,北至北马道,挨家挨户地枪杀、刀刺无辜群众。日军把居民驱赶到裴家巷口至西营街一带,用机枪扫射,杀害了2000多人,家人遭难者占总户数的60%,被日军搜到的妇女均遭奸污,还被烧毁房屋900多间。(冀-906页,陈传海)

【新乡县何屯村惨案】 何屯村位于新乡北两华里平汉路潞王坟车站,自1938年2月14日至2月17日连遭日军3次大屠杀。2月14日,日军包围何屯村,以搜查国民党29军军用物资为名,杀害村民38人。2月16日拂晓,日军又用机枪大炮轰击何屯村,杀害村民29人。2月17日,日军再次以"清乡"为名,杀害何屯村老百姓37人。前后3次屠杀共有104名村民遭杀害。(冀-907页,何振清)

【郑州市惨案】 1938年2月14日上午10时左右,

郑州市民正兴高采烈地在大街上耍龙灯、跑旱船、踩高跷、扭秧歌，欢度元宵节。日军飞机突临郑州市上空，在火车站、市区商业中心投下多颗炸弹，把大同路西段、一马路一带的华阳春饭店、华安饭店、五洲旅馆等处炸成一片焦土。从这一天起至1939年3月17日，日军飞机9次轰炸郑州城区，市内的火车站、商业区、居民区及郊区农村都遭到严重破坏。计炸死炸伤居民2500多人，炸毁房屋3000余间。（冀－908页，陈传海；辽大－218页，陈传海）

【新乡县同庆里机枪扫射惨案】 1938年2月16日，日军侵占新乡县城，即在城区四周多处设卡盘查行人，搜捕"可疑分子"。不到一周时间，就把南来北往的路人当作反日人员杀害了2300多人。这些人多数是青壮年，日军把他们成批地驱赶到铁路西侧、卫河南沿的同庆里大坑边，用机枪扫射或刀砍、狼狗咬等手段予以杀害。（冀－909页，李兴亚　李来身）

【濮阳县曹锁城村惨案】 1938年3月8日，日军2000多人包围国民党第29军驻地曹锁城村。双方激战后，日军进占曹锁城村，把村民当成发泄仇恨的对象，见人就杀，见房就烧。计杀害村民268人，11户被杀绝，烧毁房屋792间。（冀－910页，濮澶）

【温县南孟封村惨案】 1938年3月8日，日军5名骑兵到温县南孟封村、南冷一带骚扰，被抗日游击队击毙4名。第二天日军到南孟封村进行报复，把未逃跑的村民赵遂兰砍头杀害，挖出孟传师的心脏，用轧杆活活压死赵应兰，然后用刺刀捅、枪击、火烧等手段杀害村民120多人，把全村房屋变成瓦砾。（冀－910页，焦温　凤林）

【浚县县城惨案】 1938年3月26日至29日，日军与国民党 68 军一部交战多次后攻占了浚县县城，即开始疯狂地杀人放火。在东门外城壕里，日军共枪杀居民 100 多名。在东门里煤场里捆绑住 100 多人，然后用刺刀一个个地刺死。在北街，日军把 30 多人绑跪在城墙垛口上一齐枪杀。3 天时间里，日军在浚县县城共屠杀居民 4500 余人，杀害佛教、道教信徒 24 名，奸淫妇女 500 余名，毁坏房屋 1000 余间，毁坏庙宇 30 多处。（冀 -912 页，郑永立）

【孟县干沟桥村惨案】 1938 年 3 月 22 日，日军"扫荡"时遭国民党军第 166 师和地方团队阻击，日军伤亡 200 多人，余部宿营于干沟桥村。夜间，日军命令各家开门"欢迎皇军"。次日晨，日军把全村 300 多名未逃跑的村民赶到村东大庙里，以抗拒"皇军"为名，屠杀 246 人，伤 15 人，烧毁房屋 180 多间。（冀 -914 页，陈传海）

【长垣县城机枪扫射惨案】 1938 年 3 月 24 日中午，日军与国民党军队在长垣县城激战后侵占县城，见人就杀，不分男女老幼，远者射击，近者刀砍，大街小巷到处尸横满地。中午过后，日军把四关五街的居民赶进城中心黉学院内，大门口架起机枪封路，把人群逼进崇圣祠大殿内，然后用机枪向大殿疯狂扫射。200 多名手无寸铁的居民全被杀害。日军在县城两天里残杀无辜百姓 1700 余人，烧毁许多间房屋。（冀 -914 页，张会建）

【滑县陈营村惨案】 1938 年 4 月 8 日，日军密探侦知国民党濮阳行政督察专员丁树本率部夜宿陈营村，遂包围了陈营村。双方激战后，陈营村沦陷。日军见人就杀，见房就烧，共杀害村民 126 人，其中包括婴儿和年迈的老人，12 户被杀绝，烧毁房屋 724 间，烧死牲口 80 余头。（冀 -917 页，陈传海）

二、侵华日军在中国制造的部分惨案 1062 例

【滑县程坡寨惨案】1938 年 4 月 13 日，日军与李虎臣、李旭东率领的"光复军"在滑县程坡寨一带交战。李旭东率队撤退，李虎臣孤军与敌拼搏，后中弹以身殉国，其所部官兵 200 余人均壮烈牺牲。日军攻占程坡寨村后，杀害 43 名村民，烧毁 138 间民房。（冀－917 页，杨天恩凤林）

【范县濮城镇烧活人惨案】1938 年 4 月 26 日，日军侵占濮县县城（今范县濮城镇），不管男女老幼，对居民远者枪击，近者刀刺。居民纷纷躲在北街德国人办的耶稣教堂内。日军把人们从教堂赶出来，分别关押在北关王广禄和张华斋两家的院子里，用铁丝串住及绳子捆绑，迫令一个挨一个躺下，压上门板、木材，浇上汽油，点火烧死 152 人，有的妇女抱着婴儿一起被活活烧死。日军还把人们拴在开动的汽车上活活拖死。日军在濮城镇共杀害 10000 多名居民，奸污妇女近 500 人，烧毁房屋 300 多间。（冀－918 页，濮范）

【新野县孙楼村惨案】1938 年 5 月 9 日，日军向唐河县进犯时，途经新野县孙楼村，与由台儿庄战场撤下来的国民党第 59 军第 108 师交战。双方激战 4 小时，第 108 师伤亡 400 余人，日军死伤 300 余人。战后，日军对孙楼村进行报复，杀害村民 17 人，烧毁房屋 32 间。（冀－919 页，锡朋）

【驻马店镇惨案】1938 年 5 月 18 日、20 日，日军飞机 18 架次两次轰炸驻马店镇近郊农村，炸死村民 100 多人，炸毁许多民宅。拥有 3 万余人的繁华小镇驻马店，三天之内遭日军两次轰炸，由此变成萧条落败的街区。（冀－

920 页，陈传海；辽大-219 页，陈传海）

【夏邑县杨集村惨案】 1938 年 5 月 24 日，日军侵占夏邑县杨集村并挨门逐户地搜查，把 100 余名男女老少赶到东门西北角一个大坑内残杀，还强奸妇女 10 多名。他们还把村民刘某的妻子轮奸后杀死，并挑开剖腹部将 8 个月的胎儿挑死。（冀-920 页，夏商　凤林）

【商丘县朱集镇惨案】 1938 年 5 月中旬，日军飞机 20 余架次先后两次轰炸商丘县朱集镇（今商丘市），炸死民众 500 余人，炸毁民房 100 余间。5 月 27 日，日军控制了朱集火车站及通往县城的公路后，即对周围村庄进行"扫荡"，杀害徐庄、大陈庄等的村民 34 人，烧毁民房 300 余间。（冀-921 页，锡朋　永安　敬修）

【开封县王和寨村惨案】 1938 年 5 月 25 日，日军与国民党部队在王和寨村交战后，侵占了王和寨村，见人就杀，见房就烧，不能逃难的老人和妇幼成了日军残杀的对象。日军共杀害村民 103 人，烧毁房屋 180 多间。（冀-921 页，任洪友）

【商丘县毛堌堆集机枪扫射惨案】 1938 年 5 月 28 日，国民党第 40 军从徐州向西撤退，路经商丘县毛堌堆集，留下八九十名伤病员在客店中。日军突然包围毛堌堆集挨家挨户地搜查，国民党军伤病员全部被俘。日军把当地居民也赶到客店里，逼问军民说出国民党军大部队的去向，但没有一个人回答。日军恼羞成怒穷凶极恶地用机枪向人群扫射，杀害伤病员和无辜百姓共计 123 人。（冀-922 页，尉金魁　李良栋　葛一民）

【宁陵县城惨案】 1938 年 5 月 29 日，日军侵占宁陵县城,见百姓就用刀砍、刺刀刺或枪击。在县城东关街杀23人,在西关街杀7人,在南关街杀10人,在北关街杀8人。在县城四周杀害162人。时值天气炎热,死尸无人收殓,臭气冲天,整个城关阴森可怖。(冀-923页,陈传海)

【睢县城关活埋97岁和83岁老人惨案】1938年5月31日,日军侵占睢县县城,见人就杀。日军首先活埋了李占元97岁的祖母和陈孝镇83岁的祖母;把东关居民李全原大卸八块后倒入粪坑内;把吴孝明的三弟装入麻袋扎住口扔进水中淹死;把徐树增全身浇上煤油活活烧死。把吴孝乾的弟弟捆绑后让狼狗咬死;在徐老圈妻子的阴道扎进棍子捅死。此次日军共残杀居民200多人,强奸妇女80多人,烧毁房屋160多所。(冀-923页,陈传海)

【杞县褚皮岗村惨案】1938年6月2日,日军出杞县县城"扫荡",首先沿路枪杀逃难的难民80~90人,然后把成群结队的难民赶到褚皮岗村庙院内进行残杀。日军把25名难民用铁丝穿透锁骨、手心拴在麦秸垛上,然后向他们身上浇汽油点火烧死。日军此次"扫荡"在褚皮岗村共残杀222人,烧毁房屋97间,烧毁2000余亩收割到场的麦垛。(冀-924页,陈传海)

【开封县小杜庄村惨案】1938年6月5日,日军包围小杜庄村,把群众全部赶到王春和等几家的院子里不准外出。傍晚,日军写条子要"花姑娘",被拒绝后,日军开始大屠杀。他们把青年妇女扒光衣服轮奸后杀害。日军在小杜庄村共杀害203人,其中包括杨庄村逃难到小杜庄避难的130人。自此,小杜庄村和杨庄村不复存在。(冀-925页,任洪友)

【通许县孙营村木棍捅阴道、活埋人惨案】1938

年6月9日，蒋介石下令炸开花园口黄河大堤阻截日军。一股日军撤至通许县孙营村时遭到地方抗日队伍袭击。日军遂对孙营村民进行报复。他们把全村群众逼到西寨门外的麦场里，把30多人用绳子捆绑在石碌上，周围堆上麦子，然后点火将其烧死。接着又用刺刀捅死20多人，日军把翟××的妻子强奸后，又将一根木棍捅进阴道，将其活活折磨致死。日军共杀害村民100多人，活埋200多人，20多人被狼狗吞食，还烧毁了4000余亩已收割的小麦。（冀－926页，岳朝举　史志）

【尉氏县芦木张村（即寺前张村）惨案】1938年6月4日，日军侵入尉氏县境，在17个村庄进行烧杀抢掠，激起民众义愤。距县城东一公里处的寺前张村农民愤怒地捣毁了日军的汽车和侦察气球。日军把寺前张村（日军翻译将其错译为"芦木张村"）村民从家赶到街中，有的青年乘机逃跑，日军立刻开枪射击，并用刺刀在人群中乱捅、用机枪扫射，当即就有126人惨遭杀害。（冀－926页，于中华）

【信阳县火车站惨案】1938年7月6日，日军出动飞机9架次轰炸信阳县火车站。当时正值一列客车进站，日机投弹并低空扫射，造成800多名乘客和附近居民数百人死伤，许多房屋被炸毁。（冀928页，锡朋）

【商丘县老南关村惨案】1938年7月9日拂晓，驻商丘县城日军包围老南关村，以抓"胡子"（即抗日组织）为由，把村民从家里赶到村东南麦场里，逼他们说出谁是"胡子"。日军见问了多次，没人吭声，就把男女分开，把男人押到宋修道的大院里；把女的押到宋修广的堂屋里，扒光衣服进行强奸。接着将两个院子里的村民全部用刺刀捅死，还把尸体推进粪坑里，上面盖上柴草，浇上汽油烧尸。日军共在该村杀害116人，有7户被杀绝，烧毁房屋170余间，抢走牲口100多头。（冀-928页，王爱真　张聿臣）

【开封县耿堂村机枪扫射惨案】1938年7月26日，驻开封县城日军乘汽车以追击中国军队为名，包围了开封县耿堂村。该村只有10来户人家40多口人，日军进村后即放火烧房。周围各村见到烧房的浓烟，便急忙弃家逃跑，欲渡黄河逃难。日军闻讯追赶逃难人群，群众逃至黄河边因无渡船，均被日军截俘。日军把耿堂村40多人连同逃难的村民共430多人赶到黄河边的柳树林中，用机枪扫射，将其全部杀害。耿堂村的男人被杀光，只剩下5户寡妇，故称"寡妇村"。（冀-930页，任洪友）

【温县南张羌村惨案】1938年8月8日拂晓，驻温县日军包围了南张羌村，用机枪封住路口，挨家逐户地抓人。凡是没来得及逃跑的村民和抗日伤员100多人，均被日军抓住押进村中济渎庙院内进行残杀。抗日伤病员和无辜群众有的被日军戳断喉咙，有的被开胸破肚，有的被刺得面目全非。日军共杀害159人，其中包括36名抗日伤员和民夫。（冀-931页，郑连生）

【永城县僖山集惨案】1938年8月19日上午，日军包围了抗日武装驻地永城县僖山集，用机枪射击逃跑的村民，并挨家挨户地搜查抗日武装人员及武器。他们把抓到的人捆起来，押到村民任光云门前和集西门两地杀害。此次日军共杀死120多人，杀伤100多人。（冀-932页，陈传海）

【永城县西十八里村惨案】1938年8月20日凌晨，

日军包围西十八里村，挨家挨户地搜查抗日人员，对手无寸铁的村民进行杀害，有的脑袋被砍掉，有的被刺刀挑至肠子外溢。仅5个小时，日军就杀害村民184人，有10户被杀绝。因被杀的人太多，幸存的村民只好把死难者尸体拉到村北沱河南边一个坑内集体掩埋，形成了"万人坑"。（冀-932页，陈传海）

【固始县城惨案】1938年4月4日至10月6日，日军出动飞机5架次轰炸固始县城，炸死居民200余人，炸毁房屋500余间。9月16日，日军侵占县城后，杀人、放火、奸淫妇女。日军盘踞县城49天，杀害了商会会长穆正元等70多人，强奸妇女70多人，烧毁房屋5000余间。（冀-933页，陈传海）

【光山县城惨案】1938年9月11日下午1时许，日军出动飞机18架次轰炸光山县县城，投弹并低空扫射，炸死炸伤居民300多人，炸毁房屋450多间。（冀-933页，锡朋）

【永城县太丘集惨案】1938年9月15日，驻永城县日军得知抗日队伍"杂八队"队长之弟结婚的消息，乘汽车突然包围了太丘集。该集四周有宽10米、深4米多的壕沟，沟中有2米深的水，设有东、西、南三个寨门，且各门均有吊桥。但因日军封住了寨门，人们无法冲出。日军用机枪扫射越墙逃跑的人，被打死淹死的村民共有300多人。（冀-934页，张鸿俭 孙树德）

【新县沙窝镇刺刀搅阴道、刀挑胎儿惨案】1938年中秋节前后，国民党部队与日军在沙窝镇激战，战后日军对沙窝镇及相邻17个村庄的老百姓进行疯狂报复。杀害沙窝镇及高门岗、刘沟等村庄老百姓200多人，打伤40多人，轮奸妇女几十人。日军把田家17岁姑娘强奸后，用刺刀搅烂阴道致死；把邱家怀孕7个月的媳妇轮奸后，用刺刀挑出胎儿挂在刀尖上玩耍取乐，烧毁房屋204间，宰杀耕牛50多头、猪150多头。此次因受害而死的人因太多无法掩埋致瘟疫流行，致使战场附近的村庄老百姓70%的人连续几年生疥疮、脓疱疮，有30%老百姓患烂腿病。（冀-934页，蒋晔）

【修武县秦庄村活烧儿童惨案】 1938年9月14日上午，驻焦作的日军警备队长借口前一天晚上一名日军验道员在秦庄村路北被抗日游击队击毙而包围秦庄村。见大多数青壮年闻讯逃跑，日军就对老弱妇幼大肆屠杀。共杀害村民86人，其中儿童20多人。日军把秦绪洞怀孕8个月的妻子扒光衣服，用刺刀挑开腹部，掏出胎儿，穿在刺刀上，围着颤动的胎儿取乐，待胎儿不动了，扔给身旁的狼狗吞吃。日军从秦绪洞家搜出10多个躲藏的小孩，全部用刺刀戳死。从秦绪廉家搜出10多个儿童，拉到村西打麦场上，点燃一大垛麦秸垛，把孩子一个个扔进火海活活烧死。并把数十名男女老幼赶到秦绪功家屋内用机枪扫射杀害。另外烧毁房屋206间。（冀-935页，毛成身　郭景道）

【桐柏县惨案】 1938年10月13日，日军出动多架飞机轰炸桐柏县城，投弹70多枚，炸死居民100多人，炸毁房屋1000多间，炸死牲畜500多头。日军飞机还轰炸了月河村及北湾村，炸死100多人，炸毁房屋250余间。（冀-937页，涂树俊　王修法）

【永城县龙岗集惨案】 1939年4月25日，日伪军4000余人包围国民党永城县政府临时驻地龙岗集。双方激战后,国民党军撤退,日军侵占龙岗集。日军进村后,见人就杀,见值钱物就抢,共杀害村民100余人,5户被杀绝,强奸妇女多人,把财物抢劫一空,并烧毁全村房屋。(冀-939页,陈传海)

【太康县常营寨惨案】1939年5月初,日军同国民党81师等部队在常营寨激战两昼夜,日军在3架飞机的助战下占领常营寨。日军进村后,用砍头、劈脑、剖腹、水溺、火烧、吊打、活埋等手段,杀害老百姓1100多人,杀绝74户。奸污妇女300多人,上至70岁老妪,下至10多岁女孩,均遭兽欲。一位母亲遭奸后被砍成三截。烧毁房屋2000多间。(冀-939页,陈传海)

【延津县野厂村惨案】1939年5月30日,驻延津县日军以野厂村老百姓不服役不纳粮为借口,包围野厂村,遭到村民抵抗。日军遂用大炮、机枪向村内狂轰乱射,对未逃跑的村民无论大人小孩一律杀害。此次日军共杀害村民179人,烧毁房屋1000余间,汽车碾坏麦田1000余亩,抢走牲口1600余头。(冀-940页,王崇坤)

【修武县王庄村惨案】1939年10月23日夜,驻焦作矿区的日军对矿区邻村王庄村进行包围,妄图绞杀驻该村的抗日部队。由于情报准确,抗日部队已提前撤离。日军扑空后即对王庄村的8个自然屯的老百姓进行报复。在崔庄杀害41人;在小王庄杀害36人;在高贵掌杀害24人;烧房70多间;在柳庄杀害8人;在麻掌杀害42人、伤28人。日军在王庄村共杀害无辜村民151人,烧死7人,活埋2人,伤30人,杀绝14户,烧毁房屋615间,打死和抢掠牲畜100多头。(冀-942页,李凤林 薛毅)

【武陟县傅村惨案】1939年12月14日凌晨,日军乘村民熟睡之时包围了傅村，以报复傅村老百姓参加复堤决口行动。仅两个多小时就杀害了参加复堤决口的民工和傅村村民997人，烧毁房屋880余间。（冀－943页，陈传海）

【沁阳县柏香镇惨案】1940年1月29日，日军侵占沁阳县柏香镇，施行"三光"政策，妄图消灭国民党第9军及地方抗日力量。日军用刺刀捅死、烧死、机枪扫射等手段，杀害老百姓350人，烧毁房屋730余间。（冀－944页，陈传海）

【汲县惨案】自1938年2月15日至1945年8月日本投降，在汲县沦陷7年多的时间里，全县境被日军划为"治安区"和"非治安区"两地域。日军对"非治安区"施行烧光、杀光、抢光的"三光"政策。日军在县城西门大街王家大楼内设立庞大的军、警、宪、特组织总部，对"非治安区"进行法西斯统治。总部楼后是长100米、宽60米、深3丈的杀人大坑，从"非治安区"抓来的老百姓都被关押在总部楼内用各种刑罚审讯，然后被杀害在大坑内。此坑内白骨累累，被人们称为"万人坑"。（冀－944页，锡朋）

【唐河县惨案】1940年5月4日，日军出动飞机32架次轰炸唐河县城，投弹100余枚，炸死居民160余人，炸毁房屋800余间，炸死牲畜80余头。当日夜里，日军陆军部队侵入唐河县境，在唐河北岸小河上村杀害村民10多人，伤384人，财产损失1200多万元。（冀－945页，钟永来）

【豫北惨案】1940年5月5日，日军出动1.2万兵力对冀鲁豫抗日根据地的濮阳、清丰、南乐、内黄、滑县等地轮番"扫荡"18天，实行"三光"政策。共杀害老百姓1477人，打伤致残129人，255人下落不明，杀绝48户，烧毁房屋900多间，财物损失不计其数。（冀-945页，凤林，魏明瑞）

【方城县寺门村惨案】1940年5月6日，正值寺门村举行庙会，周围村庄的老百姓数万人前来参加，人群如潮，香火旺盛。上午10时左右，日军飞机突临上空，投下6枚炸弹落在人群中间，炸死无辜百姓400多人，炸伤200多人，方圆20里以内赶庙会的村庄都有人员伤亡。（冀-946页，陈传海）

【汝南县城惨案】1940年9月17日晨7点左右，日军9架飞机在汝南县城上空盘旋，潜藏在县粮库的汉奸向空中发射一颗绿色信号弹，日机遂低空向粮库地域扫射投弹，把聚集在县城大街和粮库内外的百十多辆大车炸得人仰马翻，炸死100多名老百姓，炸毁100多辆车，炸死牲畜不计其数，炸毁仓库和房屋数百间。（冀-946页，郑永春）

【孟县禹寺镇烧活人惨案】1940年10月13日夜，日军100多人包围禹寺镇，他们锁住寨门，封住路口，挨家逐户地抓人。村民中除一部分冒死从寨墙跳出逃生者外，其余137名男女被关进禹王寺大殿里。拂晓前，日军把桌凳连同拆下的大殿的门窗、椽子等木料架在殿门口，泼上汽油，纵火焚烧，顿时大火冲天，除9名青年从墙窟窿逃生外，128名无辜百姓被日军活活烧死，烧毁房屋536间。（冀-947页，陈传海）

【扶沟县江村镇淤泥窒息致死惨案】1940年，地处扶沟县东北的江村镇被黄河水包围，变成孤岛，国民党军 81 师及杞县抗日武装在此驻扎。1941 年 1 月 2 日，日军向江村镇发起攻击，侵占江村镇后，以有抗日武装为由，对老百姓进行疯狂屠杀。日军在江村镇盘踞 8 个月，杀害百姓 700 多人，其中还用机枪逼迫抓捕到的壮年村民走向黄河滩陷进淤泥，令其窒息而死，杀绝 7 户，强奸妇女 200 多人。（冀-948 页，陈传海）

【遂平县城摔死婴儿惨案】 1941 年 1 月 27 日，正值人们欢度春节之时，驻信阳日军突击遂平县城，施行"三光"政策。日军在遂平县城盘踞 8 天，杀害居民 271 人，其中有 138 人被火烧死，他们还把一名未满月的男婴用刺刀挑起扔到街上摔死；强奸妇女 144 人，其中有 69 岁的老妇和 13 岁的幼女。抢走粮食、财物 180 多车，烧毁房屋 90 多间。（冀-950 页，陈传海）

【豫北沙区女孩被活剥皮惨案】 沙区是冀鲁豫三省交界的黄河故道的俗称，其范围包括濮阳县以西、内黄县以南、滑县以北、卫河以东方圆 50 里左右的沙漠化地区。这里地瘠人稀，沙丘起伏，灌木枣林丛生，交通闭塞。日军自 1937 年至 1938 年侵占了这一地区。1941 年 1 月，中共在内黄县张固村成立冀鲁豫区行政主任公署，领导抗日工作。1941 年 4 月 12 日，日军调动 2 万余人对沙区进行为时 3 天的大围剿。日军把从土镇、桑村、城布等地抓捕到的 900 多名百姓集合在杨固村空场上，用机枪扫射，300 多人倒在血泊里。又把未死的群众捆住手脚分别扔进 6 口水井中，待人体堆到井口时，又用石磙、碾盘压在上面，往井中浇开水，再用炸弹把石磙炸开，用土把井口封死。在南丈堡村，日军把 20 多名群众赶进一间屋子点火烧死。

在夹河村，把一位70多岁老妇砍成8块。在东张堡、土镇等村，不少婴儿被活活撕成两半，3个小孩被扔进烈火烧死，日军从旁取乐。一个4岁女孩被活活剥皮致死。据不完全统计，日军在沙区杀害无辜百姓2307人，失踪263人，受伤186人，53户被杀绝，烧毁141个村庄，其中80个村庄变成焦土。仅内黄一县就被烧毁房屋21000余间，抢走牲口446头，其他损失无法计算。（冀-951页，徐有礼）

【郑州市大花庄等村惨案】1941年10月1日夜，日军渡过黄河，在大花庄村西桥头遭到国民党军第81师部队抵抗，日军占领大花庄村后进行报复，杀害村民84人。另一股日军在桥东南北李庄杀害了74人，其中有70多岁老人及5岁以下婴儿多人。（冀-954页，郑郊　凤林）

【郑州市黄河桥头惨案】1941年10月2日，日军在郑州市黄河铁桥南邙山头、孟河村残杀老百姓170多人，烧毁房屋1200多间，赶走村民1700多人，并在此处筑工事、拉电网、建据点，把这一带变成"无人区"。（冀-954页，陈传海）

【禹县城关惨案】1941年10月2日，日军飞机28架次轰炸禹县县城，低空扫射并投弹10枚，把县前街、山林街、汪姑堂街、马府巷街、书院后街、火神庙街、长春观街、东关街、西关街等民房、店铺炸毁2500余间，炸死居民270多人。（冀-955页，赵克俭）

【修武县北睢村惨案】1941年4月11日凌晨，日军包围抗日武装驻地北睢村。双方激战后，日军侵占北睢村。由于以前多次"清乡"、"扫荡"总不见效，日军对北睢村恨之入骨，进村后见人就杀，用火烧、刺刀捅、机枪

扫射等方式杀害村民800余人，20多家被杀绝，烧毁房屋100多间。（冀-959页，石振武 张鸿胪）

【南乐县东节村惨案】 1942年5月29日，日军包围东节村，妄图消灭县大队及村民抗日力量以报复被其联合击毙9名日军士兵之仇。日军在东节村修建了炮楼，把抓捕到的200多人关押在3个炮楼内，逐个进行刑讯，对妇女进行奸污。计活埋56人，暗杀10余人，集体枪杀20多人，共杀害100多人。（冀-961页，路秉灿 王运泽）

【温县黄河滩惨案】 1942年6月3日拂晓，10000多名日军分东西两路包围温县了东、西局联两村。其中日军一部队计6000余人包围了东局联国民党第38军1000多人驻地，东局联内还住有数千名逃难来的老百姓。敌我双方交战数小时，国民党军伤亡惨重。日军攻进东局联后，见人就杀，远者用枪射，近者刀刺，整个村内变成血肉场。会水者从局联外的护城河里潜水逃命，不会水的成了日军残杀的对象，被日军杀害和溺水死亡的计1000多人，东局联里的村庄房屋被日军烧光。日军另一部队计4000余人，包围了西局联，先用炮火猛击，然后骑兵、步兵齐攻，驻扎在西局联内的国民党38军47旅应战至晚，弹尽力竭，有的突围逃走，有的跳河逃生。日军夜占西局联后，杀害老百姓1000余人，烧毁房屋1700余间，抢走粮食700余石。（冀-961页，郑连生）

【林县原康区惨案】 1942年7月6日，驻林县县城日军外出"扫荡"，包围了原康区多个村庄，杀害各村老百姓230人，伤73人，烧毁房屋3391间，抢粮1448.24万斤。仅东掌村一村26户人家就有43人被杀。（冀-962页，李剑波 关海生）

【信阳县五里店村惨案】 1942年7月6日，日军以发军饷发武器为名，在五里店村小学校院内骗降民众抗日游击队。游击队按约定时间、地点准时到场，吃完中午饭，日军以会商事宜和发武器为由，把游击队干部和战士分开。接着日军重兵把游击队干部战士团团围住予以缴械、捆绑残杀。共杀害抗日游击队员400余人。第二天即7月7日，日军用同样手段又诱杀驻洋酒乡的国民党一连官兵300多人。此事被当地老百姓编成一歌谣："农历五月二十三，队伍受骗去收编，夜间拉到月儿弯，个个都用刺刀穿。尸堆如山血成河，谁能给他报仇冤。"（冀-962页，傅良征）

【范县活剥人皮惨案】 1942年9月27日，日军10000多人兵分八路包围冀鲁豫抗日根据地中心区濮县、范县、观城等地进行大"扫荡"。包围范县的日军首先用机枪射杀范县师范、陆军中学两所学校师生和中共党政干部200多人。随后日军又把躲在天主教堂内的筑先师范、陆军中学剩余师生捆绑起来，押到济南，下落不明。把旧城中的老百姓赶到村北，拉出10个年轻人，逼其跪下，用轧花车上的铁轮子将其活活砸死。在江庄、孔庄、吕庄、张弓村等地杀害群众和学生数百人。在张庄街将两名村民活活剥皮致死。此次日军共杀害1200余人，奸污妇女300余人，其中多数人被轮奸致死。日军扫荡路经村庄的房屋几乎全部被烧光。（冀-963页，陈传海）

【获喜县大辛庄村惨案】 1942年11月18日，日军以"抗捐不交"和"烧毁皇军汽车"为名，对大辛庄村老百姓进行报复。日军把村民赶到村西一块空地上进行训话。村民知道日军不怀好意，便纷纷外逃，日军立即开枪射杀，共杀害103人，下落不明的26人，烧毁房屋4800多间，抢

掠牲畜 672 头，抢走大车 200 辆。（冀-964 页，陈传海）

【叶县黄山惨案】 1943 年 2 月 11 日，日军出动飞机 20 架次轰炸叶县黄山东西两侧的诸庄村、武庄村。该两村住有四乡八保逃来避难的老百姓多人。日军飞机低空扫射、投炸弹，炸死居民 275 人，炸毁房屋 1000 多间，炸死牲口 200 多头。（冀-965 页，陈传海）

【清丰县张村惨案】 1943 年 2 月 4 日，正值农历除夕，日伪军 800 多人包围了张村，抢年货、强奸妇女、杀人、放火。杀害村民 108 人，杀绝 27 户，烧毁房屋 500 余间，抢走牲口 200 多头，抢掠的年货装满 27 辆大车拉走。（冀-966 页，凤林）

【林县东庙惨案】 1943 年 8 月 23 日，被八路军在林南战役中打败的驻林县日军，在林县城关镇抓捕了 100 多名青壮年，捆绑关进东沙沟东庙一个能容几百人的防空洞旁，逼问八路军藏身地，并让其供出谁是八路军，随后日军利用汉奸李鸿昌在人群中指认八路军。结果这 100 多人均遭日军杀害了。（冀-967 页，剑波　凤林）

【洛阳市西工战俘营惨案】 1944 年 4 月 18 日至 5 月 26 日，在河南战役中，国民党汤恩伯部队被日军俘获 10000 多人，被关押在洛阳西工几个大土窑洞内，连续 6 天 6 夜不给饭吃。第七天起，只让每个窑洞出来几个人到附近麦田里掐正在灌浆的麦穗抱回去充饥。第八天每人每天只发一茶缸发霉的高粱米饭。当时正流行疟疾，每天有人死亡。日军强迫战俘去扒铁路，对晕倒的人即刻用刺刀捅死，至 1944 年年底的 8 个月内，10000 多名战俘幸存下来只剩 1/3，有近 7000 人被日军残害致死。（冀-972 页，锡朋）

【襄城县六王冢惨案】 1944年5月3日凌晨，日军侵占襄城县，许多老百姓从四面八方逃到灵武山腰六王冢避难。日军分成若干小分队，在县境内追捕杀害逃难百姓。六王冢方圆数里内成了人间地狱。日军把60多名农民逼到麦场一眼大井前，逼迫他们跳井自杀。5月3日下午，日军开始分批大屠杀，在冢前用机枪扫射杀害300余人，在冢西杀害80余人，在杨沟、李沟杀害300余人，在岭上杀害45人。被逼跳井和被其他方式杀害的有1000多人。（冀－972页，蒋晔）

【郾城县小沟张村惨案】 1944年5月4日傍晚，日军与国民党汤恩伯军队在郾城县小沟张村交火。激战一夜，天亮后日军占领小沟张村，见人就杀，杀害了村民101人。（冀－973页，蒋晔）

【宝丰县观音堂村惨案】 1944年5月9日，日军向鲁山北"扫荡"，在观音堂村附近的红玉岭、铁山一带与国民党部队交战，俘获国军200余人。日军继续向观音堂村进攻，打开寨门，冲进寨里，把1000多名男女老少赶到寨南门外，逼令其跪在一块空地上，周围架起5挺机枪同时开火，杀害了观音堂村70多名老百姓和200多名国民党被俘官兵，强奸妇女多人。（冀－973页，李福昌　邢新宝　郏永安）

【宜阳县石陵村机枪扫射惨案】 1944年5月豫中会战时，日军把俘获的国民党第13军200多名官兵和抓捕到的逃难百姓100多人关押在百陵村二郎庙内，锁上庙门，从庙房的墙壁上挖了几个洞，把机枪捅进去向屋内扫射，将300多人集体杀害，致使血流成河。（冀－974页，陈荣耀）

二、侵华日军在中国制造的部分惨案 1062 例

【宜阳县穆册村惨案】 1944 年 5 月豫中会战正在进行时，当地师范学生 400 余人在一支国民党队伍的护送下向西安转移，途经宜阳县山区穆册村时，被追击的日军发现，日军把穆册村包围，用机枪向人群扫射，人们四下逃命，多人钻进深山。此次日军打死军民、学生 100 多人。（冀-974 页，陈荣耀）

【嵩县潭头镇惨案】 1944 年 5 月 16 日，迁往潭头镇而未及转移的部分河南大学师生向北山躲避时遭遇来袭的日军。日军杀害无辜群众 100 余人，医学院院长张静吾之妻吴之惠也被日军杀害，奸污妇女 40 多人，烧毁房屋 100 余间，抢走粮食 4 万余斤，宰杀牛马 600 多头，毁麦田 2000 余亩。（冀-975 页，常遂军　张培基）

【卢氏县木棍插阴道惨案】 1944 年 5 月 20 日晨，日军在飞机和大炮的掩护下进占卢氏县城。县城及郊区居民在战火中四散逃生。日军见人就杀，见妇女就强奸。有的妇女被奸后用木棍插入阴道致死，有的妇女尸体旁还坐着吃奶的婴儿。日军在南河滩一带残杀手无寸铁的老百姓 400 多人，在范里乡杀害被俘的国民党官兵 100 多人。在城北坡根，日军把 30 多名妇女强奸后戳死。日军在卢氏县共杀害 500 多人，烧毁房屋 340 多间。（冀-976 页，亢哲楠）

【商水县焦芦埠口集惨案】 1944 年 6 月 26 日夜，日军包围了豫鲁苏皖第四纵队魏景春中队驻地焦芦埠口集。日军攻入寨子后杀人、放火、抢劫，共杀害豫鲁苏皖纵队被俘官兵 120 余人，杀害村民 37 人，有 5 户被杀绝。（冀-978 页，徐金柱）

【陕县惨案】 1944 年 5 月 18 日陕县沦陷，日军在陕

县大乡镇设据点，四处"扫荡"杀人放火。据点内设有"杀人沟"、"杀人场"、"戳人坑"、"葬人沟"等。7月5日，日军在张原村、张村窝等村"扫荡"，杀害村民173人，烧毁窑洞和房屋4000余间，烧毁陕县名胜古迹张村宫、太阳观。（冀-979页，锡朋）

【叶县红石碑惨案】1944年6月5日晨，叶县县城沦陷，日军在县城红石碑大坑处设置了杀人场。6月下旬，日军以检阅地方武装为名，收缴民间枪支。7月7日晚，日军命令杨庄的地方民众武装头领张增令带领队伍到叶县去接受检阅，并谎称按其带人员多少授职衔和发枪支。张增令不知是计，遂带领30多人去县城，结果被日军缴械杀害在红石碑大坑内。日军用此种方法诱骗各村青壮年而后将其杀害在县城红石碑大坑内的共有120多人。（冀-979页，李建兴　辛振强）

【周口县南寨决堤惨案】1944年8月16日，正值汛期，日军为防止县城四周碉堡被水淹，强行抓捕民夫挖开县城周口镇南寨小西门外的沙河砖堤，将洪水引向寨壕内。第二天洪水冲垮砖堤30多丈宽，横穿镇街，向东南方向流去，造成方园百余里县乡成灾。周口镇被淹死和失踪的居民200多人，财物损失无法估计。（冀-981页，翟庆荣　凤林）

【长垣县小渠村惨案】1944年10月17日，日军兵分多路"扫荡"冀鲁豫九分区抗日根据地，约定到小渠村会合。他们沿路抓捕许多逃难的老百姓，集中押到小渠村用刀砍、刺刀挑、火烧等手段，共杀害了690多人，其中仅新店村被杀害在小渠村的就有104人。（冀-982页，凤林）

二、侵华日军在中国制造的部分惨案1062例

【汝南县白龙王庙惨案】 1944年10月31日至11月10日,日军300余人袭击汝南县抗敌自卫团前方司令部驻地白龙王庙村。双方交战后,日军又增兵1000多人,在赖集、赵埠口等"扫荡",而后向白龙王庙合击。日军用机枪射杀抗日军人和老百姓297人,伤30余人,烧毁房屋70多间。汝南县抗敌自卫队基干队大队长吴荃壮烈牺牲。(冀-982页,边志远)

【上蔡县杨集惨案】 1944年11月26日,盘踞上蔡县县城的日军到蔡沟、高庙一带"扫荡",乡自卫队112人被日军包围俘虏。日军把他们捆绑起来押到杨集王庄村西头一个空场上,先用铡刀把副乡长吴运德等3人铡为两截,然后用刀砍杀其他人,除其中2人受重伤未死外,其余110名乡自卫队队员全部惨死在日军刀下。(冀-984页,陈传海)

【正阳县小王楼村惨案】 1945年3月13日,日军包围了国民党河南省第八行政督察专员公署保安团驻地小王楼村,他们集中火力向村内炮击,双方激战4个多小时,该团团长管正功被俘,士兵战死300多人。日军进村后大肆烧、杀,共杀害小王楼村200多人,烧毁房屋200多间,烧死牲畜100多头。(冀-985页,王安民)

【修武县焦作镇解剖活人惨案】 1945年4月的一天,日军第117师团野战医院院长丹保司平少佐搞"军医教育",命宪兵抓来一个活人做试验。翌日下午,宪兵将一个二十五六岁的青年农民带到手术室,谎称给他检查身体。宪兵命他躺在手术台上,接着五六个人分别按住他的手、脚、肩、膀、头和腰部,并将浸了麻药的纱布盖住他的口、

鼻，两只脚绑在手术台上，军医田野实用力按他的两颊，把纱布塞进嘴里，并在纱布上又倒些麻药，待其进入深度麻醉状态后，才把他脚上的绳索解开，脱掉衣服，进行解剖试验。全部"军医教育"完成后，一个活生生的人已被截断左腿和右臂，手术室的一角放着锯下来的大腿和胳膊。（冀-990页，张长安）

18. 日军在湖北省制造的部分惨案

【武汉市惨案】1937年9月24日，日军飞机轰炸汉口圣祖庙一带，炸死炸伤居民200多人。1938年3月29日，日军飞机轰炸段家巷、务滋里等处，炸死炸伤居民460余人，炸毁房屋50余栋。同年4月13日，日军飞机轰炸晴川街与鼓楼街，炸死逃往防空洞的居民240余人，炸毁房屋40余栋。6月17日，日军飞机轰炸汉阳，把兵工厂和铁厂炸成废墟。7月12日，日军飞机在武昌东厂口、胭脂路、粮道街、小东门、三道街等地，炸死炸伤600余人。7月19日，日军飞机在徐家棚火车站炸死居民1000多人，炸毁民房500多栋。8月11日，日军飞机在武昌、汉阳轰炸，炸死炸伤居民800余人，炸毁县华林华东大学楼。8月12日，日军出动飞机72架次，在汉口、武昌炸死炸伤居民数百人，炸毁民房数百间。

据统计，自1937年秋至1938年10月25日，日军飞机共964架次，轰炸武汉61次，投弹4590多枚，炸死居民4000多人，炸伤5000多人，炸毁房屋4900余栋。日军侵占武汉后，把花楼街、六渡桥、满春路、民权路、民族路、襄河沿岸一带34640余户民房烧毁，使124300多名市民无家可归。日军还疯狂野蛮地强奸妇女，凡被抓到的女人均遭兽欲，有的被其轮奸致死。为满足日军士兵兽欲所需，日军还在汉口六合里、生成里、联保里等处建立"公娼区"，供士兵兽欲。7年间，武汉市民共被日军杀害13508人，被烧毁房屋43025间，被劫掠财物（按1945年物价换算）979万亿元。（冀－1073页，马长；辽大－383页，敖文蔚）

【襄阳县惨案】 1937年12月28日，日军飞机轰炸襄阳、樊城两地，炸死1人，炸伤4人，炸毁房屋11栋。1938年3月21日，日军飞机轰炸襄阳韩家庄，炸死6人，炸伤4人，炸毁民房19栋，炸毁汽车1辆。11月3日、4日两天，日军飞机轰炸襄阳，炸死炸伤老百姓279人，炸毁房屋300余间。1940年5月4日，日军飞机轰炸襄阳县城，炸死居民218人，炸伤517人。从1937年至1940年，日军飞机轰炸襄阳多达120次，投弹4079枚，炸死平民21460人，炸伤3548人，炸毁房屋6463间，炸毁船只46只，炸毁汽车14辆。（冀－1073页，郑香文；辽大－414页，敖文蔚）

【宜昌市惨案】 1938年1月24日至1940年6月9日，日军出动飞机80多架先后20多次轰炸宜昌市区，投弹200多枚并低空扫射，炸死居民及修飞机场的民工等600多人。日军还将东起环城东路、西至新街、南始献福路、北至北正街的居民区全部炸毁。自1940年6月12日，日军侵占宜昌，开始疯狂杀人、强奸妇女。日军用活埋、砍杀、开水烫、狼狗撕咬、烧死、枪杀等手段共杀害老百姓1000多人。（冀－1122页，蔡大泽；辽大－369页，敖文蔚）

【浠水县惨案】 1938年6月19日至7月22日，日军飞机 3 次轰炸浠水县城，居民死伤甚多。10 月 21 日上午，日军飞机 9 架次轰炸县城及下巴河一带，当时逃难民众 1000 多人汇集在江边，被炸死 160 多人，炸伤 200 余人。（辽大 -390 页，敖文蔚）

【蕲春县城遭炸惨案】 1938 年 7 月 20 日上午，日军飞机 9 架次轰炸蕲春县城，投掷燃烧弹百余枚，城中火焰四起，被烧毁房屋 200 多栋，炸死炸伤老百姓 500 余人，造成上万人上无家可归。同年 10 月 4 日，日军出动飞机 100 架次轰炸蕲春县城，投弹 300 余枚，炸死炸伤军民 718 人，炸毁房屋 1197 间。（辽大 -390 页，敖文蔚；冀 -1081 页，吴西）

【黄陂县惨案】 1938 年 9 月 24 日至 29 日，日军飞机 12 架次轰炸黄陂县城，投掷燃烧弹，造成全城一片烈焰，500 余栋房屋被烧被炸毁，600 余人被炸伤亡。1939 年 7 月 18 日深夜，日军 700 余人兵分三路包围黄陂县王家河新四军及国民党游击队活动地域，把王家河两岸老百姓视为抗日分子，在王家河两岸各村见房就烧，见人就抓，见妇女就强奸。19 日中午，日军在王家河镇把从周围 25 个村庄抓捕来的群众赶到镇南"石丘"的大田里，通过刀劈、枪打、机枪扫射等残忍手段，共杀害 480 余人。1944 年间，日军把一批批被俘的爱国人士用汽车拉到县城的名胜古迹鲁台双凤亭刑场进行斩杀，把尸体扔进坑中，用土填平，再用汽车碾轧。当年被日军杀害在鲁台双凤亭的累计有 300 多人。（冀 -1110 页，王安康；辽大 -390 页，敖文蔚）

【大冶县三根祠机枪扫射惨案】 1938 年 1 月 20 日，日军扫荡大冶县翁家山、三根祠一带山区，驻莲花庵抗日游击队闻声安全转移。躲在山上的避难农民 70 多人下山回家时路经三根祠村街口塘边,被埋伏在村里的 100 多名日军截住,日军逼问其抗日游击队的下落,谁也不说,日军就将 75 名农民用机枪扫射杀害,只有一人逃脱。(冀－1074 页,柯群)

【通山县刺刀捅婴儿惨案】 1938 年 4 月至 1939 年 10 月,日军出动飞机 10 余次轰炸通山县乡村和集镇,炸毁房屋 8323 栋、古建筑 10 处。财产损失折合银元 1000 余万元。日军屠杀国民党军队伤病员 130 余人,杀害无辜老百姓 123 人。其中,日军在杨芳林镇把舒金刚、夏三贵夫妻二人用棉被包裹捆紧,淋上煤油点燃火活活烧死。把张亚和吊在屋梁上,下面架着茅柴,烟熏火燎,将其活活烤死。还用刺刀捅进 1 名婴儿的肛门,举在空中,使婴儿惨叫丧命,日军却狞笑取乐。据不完全统计,7 年间,日军在通山县杀害手无寸铁的无辜老百姓 7354 人。(冀－1075 页,郑通文)

【广水县惨案】 1938 年 8 月 2 日至 10 月 29 日,日军飞机多次轰炸广水县城及相邻农村,炸死炸伤 200 余人,炸毁房屋 20 余栋。日军侵占广水县后,在县城广水镇经常杀人。日军警宪特对被拘捕者,用抽打、悬吊、灌凉水、火烙、狗咬等非人手段折磨被捕者,中国军民只要被抓进去,很难活着出来。广水县工商界名人雷盖民也被其毒打致死。(冀－1077 页,贺靖涛)

【广济县高堖垸村杀害 80 多岁老人和 4 岁儿童惨案】 1938 年 8 月 17 日,日军在广济县高堖垸与中国军队交战,日军伤亡惨重。日军占领高堖垸村后,对村民进行报复,烧、杀、奸、抢,无恶不作。他们把 80 多岁老人张考强用刺刀捅死，把1名4岁男孩抓起扔到空中，任其落地摔死，日军则观看取乐。日军在此地共杀害无辜村民130多人，杀绝18户。（冀-1079页，田正辉）

【黄梅县惨案】 1938年8月26日，日军占领黄梅县孔垅、马坊口一带，在县城附近抓捕老百姓100多人并于县城西门集体杀害。强奸妇女105名，有的奸后被杀死。还抢走稻谷2000余石，（辽大-393页，敖文蔚）

【京山县城惨案】 1938年8月29日至10月13日，日军出动飞机75架，先后10多次轰炸京山县城，投弹2000多枚，炸死居民2300多人，炸伤3000多人，炸绝96户，炸毁房屋1260余栋，有着数百年历史的古建筑春秋阁、多宝寺、钟鼓楼、百步拱桥、父子绣衣坊、历科进士坊、历科举人坊等，全部毁于一旦。（冀-1079页，陈仕文）

【广济县毒气熏死和刺刀插入女孩阴户高举取乐惨案】 1938年9月5日，日军占领广济县城时，将300余名放下武器的中国士兵用机枪射杀。另将70多名士兵捆绑在龙顶寨庙的松树上活活饿死。接着，日军窜到广济县城周围的镇垸进行扫荡，各村青、壮、妇、幼早已逃避，垸里只剩下跑不动的老人看家。日军窜到寇家埠，杀害了33人。他们用刀劈死了70岁的周光耀老人，还把80多岁盲人老太太周望尔残忍地活活剥皮致死。日军把逃避不及的49名农民关进一间屋子用毒气弹活活熏死。日军还用刺刀插入一名8岁女孩的阴户举起取乐，使其活活疼死。又把誓死拒奸的尼姑剁成4块。日军在鸡脚垸用刀劈死16人。大股日军部队通过广济县荆竹铺乱石河时，因桥被烧，汽车无法通过。日军竟用中国百余名战死的士兵尸体填塞桥洞，开动汽车从尸体上轧过。在广济县李家边垸各村杀害老百姓 200 多人。由于尸体腐烂无人掩埋，酿成瘟疫流行，先后染瘟疫死亡 128 人。（冀 - 1080 页，郑广文　李建中；辽大 - 392 页，敖文蔚）

【武穴县下港张才垸惨案】1938 年 9 月 16 日，进犯武穴县的日军 200 余人侵犯张才垸，向村庄发射火焰喷射器，火烧村庄。日军进垸挨家挨户地搜索，见人就杀，将张四尔、张金保等 40 多人集体杀害在月塘水里。躲在防空洞里的 300 多难民中有 30 多人想偷越垸子逃生，结果被日军射杀。日军在此地共杀害 300 多人，烧毁房屋 700 多间。（冀 - 1081 页，陶鹏）

【麻城县宋埠镇惨案】1938 年 9 月 24 日，日军出动飞机 27 架次轰炸宋埠镇，投下大量炸弹，炸死赶集的无辜居民 200 多人，炸伤许多人。（冀 - 1082 页，周业）

【大冶县惨案】1938 年 9 月 24 日至 28 日，日军飞机轰炸大冶县城关、黄石港、石灰窑、金牛、保安、刘仁八、殷祖、朱山头、七里界、何场铺等城镇及村庄 75 次，投弹 259 枚，炸死炸伤居民 600 余人，炸毁房屋 500 余栋。上述地区被日军烧毁的民房计 2697 间。日军为杀人取乐、比枪法赌输赢，把在金牛镇田里干活的农民当靶子打，当场打死两个农民。1940 年夏，日军放狼狗咬、刺刀捅杀害了 25 名农民和工人。1943 年 12 月 24 日，日军用刺刀逼迫民工在装有 2000 余吨炸药的洞内采矿，因炸药爆炸，300 余名民工全部被炸死。事故发生后，矿工家属拼命上山去抢救，拦阻的日军竟又丧心病狂地开枪射杀了矿工家属 100 多名。1945 年秋，日军在大冶又屠杀了 100 多人。（冀 - 1083 页，陈毓时；辽大 - 391 页，敖文蔚）

【蕲春县惨案】 1938年10月2日至1943年6月30日，日军侵入蕲春县境，在岚头矶、董家湾、陈家湾等村庄杀人、放火、强奸妇女。在吴家咀湾枪杀难民49人，内有60岁的老人和3岁的女孩。在雷家湾、菩堤金鸡岭等地杀害无辜百姓500余人，烧毁房屋4621间，烧毁农具家具5493件。（冀-1084页，吴西）

【安陆县惨案】 1938年10月21日和24日，日军飞机两次轰炸安陆县城，把麒麟、三眼井一带炸成焦土，致使许多难民和居民伤亡，民宅及县城建筑大多被毁。同年10月28日，安陆县城沦陷，日军先把规模最大、设备齐全的彭裕记榨油房烧毁。又将城内侯家场、殷家庵、四牌路一带上百栋民房烧毁。1939年4月10日，日军在白兆山下的罗堰垣杀死28名无辜百姓，其中最小的才两岁。同年12月31日，日军在邹家大堰和汉水港北榔树岗两地共杀害居民43人。1940年9月9日，日军30余人包围柏树黄村，挨门逐户地搜查，抓捕新四军被服厂人员，把人们捆绑起来严刑拷打，逼问新四军转移行踪。被捕者个个坚强不屈，日军就开始大屠杀，致使44人被害。同年12月26日，日军到赵家棚扫荡，途中在土桥街残杀平民24人，其中60岁以上的年长者7人，7岁以下儿童7人。（辽大-413页，敖文蔚）

【宜城县惨案】 1940年5月5日，日军飞机对宜城县流水沟三次投掷毒气弹，造成40余人中毒死亡。6月4日，日军在宜城县南部的璞河杨家大洲、郑集槐树井、孔湾太山庙、朱市石灰窑、雷河彭家营五地进行大杀大烧，共杀死老百姓500余人，伤200余人，烧毁房屋400多间，烧毁小麦300多亩。其中杨家大洲遭难最惨，有的全家人

被杀绝。（辽大－415页，敖文蔚）

【光化县老河口惨案】1941年8月，日军出动飞机3次轰炸国民党第五战区长官部驻地光化县老河口，炸死居民58人，炸伤116人。1944年4月20日，日军出动36架次飞机再次轰炸老河口，从太平街到福民医院一里多长的街道上，躺满了死尸和被炸伤的人。6条大街上有5000多间民房被炸毁，炸死居民甚多，无法统计，受重伤300余人。（辽大－416页，敖文蔚）

【孝感县楼子湾村烧活人惨案】1938年2月11日中午，3个日军士兵从花园南大街到鲁家岗楼子湾村抢掠，老百姓闻讯逃到村后山林中，村中留下的老人给了日本兵3只鸡和1瓶酒，两个日兵走后，另一个日兵发现后山有妇女，就冲一妇女奔去。为保护山里人的安全，村里的老人用斧头和杀猪刀将日兵砍死，把尸体沉入深塘中。过一个月后，日军100余人包围了楼子湾村，抓人拷打，用割耳朵、剁手指等酷刑逼问日兵下落，众人只字不说，日军就把被抓的29人捆上稻草浇上汽油，关进屋里活活烧死，又把全村30余户房屋烧毁。（辽大－414页，敖文蔚；冀－1093页，李武）

【公安县城惨案】1938年11月11日，日军飞机9架次轰炸公安县城，投下燃烧弹，炸毁40余栋房屋，并低空扫射，打死打伤210余人。1939年1月20日，日军出动4架飞机再次轰炸公安县城，投弹30余枚，致使老百姓死伤40多人，许多房屋和木船被炸毁。（辽大－407页，敖文蔚）

【沔阳县惨案】1938年11月21日，日军出动飞机

20 架次对沔阳县城沔城、峰口和通海口三地反复轰炸，其中对县城轰炸最猛烈，共投弹 200 余枚，炸毁房屋 300 余栋，老百姓死伤 200 余人。同年 11 月 23 日，日军飞机 13 架次对沔城、沙湖镇轰炸并低空扫射，仅沙湖镇就被炸毁房屋 80 余栋，老百姓被炸死 190 余人，炸伤 30 余人。1939 年 2 月 18 日，日军飞机第三次轰炸沔阳县城，幸因以前遭多次轰炸，县城内已无人居住，故无人伤亡，但县城已被夷为平地，致使沔阳县城只好北移重建。1942 年 3 月，日军在沔阳三汊河、崔家拐等地作战时，逼迫民众作前锋，致使老百姓数百人被击毙。（辽大 – 407 页、411 页，敖文蔚）

【沙市惨案】1940 年 6 月 8 日，日军出动飞机 8 架轰炸沙市及周围村镇，把市内庄王庙、赶马台、克成路、李公桥等处炸毁并烧成残垣。日军侵占沙市后，对商店大肆抢掠，见着女人就强奸。日军士兵竟在光天化日之下把沙市伪维持会长的老婆拉到中正街上进行强奸。当天被日军飞机炸死和被日军杀害的老百姓达 3000 多人。（辽大 – 408 页，敖文蔚）

【江陵县李家铺惨案】1940 年 7 月 1 日，日军在江陵县城西门外李家铺丢掉一门大炮，诬蔑是老百姓破坏所为，于是将李家铺及邻村 500 余人杀害，以泄丢炮之仇。（辽大 – 409 页，敖文蔚）

【荆门县惨案】1940 年 7 月，日军在荆门县城关和沙洋镇进行大杀大烧，造成许多人无家可归，并把牌楼村 200 多户居民杀得只剩下几十户。（辽大 – 409 页，敖文蔚）

【新洲县林家大湾惨案】1939 年 1 月 13 日，日军上林大队两个士兵在林家大湾追上一个妇女正要强奸,被村民劝止,日军挥刀砍伤劝阻人,惹起众怒,老百姓将两个日军士兵捆上石磨沉入湖底淹死。日军遂对村民进行报复,先后抓走 160 多人进行严刑拷问,最后得知详情,把 2 名士兵尸体从湖中捞出。日军为报淹死士兵之仇,放火烧毁全村所有房屋,并杀害了 73 名村民。(辽大 - 394 页,敖文蔚;冀 - 1096 页,武文士)

【汉川县分水嘴镇惨案】1938 年 12 月 7 日,日军 200 多人进犯汉川县分水嘴镇杀人、放火,烧毁元通寺、白云观等古建筑,并把分水嘴镇房屋大部分炸毁,使 200～300 人无家可归。日军在中光村、四屋村、分水嘴、新农村、新街村、同心村等地杀害居民 131 人,(冀 - 1089 页,陈中豪)

【随县费家屯、淅河、朱家湾等地刺刀捅阴道惨案】1938 年 11 月 6 日至 1944 年 4 月,日军在随县费家屯、淅河、朱家湾、魏岗小何家湾、万店梁家湾、金屯、天河口、江头店、塔儿湾等乡村"清乡"、"扫荡",杀害老百姓 480 多人,其中把江头店 7 名妇女轮奸后用刺刀捅入阴道致死,烧毁房屋 1230 多间。(冀 - 1090 页,文宫)

【沔阳县峰口镇惨案】1938 年 11 月 11 日,日军飞机轰炸素有"小汉口"之称的峰口镇,投弹 300 多枚,炸死炸伤居民 200 余人,炸毁全镇民房和店铺,炸绝 40 余户。(冀 - 1091 页,童大清)

【通山县妇女遭蹂躏惨案】1938 年 11 月末至 1945 年 2 月 13 日,侵占通山县境的日军,在南林桥镇、慈口镇、大泉伍、大墓山、湄港、大畈等村镇强奸、轮奸 14 岁以下

的幼女 27 人、14 岁以上的妇女 264 人，奸后遭杀害多人。（冀－1091 页，郑通文）

【汉阳县汉阴山河湾村惨案】 1939 年 4 月中旬，日军在汉阴山河湾村遭到汉阳县抗日自卫队的打击，就对河湾村老百姓进行报复，共杀害村民 340 余人，还把两名儿童用刺刀捅穿腹部，举在空中为戏，并烧毁房屋 2000 余间。（冀－1100 页，马长）

【钟祥县东桥镇黄集惨案】 1935 年 3 月 5 日至 1944 年上半年，侵占东桥镇黄集街的日军用机枪扫射、刺刀挑、狼狗撕咬、活埋等手段，杀害该镇平民 660 多人，原有 170 户人家的黄集街，到日军投降时仅剩 72 户。日军在黄集街及周围地区共杀害 1000 多人。（冀－1100 页，崔世惠）

【咸宁县大屋万村惨案】 1939 年 5 月 7 日拂晓，日军包围了咸宁县大屋万村一带 9 个万姓村庄，以发泄 5 月 6 日日军在此遭受国民党军和地方武装联合伏击而惨败之愤。日军在大屋万、畈背万、山老万、张铺万、月亮万、下脚万、钱铺万、旺稼万、万家山 9 个村共杀害 108 人，烧毁房屋 820 余间，有两个村的人被杀绝。（冀－1102 页，黄希元）

【随县城关惨案】 1939 年 5 月某日，日军出动飞机 18 架，投炸弹和燃烧弹 100 余枚，炸死居民 800 余人，把北门、城隍庙、小南门、小十字街等城内房屋炸毁。（冀－1104 页，汪觉先）

【来凤县惨案】 1939 年 9 月至 1941 年 7 月 30 日，日军出动飞机 59 架先后 9 次轰炸鄂西边陲来凤县城，投弹

545 枚，炸死居民 39 人，炸成重伤 73 人，炸毁房屋 3399 间，造成 3600 余人流离失所。（冀－1108 页，宫凤）

【咸宁县大屋雷村惨案】1939 年 12 月 18 日，驻港下雷的 3 个日军到大屋雷村抢劫，被国民党部队伏击，1 伤 2 逃，伤者被当地农民砸死埋在山上。逃回去的日军引来一连队日军包围了大屋雷及相邻村庄，日军循着血迹找到了日军尸体。于是开始杀人烧屋，上至 70 多岁老人、下至 3 岁幼童一律杀害。此次日军共残杀村民 153 人，烧毁民房 556 间。（冀－1109 页，雷斌）

【钟祥县胡家集村惨案】1940 年 4 月 29 日至 5 月 10 日，日军出动飞机 9 架次轰炸钟祥县胡家集村，炸死船民和村民 300 多人。日军在胡家集白云山搜山，在山中罗埪沟抓住农民 95 人，用机枪扫射全部予以杀害。日军在胡家集村"扫荡"，共杀害 431 人，其中有 8 名妇女被奸后遭杀，还用刺刀把一个孕妇腹部挑开，把挑出 6 个月大的胎儿砍成肉块。（冀－1112 页，邓明德）

【枣阳县机枪扫射木棍捅阴道惨案】1940 年 5 月 8 日至 20 日，日军侵入枣阳县城后，对城乡老百姓进行大屠杀。在柿子园村杀害农民陈光华、陈明善等 11 人，把数十名农民用铁丝穿着手腕拉到稻场用豆秆烧死。在杨垱村南小河边抓走很多难民，女的被强奸，男的被杀害。在县城东乡抓捕了侯光智等 300 多名村民，全部用机枪扫射杀害在八里坡大堰里。在县城东清水堰用机枪杀害 100 多人。高寨村高汤氏已 70 多岁，也被日军抓住用木棍捅进阴道惨死。中医王可坊携全家老小避难于县城北黄家油坊，被日军当靶子开枪打死。（冀－1113 页，余辉）

【京山县洋刀刺阴道惨案】1938 年 8 月 29 日，日军出动飞机56架,多次轰炸京山县城,炸死炸伤居民3000多人,炸毁房屋1200多栋,90余户全家人被炸绝。12月27日,日军侵占了京山县城后,从京山桐花冲到客店搜山,先用机枪扫射后搜查。在陡山冲大杨树湾村打死村民40多人,有两名妇女躲在山沟里,被日军抓住强奸后,日军竟用一根一尺多长的木棍捅进其阴道致其惨死。1940年5月上旬,日军在熊山冲抓住避难的农民36人,女人被强奸,还把一名被奸后的妇女用洋刀从阴道刺进去,从胸部挑出来,这36人全部被日军杀害。(辽大-406页,敖文蔚;冀-1114页,舒明祥)

【南漳县城惨案】1940年6月1日至12月底,日军出动飞机21架次轰炸南漳县城,投弹630余枚,炸死炸伤1000多人,炸毁房屋2800多间。(冀-1114页,袁思义)

【宜昌市葛洲坝惨案】1940年10月8日,国民党军江防司令部挑选200余名士兵组成奋勇队,分乘6只木船,出长江三峡顺江而下,偷渡到日军控制区内的葛洲坝上。但不幸遭到日军围攻,因为力量悬殊,奋勇队除5人泅渡逃生外,其余全部落入敌手。日军遂对葛洲坝进行大搜捕,把被其俘虏的奋勇队员200多人以及包括葛洲坝小学校长邹荣泰在内的100多名平民全部杀害。(冀-1116页,刘思华)

【宜昌县土门炒人心肝吃惨案】1940年6月8日,日军在飞机大炮的掩护下侵占了土门镇,到处放火烧屋、杀人、强奸妇女。从车站通向鸦鹊岭的交通线上烧毁房屋1070多栋,在土门涂家岩杀害老百姓170多人。日军士兵用棉花把村民刘久亮裹住全身并点火将其烧死。村民彭国萃等22人被日军放出狼狗咬死,日军则在旁取笑。日军还用刺刀尖挑着一名 3 岁孩子到处游逛。他们残忍地把村民刘白华锯成几块,东扔一块西丢一块。日军把村民段华迁的姐姐、李自成、宋兴甫 3 人的心肝一起炒了喝酒。日军在土门共杀害无辜百姓 4000 多人。(冀-1116 页,谈崇高)

【荆门县掇刀石飞机场秘密集体杀害民工惨案】1941 年至 1945 年间,日军从荆门、钟祥、当阳等县抓来上万名民工突击修复飞机场和有关设施。在日军刺刀的逼迫下,民工过着非人的生活,死伤甚多。每当完成一项工程,日军就秘密杀害修建该工程的全部民工。日军在掇刀石飞机场共残杀民工 3000 多人。(冀-1120 页,官德涛)

【鄂城县郭家垱惨案】1942 年 11 月 12 日,鄂城县日军 2000 多人包围了新四军挺进大队大队长郭非的老家郭家垱村,以搜捕新四军挺进队为名,杀人放火,打死打伤村民 300 多人,烧毁房屋 600 多间,郭才委全家 12 口人被日军杀绝。(冀-1124 页,郭才金)

【远安县白云寺惨案】1943 年 1 月 23 日,日军包围了抗日游击队驻地远安县白云寺村,杀害老百姓 174 人,烧毁民房 140 余栋,抢走白云寺集贸市场全部物资 100 多担。(冀-1125 页,刘世明)

【大冶县刘仁八村惨案】1941—1945 年日军在刘仁八村盘踞 4 年之久,杀人、放火、强奸妇女,无恶不作,共杀害老百姓 400 多人。其中飞机投弹炸死村民 51 人,炸伤 40 余人。烧毁拆毁民房 50 多栋。强奸、轮奸妇女不计其数,奸后被杀死的有十几人。日军士兵还把农民郑遐关绑在树上当靶子枪杀。(冀-1129 页,张先金)

19. 日军在湖南省制造的部分惨案

【株洲市遭炸惨案】1937年10月8日至1942年11月27日，日军出动飞机141架，先后多次轰炸株洲市区，炸死炸伤居民630多人，炸毁房屋无数。这个有着10万人口的城市被炸得瓦砾遍地，百业凋零。（冀-995页，罗章生 言乃克）

【耒阳县惨案】1937年10月9日至1945年7月7日，日军出动飞机483架，先后多次轰炸耒阳县城及农村乡镇，对该县县境内的15个城乡投弹879枚，炸死老百姓100000多人，炸伤139148人。从1944年7月3日至1945年8月日军侵占县境后，强奸妇女、烧毁房屋无数，造成经济损失2856亿元（法币）。（冀-995页，张运林）

【醴陵县城惨案】1937年10月8日至1941年9月28日，日军出动飞机12次轰炸醴陵县城及火车站和三石铁桥等地，把城隍庙、南华宫、阳氏祠、贤才旅馆、关岳庙、北正街等处炸毁，炸死炸伤居民300多人，炸毁房屋2000多间。（冀-995页，文政醴）

【长沙市惨案】从1937年11月24日至1945年8月，在长达8年的时间里，日军出动飞机1000多架次多次轰炸长沙市区及近郊，投弹万枚，炸死炸伤居民1160多人，炸毁房屋300多栋，炸毁古建筑及学校多处。1944年6月19日，日军陆军部队攻占长沙，省会长沙沦陷。其间，日寇共杀害老百姓68147人，杀伤146224人，造成经济损失15741亿元（法币）。（冀-996页，张运林；辽大-255

页，陈浮 刘建平 彭岗）

【湘潭县遭炸惨案】 1937年10月至1943年7年间，日军25次轰炸湘潭县城及农村乡镇，出动飞机931架次，投弹2717枚，炸死老百姓1303人，炸伤1254人，炸毁房屋2732栋，财物损失无数。（冀－996页，熊松年）

【衡阳市惨案】 1938年2月至1944年8月，日军出动飞机先后569次、1703架轰炸衡阳市及衡阳县，投弹3958枚，炸死炸伤居民12320多人，炸毁房屋33580栋（间）。该市遭受轰炸灾难之重，居湖南全省之最。（冀－997页，阳衡文；辽大－267页，陈浮 刘建平 彭岗）

【平江县城惨案】 1938年2月14日至1944年8月，日军出动飞机先后22架次轰炸平江县城，投弹2990枚，炸死老百姓700多人，炸伤700多人，把县府楼房夷为平地，把县城西、北两街炸成瓦砾堆。（冀－997页，方延湘）

【湖南省航运船舶惨案】 辛亥革命后湘江航运业发展迅速，有长洙、民众、楚利、群益、民权、长衡祁、长湘都等多家轮船公司。抗战期间，上述公司因遭日军飞机轰炸和在湘江内日军布雷区触雷沉没，人船均遭受严重破坏，损失惨重。据统计，船员死亡331人，大小船只损失105艘，趸船31艘，木拖船59艘，经济损失达94058万元（法币）之巨。（冀－997页，朱运鸿）

【安乡县惨案】 1943年5月7日至6月5日、11月4日至12月19日、1944年5月29日至5月31日安乡县三次沦陷。日军在安乡县境内杀人放火抢掠财物，共杀害老百姓1881人，致伤1889人，因房屋被炸和财产被劫、损毁共计损失719亿元（法币）。（冀－998页，张运林）

【岳阳县惨案】 1938年7月17日至10月15日的4个月内，日军出动飞机轰炸岳阳县城30多次、投弹100多枚，炸死平民1900多人，炸毁民房和店铺450多栋。同年11月11日岳阳县城沦陷，日军在县城烧、杀、抢掠，把先锋路、棚厂街、滨阳门、西门正街等地烧成一片瓦砾。日寇还窜到县境内的农村进行"清乡"、"扫荡"，制造了多起血案。据不完全统计，全县被日军杀害的总人数达40000人以上，烧毁房屋9.8万多栋。（冀-998页，唐华元；冀-1009页，唐华元；辽大-252页，陈浮　刘建平　彭岗）

【宁乡县惨案】 1938年9月6日至1944年6月，日军出动飞机64架次轰炸宁乡县城，投弹221枚，炸死居民105人，炸伤197人，炸毁房屋86栋177间。1944年6月14日，宁乡县沦陷，日军在全县9个乡镇进行烧、杀、强奸妇女、抢掠财物。据全县不完全统计，日军杀害无辜百姓3451人，致伤7323人，强奸妇女65人，被抓走62460人，宰杀牲畜27682头，糟蹋粮食2667200石，财物损失折款2382万元（法币）。（冀-999页，宁文）

【衡山县惨案】 1938年9月17日至1945年3月7日，日军出动飞机223架先后23次轰炸衡山县城及农村。1944年6月21日，日军侵占衡山县，直至1945年8月20日，日军在县内杀害老百姓9872人，伤48623人，奸淫妇女之多无法统计，造成经济损失4445亿元（法币）。（冀-999页，张运林）

【冈村宁次制造的南岳惨案】 南岳衡山为中国五岳之一，是著名的风景名胜区。1938年11月9日，日军飞机轰炸南岳，大庙古建筑被毁，南岳古镇四街遭严重破坏。

1944年8月25日，日军头子冈村宁次在南岳镇设立广西战役指挥部，杀害了主持俊修和尚，南岳大庙、祝圣寺、南台寺、华严庵等古建筑及道路、树木、桥梁、文物、古迹遭受严重破坏。日军还拆毁了省商业专科学校大楼，烧毁学校图书馆及教学仪器，杀害老百姓100人以上，强奸妇女、抢掠财物无数。（冀－1000页，曾瀛洲）

【岳阳县陆城惨案】1938年11月8日，日军侵占陆城，在北门枪击刀砍杀害18人，在汪家岭杀害12人，在唐湾杀害17人，丁家山杀害49人。日军在陆城旧县衙署、考棚、盐仓、莼湖书院、文庙等处放火焚烧30多处古建筑。1939年2月，日军把120多名贩运棉花的无辜商人全部活埋。1940年秋，又活活烧死20多名农民，在陈家大院用机枪扫射杀害了400多名村民。烧毁房屋500余栋。（冀－1001页，唐华元 戴冰山）

【浏阳县城遭炸惨案】1938年11月10日至1941年11月17日，日军出动飞机多架轰炸浏阳县城，炸死炸伤居民840多人，烧毁机关、学校和民房1300多栋，造成经济损失88.3亿元（法币）。（冀－1001页，冯德兴）

【临湘县惨案】从1938年秋至1945年日本投降，临湘县在沦陷的七年多的时间里，日军在该县大肆推行杀光、烧光、抢光的"三光"政策，县境内的长安、聂市、中正、云溪、桃李、文化、陆城、黄盖等乡镇被日军飞机轰炸致死和遭日军陆军部队杀害的老百姓达25905人，伤残12259人，直接经济损失815亿多元，间接经济损失65亿多元（法币）。（冀－1002页，张运林）

【常德县城遭炸惨案】1938年11月3日至1942年

端午节，日军出动飞机 467 架先后 73 次轰炸常德县城，投弹 2181 枚，炸死炸伤居民 3638 人，炸毁房屋 4024 栋。（冀－1002 页，吴孝成）

【芷江县惨案】1938 年 11 月 8 日至 1945 年 2 月 21 日，日军出动飞机 513 架先后 38 次轰炸芷江县城及农村，投弹 4731 枚，炸死老百姓 445 人，炸伤 393 人，炸毁房屋 3756 栋，炸毁粮食 30 万担。（冀－1002 页，夏名高）

【汉寿县惨案】1938 年 11 月 16 日至 1943 年 5 月，日军出动飞机 26 架先后 8 次轰炸汉寿县城及毓德、大美、鸭子港等乡镇。1943 年 5 月 8 日，日军侵入汉寿县境，至 1944 年 5 月 16 日被我军击退。日军侵占期间，杀害老百姓 7711 人，受伤 6762 人，经济损失 1340 亿元（法币）。（冀－1002 页，张运林）

【澧县惨案】据不完全统计，从 1938 年 11 月 23 日至 1943 年 12 月 28 日，日军出动飞机 57 架先后 26 次轰炸澧县县城及农村乡镇，投炸弹 80 枚、燃烧弹 5 枚、毒气弹 12 枚，共计 97 枚，炸死和毒死老百姓 226 人，炸伤和毒伤 232 人，炸毁房屋 65 栋、船 5 只。（冀－1003 页，文澧）

【桃源县城遭炸惨案】1938 年 12 月 11 日至 1944 年 11 月，日军出动飞机 66 架先后 10 次轰炸桃源县城，投弹 256 枚，炸死居民 400 余人，给县城、漆家河、渔父、崇义等地造成巨大灾难和损失。（冀－1003 页，马志亮）

【辰溪县城惨案】1939 年 4 月 11 日至 1941 年 10 月 29 日，日军出动飞机 153 架先后 22 次轰炸辰溪县城、南庄坪、花据坪、松溪口等地，炸死居民 1000 余人，炸毁房屋 700 多栋。（冀－1004 页，文溪辰）

【湘阴县城惨案】1939年6月7日至1945年9月1日,日军多次轰炸湘阴县城,投弹256枚,炸死居民74940人(含守城官兵1700多人),炸伤20多万人,炸毁船只70多艘,炸毁房屋及经济损失1754亿元(法币)。(冀-1004页,蔡佳海)

【益阳市城区惨案】1939年7月30日至1945年春,日军出动飞机多次轰炸益阳市城区,炸死炸伤市民1550多人,炸毁房屋130多栋。(冀-1005页,段乐三)

【安化县惨案】1939年8月21日至1945年4月17日,日军出动飞机多次轰炸安化县城及烟溪市、小淹市、天乐乡、横铺子等地,炸死1065人,炸伤2814人,经济损失12万亿元(法币)。(冀-1005页,张运林)

【华容县鞭炮塞阴道炸死惨案】1939年9月至1943年8月23日,日军出动飞机多架轰炸华容县城,炸死国民党官兵及居民50多人,炸毁房屋500多间。1943年3月8日,日军侵占华容县,至日本投降的两年半时间里,日军在华容县烧、杀、抢掠,杀害手无寸铁的无辜百姓14056人,致伤2459人,强奸妇女2278人,其中把北景港一农妇奸污后又用烧红的铁棍捅进阴部致其死亡;村民易和之妻被几个日军捆绑在地剥光衣服,把鞭炮塞进阴部,点燃后将其活活炸死。抢走粮食38700多担,烧毁房屋100多栋。(冀-1005页,唐华元　严文田)

【岳阳县新墙河畔毒气惨案】1939年9月19日和22日,日军从岳阳县新墙河北岸强渡南犯时被国民党南岸守军击退,日军几次向中国守军施放毒气,使中国南岸守军1100多人中毒死亡。(冀-1007页,唐华元)

【汨罗县营田街惨案】 1939 年 9 月 22 日至 23 日，国民党军与日军交战，参战的国民党官兵牺牲 400 多人，日军 7800 多人侵占汨罗县营田街，在其盘踞营田街的 13 天期间，又杀害老百姓 800 余人。此次共有 1200 多人遭日军杀害，日军还强奸妇女 100 余人，炸毁房屋 1700 多间。（冀 - 1007 页，胡锡龙）

【岳阳县新墙镇惨案】 1938 年 11 月日军侵占岳阳县新河北岸后，与国民党南岸守军对峙达 6 年之久。其间，日军飞机多次轰炸南岸新墙镇，并 4 次强渡新墙河袭击新墙镇，从 1939 年至 1945 年日军在新墙镇四进四退中，使新墙镇 4000 多人减少到 300 多人，原有 1000 多栋房屋被毁殆尽。其中 1941 年 10 月上旬，日军在刘廖、墩上王等地杀死、烧死男女老少 500 余人。（冀 - 1007 页，唐华元）

【汨罗县新市镇惨案】 1939 年 9 月 25 日及以后，日军先后 4 次路经新市镇并驻扎，杀害居民 1000 多人，财物抢光，店铺和民房烧毁，把这个有着 360 多家店铺、1400 多户、5600 多人口、号称"小南京"的繁华小镇，蹂躏成一片废墟。（冀 - 1008 页，胡锡龙）

【浏阳县惨案】 1939 年 9 月 29 日至 1945 年日军投降期间，日军先后 3 次侵犯浏阳县，有 40 个乡镇遭受浩劫，共杀害村民 22669 人，烧毁民房 12800 间，抢走粮食 737491 担，抢走和宰杀耕牛 13245 头，共计经济损失（法币）164.59 亿元。（冀 - 1008 页，冯德兴）

【沅陵县城惨案】 1939 年 9 月 30 日至 1944 年 11 月 8 日，日军出动飞机 227 架次，投弹 1116 枚，轰炸沅陵县城和南岸东站、电磁厂、湘西电厂及城郊，炸死居民 360

多人，炸伤 810 多人，炸毁房屋 3099 栋。（冀－1008 页，邓人璋）

【祁阳县惨案】1939 年 10 月 14 日至 1944 年 9 月 3 日，日军出动飞机 195 架，先后 13 次轰炸祁阳县县城和浯溪河、椒山坪、白水市等地，共投弹 505 枚，给当地人民造成严重损失。自 1944 年 9 月 4 日，日军侵占祁阳县，至日军投降一年多时间内，日军杀害老百姓 19266 人，致伤 38120 人，经济损失计 3279 亿元（法币）。（冀－1011 页，张运林）

【临湘县小沅村尖竹捅肛门惨案】1938 年秋至 1945 年，日军为保护南犯交通要道，把京广铁路边的小沅村村民赶出家门，还将 7 名村民的裤子扒掉，用竹杠卡在脖子上，再用削尖的竹子戳入肛门直至腹部，活活将其捅死。在 7 年侵占期间，日军共杀害小沅村 181 人，强奸妇女 30 人（其中 15 岁以下幼女 6 人），烧毁房屋 1294 间，把该村变为一片废墟。（冀－1011 页，张植生）

【沅江县惨案】从 1940 年 5 月 6 日至 1945 年 7 月 29 日的五年多时间，沅江县城及草屋、新城、芷泉河、琼湖镇等 17 个乡镇遭日军 216 架飞机轰炸 16 次，投弹 379 枚。1944 年 6 月 4 日，沅江全县沦陷，日军杀害平民 15614 人，致伤 2052 人，造成经济损失 1013 亿元（法币）。（冀－1012 页，张运林）

【湘阴县青山岛机枪扫射惨案】1941 年 9 月 11 日凌晨，日军包围了国民党第 197 师一部驻地青山岛，日军的登陆舰和 40 多艘汽艇载着 500 多名士兵、3 辆坦克在青山岛北端登陆把军民团团围住，守军无险可守，边打边退，遭受惨败。300多名老百姓和200多名守岛官兵无路可逃被抓，日军将其用绳捆绑，用铁丝串在一起，押至岛上三圣庙前的稻田里，用机枪扫射，这500多人全部被杀害。日军在青山岛肆虐18天，共杀害老百姓524人，杀绝24户，杀害守岛官兵300余人，烧毁房屋281间，宰杀耕牛43头。（冀-1013页，蔡佳海）

【岳阳县潼溪街惨案】1941年10月至1942年冬，盘踞在新墙河北岸的日军时常窜进北岸麻布大山先后杀害北岸麻布大山小坳西麓10人。用刺刀残杀北岸徐家凉亭农民100余人。日军还偷袭南岸村镇，将新墙河南岸潼溪街26个农民砍头杀害。（冀-1015页，唐华元）

【罗城惨案】1941年10月3日清晨，日军500余人攻打湘阴县城罗城镇，国民党第99师曹克人营长率全营官兵坚守县城。日军用飞机向城内投掷毒气弹，并投送伞兵将城攻破，营长曹克人被俘。日军挖去曹克人双眼，断其手指，用烧红的铁棒烫其口腔和胸脯。又把17名国民党官兵的四肢钉在墙上，剖开胸膛，淋上汽油烧死。日军此次共残忍杀害军民770多人。（冀-1015页，蔡佳海）

【常德县细菌惨案】1941年11月4日早上6时许，日军飞机在常德县上空投下大量携带鼠疫病菌的谷、麦、豆子、高粱和烂棉絮块、碎布条、稻草屑等物。11月12日晨，城中关庙街的12岁女孩儿蔡桃儿首先患病，抢救无效，于13日上午9时死亡。从此鼠疫开始流行，平均每天死亡10人以上。经多方防控医治，疫区逐渐缩小，但已造成600多人死亡。（冀-1016页，张运林）

【岳阳县烟家塘、米家庄惨案】1941年12月至

1944年10月,日军强渡新墙河,在河南岸金洲乡烟家塘烧毁房屋112间。日军还以"破坏公路"为名,从黄府里、盘家岭、谢公道等10多个村庄抓捕了167名老百姓,分别集中关押在烟家塘、米家庄两村进行杀害。在烟家塘杀害84人,7户被杀绝;在米家庄杀害80人,仅有3人幸存。(冀-1016页,唐华元)

【岳阳县洪山摔死婴儿阴部捅竹片惨案】1942年10月19日至25日,日军在"游击匪区"洪山、罗坳、昆山、三旗港一带进行"清乡",把抓捕的群众,用剥皮、军犬咬、刺刀捅、挖心肝做菜、活活摔死婴儿、把妇女强奸后阴部插上竹片或用木棒捅死等惨无人道的手段,杀害手无寸铁的老百姓1800余人,杀绝72户,强奸妇女600多人,烧毁房屋2180间,抢走耕牛996头,抢走猪4400多头。(冀-1017页,唐华元)

【临湘县陆城机场惨案】1943年至1945年7月,日军在临湘县陆城新设村修建军用飞机场。他们强行拆毁了机场"安全区"周围5平方公里8个村的民房2100余间,使5300多人流离失所、无家可归。日军强抓民夫2500多人修飞机场,劳工稍有不从,轻则进行打骂,重则杀头喂狗。据统计,在被强拉来的民工中有319人遭杀害,107人因劳累、虐待而死。(冀-1018页,张植生)

【华容县禹庙烧红大钟烙民工惨案】1943年3月,日军侵占华容县后,在县城、墨山、南山、黄鹤岭、洪山头、塔山驿、石华堰等地构筑据点工事,强抓民工数万人修碉堡、壕堑、防空洞、江防工程。日军用南山后禹庙内的一口大钟来惩罚对筑工事不满意的民工。他们把大钟烧红,逼迫受罚民工脱光衣服抱住大钟,烙得受害者四肢弹跳，油脂血水淌流，则在一旁取乐。遭受这种刑罚及其他酷刑迫害致死、致伤的民工达2700多人。（冀–1018页，唐华元　杨斌　严文田）

【临澧县阴道撒盐插扁担惨案】 1943年5月8日至11月18日，日军先后两次侵犯临澧县，第一次沦陷时日军盘踞了21天，第二次沦陷时盘踞了26天。据统计，其间日军共杀害老百姓1706人，致伤5253人，强奸妇女114人。1943年11月18日，日军在九里乡把一李姓妇女强奸后，将盐撒进阴道，又以扁担插入，致其活活疼死。日军还烧毁房屋10491栋，损失耕牛3916头，经济损失（法币）77亿元。（冀–1019页，唐鸿耀）

【南县厂窖汽艇牵拖淹死惨案】 位于洞庭湖北岸的南县是鱼米之乡。厂窖是由28个小垸组成的湖洲大垸，三面环水，方圆达50平方公里，居住有30000多名农民。1943年5月9日至12日，日军华中派遣军司令畑俊六率部队围剿国民党第73军。第73军20000多人退守厂窖一带，加上逃到厂窖避难的难民和厂窖原住民，大垸内共有50000多人陷入日军包围之中。从5月9日中日军队开始激战，日军见人就杀，见房就烧，永固垸被杀害军民2000多人；瓦连堤被杀害3000多人；甸安河被杀害难民和当地的老百姓4000多人。在厂窖河边积存大小船只和当地民船3000多条，云集了避难船民10000多人，日军在岸上用机枪扫射杀害6800多人。日军还用纤绳将平民三五十个捆绑起来，拴在汽艇后面，开足马力将其拖入河中，致其成串淹死。至5月12日，日军在厂窖范围共杀害国民党官兵和老百姓32000多人，近200户人家被杀绝，强奸妇女2000多人。烧毁房屋3000多间，烧毁船只3000多条。（冀–1020页，

王利斌；辽大-258页，陈浮　刘建平　彭岗）

【石门县毒杀惨案】 1943年11月12日，日军第三师团在石门县青山尾的大尖山、金鸡观、牛角尖、白沙渡、百步墩等地与国民党第73军暂5师激战，日军向国民党军阵地发射多枚毒气弹，使该部加强营自营长以下官兵1000余人全部中毒阵亡。日军侵占县城后，实行"三光"政策。据不完全统计，全县20个乡镇共被日军杀害4226人，强奸妇女1095人，烧毁房屋2211栋，5973户农家遭抢劫，12000多难民无家可归；造成经济损失1007亿元（法币）。（冀-1021页，张强）

【临武县惨案】 1943年9月18日上午，日军飞机7架轰炸临武县城，投弹39枚，炸死居民96人，炸伤49人，炸毁房屋339间、稻谷582吨。1944年12月至1945年1月20日，日军侵占临武县，在县城、经汾市、楚江等地杀害老百姓762人，烧毁房屋6329栋，烧毁粮食442吨，造成经济损失（法币）421亿元。（冀-1022页，文临武）

【常德县惨案】 1943年11月2日至12月20日，日军与国民党军队在常德县城及其以北地区激战（史称"常德会战"）。常德会战历经月余，在日军的狂轰滥炸之下，繁华的常德县城变成一堆瓦砾。西围墙、大善寺、九华楼、青阳阁、中央银行一带激战处尸首枕藉、鲜血遍地。全县遭日军杀害的平民百姓2300余人，掳走妇女180余人，掳走男人3400多人，掳走儿童320多人，38000多人受伤，35000多名妇女被强奸，其中630多人被轮奸致死。被毁民房10000多栋，被毁商店7000多家。常德会战还造成战区内的桃源、慈利、石门、临澧、澧县、津市、安乡、汉寿、南县、华容等县13万多平民百姓遭日军杀害，被掳走男人

83000多人。被宰杀、抢走耕牛8600多头，使300多万平民无家可归。（冀－1022页，吴孝成）

【慈利县惨案】1943年11月15日至25日，日军侵占慈利县，在零阳、茶林、广福、东岳等10多个乡镇进行烧杀抢掠。全县遭日军杀害543人，受伤580多人，凡未逃脱的妇女均遭强奸、轮奸，有的被轮奸致死。烧毁房屋及经济损失高达1160亿元（法币）。（冀－1022页，周保林）

【桃源县惨案】1943年11月13日至12月19日，日军侵占桃源县，草溪、漆河、明月、黄石、龙潭等25个乡镇被日军杀害和遭日机轰炸死亡4579人，受伤1955人，炸毁、烧毁房屋数千栋，造成经济损失2122亿元（法币）。（冀－1023页，马志亮）

【益阳县惨案】1944年4月27日至1945年3月，日军先后两次进犯益阳县。1944年4月27日，日军攻进益阳县城后，占据县城及近郊农村，在南湖托等地杀害未及逃离的群众1000余人。1945年3月，日军再次进犯益阳县城及近郊村庄，杀害老百姓6959人，受伤4838人，造成经济损失2520亿元（法币）。（冀－1025页，段乐三）

【宁乡县永清团惨案】1944年5月16日，日军侵占永清团及沩安、保安、金湾等村，血洗两天两夜，杀害老百姓382人，强奸妇女60多人，烧毁房屋83栋，宰杀耕牛800多头，掠走谷米80000多斤，被毁稻田1000多亩。（冀－1026页，宁文）

【长沙市洞井乡惨案】1944年5月16日，日军侵占长沙市并殃及市郊洞井乡，直至日本投降。日军盘踞洞井乡期间，给乡属各村造成严重灾难：共杀害村民285人，被抓去做民夫1254人，自此杳无音信者113人；死亡和失踪儿童550多人，被奸污妇女140多人，引发瘟疫死亡160多人；烧毁房屋21栋160多间；被劫走粮食14万多公斤，使2000多亩稻田失收，全乡经济损失3000万元（法币）以上。（冀-1027页，何瀚）

【长沙市岳麓乡惨案】1944年5月14日至15日，日军飞机轰炸岳麓山，炸死老百姓100多人。后日军侵占岳麓山乡后，在二保三甲、三保三甲、樟木村、六保九甲等枪杀、活埋、砍头、打死村民116人，岳华村220户人家的房屋悉数被毁。（冀-1027页，何瀚）

【茶陵县惨案】1944年7月10日至1945年8月12日，在茶陵县沦陷一年多的时间里，日军在县城及农村共杀害老百姓9440人，受伤1701人，炸毁烧毁房屋无数，造成经济损失1264亿元（法币）。（冀-1028页，张运林）

【湘阴县华荣村刺刀插阴户惨案】1944年6月26日，日军窜入华丰垸华荣村烧杀抢掠，杀害村民108人，3户被杀绝。他们把当地村民朱喜禄妻子强奸后，将刺刀插入阴户内致死；并把其一岁婴儿烧死。抓走王德兴等34人押至河边的木架坪强令跪下，逐一砍头杀害。烧毁房屋86间。（冀-1028页，蔡佳海）

【株洲县白百港惨案】1944年6月16日，日军侵占株洲县城后，其宪兵队、铁路警备队天天在县城和周围农村抓捕抗日游击队员，许多路过株洲县城的商贩和乡民都被当成"游击队员"抓去杀害。据统计，在株洲沦陷一年多期间，日军在县城白石港、铜塘湾等处共残忍地杀害老百姓有1000人以上，并把尸体抛入江中。（冀-1030页，

罗章生）

【株洲县荷塘铺村惨案】 1944年6月16日，日军侵占荷塘铺村，见人就杀。他们把村民郭子中捅死在田间。荷塘铺沿古驿道一线10华里范围内，几乎每天有无辜村民遭日军杀害或被活埋。据不完全统计，计有565人被杀害，另有200余人因兵灾染病死亡。（冀-1030页，罗章生）

【湘潭县活剥人皮取乐惨案】 1944年6月17日，日军侵占湘潭县。据不完全统计，在该县沦陷一年零三个月期间，全县遭日军杀害24596人，伤残105746人，被烧毁房屋38472栋，被掠走粮食165万石，被宰杀耕牛28821头，其他财物损失无数。1945年5月，日军在长岭铺村把5名村民活活剥皮致死，在鸟铺圆林把村民马文利绑在树上先从鼻梁上割一刀，再从绽皮处往两边撕，活剥人皮取乐。（冀-1031页，熊松年）

【湘乡县惨案】 1944年6月21日，日军侵占湘乡县，在一年零两个月沦陷期间，全县遭日军杀害15216人，致伤残17121人，被奸污妇女1655人，被抓走拉伕21020人，致使67414亩土地荒芜，被劫走谷米4959190石，被烧毁房屋24164栋，被抢杀耕牛18417头，财物损失总计6824亿元（法币）。（冀-1033页，文维读）

【醴陵县烧活人惨案】 1944年6月22日，日军侵占醴陵县，在一年零四个月沦陷期间，日军在八里庵、南乡官冲、泗汾乡、石亭二地等乡村杀害村民4652人，其中有6人被日军用棉絮包住，淋上汽油点火活活烧死。（冀-1034页，文醴）

【安仁县惨案】 1944年6月27日，日军侵占安仁县。在 10 个月沦陷期间，该县县城及 13 个乡镇中，被日军杀害 13909 人，致伤残 14378 人，造成经济损失 1047 亿元（法币）。（冀－1035 页，张运林）

【攸县惨案】1944 年 6 月 24 日，日军侵占攸县，一年多沦陷期间，全县被日军杀害 18463 人，致伤 21184 人，造成经济损失 1672 亿元（法币）。（冀－1035 页，陈金华）

【衡阳县毒杀惨案】1944 年 6 月 24 日，日军在衡阳攻城战斗中，向国民党军队阵地发射大量糜烂性毒气弹，使固守在五桂岭南端、张家山、瓦子坪、易赖街、青山街、县立中学等阵地的国民党官兵中毒死亡 15000 多人，伤亡率达 85% 以上。日军侵占衡阳县城及农村后，在全县城乡设立 76 个据点。据不完全统计，在一年多沦陷期间，衡阳市、县遭日军飞机轰炸和杀害死亡 165160 余人，致伤 21320 人，因战乱引发瘟疫死亡 68400 人，失踪 50000 人。日军还宰杀耕牛 10 万余头，抢走谷物 3583200 担，造成经济损失 10146 亿元（法币）。（冀－1036 页，阳衡文）

【湘潭县韶山乡煮活人肉吃惨案】1944 年 6 月至 1945 年 4 月日军侵占湘潭县韶山乡期间，在石子塘、章公桥、野鸭塘、宋家铺、柴口冲、银田寺、凤家村、清溪等村杀人放火。日军在银田寺龙骨岭一次就集体杀害了 3000 多名抗日游击队员，并把 2 名抗日情报人员放在锅中煮熟，迫令伪维持会各成员分着吃，在清溪、银田两地杀害村民 507 人，伤 83 人，烧毁房屋 28 间，抢掠粮食 194241 担，抢走耕牛 1569 头。（冀－1038 页，韶文）

【攸县渌田镇惨案】1944 年 6 至 8 月，日军在行军途中路过渌田镇各村时，见人就杀，见女人就强奸。在楼

塘村和渌田镇被其杀害及凌辱致死的有170多人。凡日军经过的村镇民房均被烧毁，无一栋完整房屋。（冀－1039页，陈金华）

【双峰县惨案】 1944年7月3日，日军向湘乡县进犯时，途经双峰县，在双峰山下各村庄展开了大搜捕和大屠杀。日军用机枪扫射、砍头、活埋、刺刀捅、淹死等残忍手段，在金田、忠鼓塘、苦株塘、泥湾里等村杀害600多人，被当地老百姓称为"七·三"惨案。从1944年7月3日侵占双峰县至日本投降，日军共杀害老百姓7600多人，奸污妇女1000多人，被掳走10000多人，烧毁房屋12000多间，宰杀耕牛9000多头。（冀－1039页，朱予端　刘新初）

【茶陵县芫上村惨案】 1944年7月11日，日军借口一名日军士兵被游击队杀死为由，包围了芫上村。全村200多户1200多口人，闻讯纷纷向外逃跑，被日军用机枪扫射，并把抓到的130多名男女老幼用刺刀挑死在村内三个水塘里，被人称为"血泪三塘"。日军还把抓到的妇女进行轮奸，然后杀死。此次日军共杀害897人，杀绝47户。日军还在龙家湖杀10人，毛叶甲杀37人。（冀－1040页，谭开元　罗章生）

【零陵县黄阳司镇惨案】 1944年7月15日凌晨，日军飞机空袭黄阳司镇，一阵狂轰滥炸把历史悠久、繁华热闹的黄阳司古镇变成一片废墟。之后，日军部队闯进黄阳司镇进行烧杀抢掠、强奸妇女。据统计，自1944年9月6日至1945年8月10日，日军在黄阳司镇、水口桥、郝皮桥三个乡镇共杀害10000多人，伤2520人，烧毁房屋1306间，财产损失1000万元（法币）。（冀－1041页，史冷文）

二、侵华日军在中国制造的部分惨案 1062 例

【东安县大庙口乡惨案】 1944 年 8 月下旬，日军与国民党军队在大庙口交战，而后日军攻占大庙口，对当地老百姓进行报复。据当时不完全统计，日军在大庙口及附近村庄杀害老百姓 500 多人，杀绝 10 多户；烧毁房屋 130 多间，烧毁粮食 260 多万斤，杀死耕牛 150 多头。（冀－1043 页，张运林 杨知铣）

【祁阳县城关镇活埋人惨案】 1944 年 9 月 4 日，日军侵占祁阳县城，见人就杀，见房就烧，见女人就强奸。据统计，日军在该县城关镇杀害 433 人，杀绝 60 户，失踪 78 人，打伤 1414 人，强奸妇女 234 人，烧毁房屋 9849 间，财产损失 8154 万元（法币）。日军还在城关镇白子河旁的乱葬岗先后活埋了近 1000 人。（冀－1045 页，黄天）

【新宁县惨案】 1944 年 9 月 12 日至 1945 年 8 月 5 日，日军先后三次侵扰新宁县以策应湘西会战。据不完全统计，全县被日军杀害 2850 人，伤 535 人，造成经济损失 933 亿元（法币）。（冀－1046 页，张运林）

【武冈县惨案】 1944 年 9 月 10 日至 1945 年 5 月 12 日，日军侵占武冈县长乐、金龙、四望、古峰、紫云、康宁、和亲、宛东、居仁 9 个乡，所到之处杀人放火，奸淫掳掠。全县直接受害 11262 人，其中被枪杀、殴打、强奸致死 5297 人，伤 5965 人。日军在小泽村一天一夜强奸妇女 70 余人，烧毁房屋 108 栋，财物现款等损失 1779 亿元（法币）。（冀－1047 页，林威麟）

【江华县惨案】 1944 年 9 月 17 日，日军侵犯江华县，在县城及周围农村盘踞 40 天，杀人放火、强奸妇女无恶不作。据统计，全县被日军杀害 3234 人，强奸妇女多人，

伤7288人，烧毁房屋900多间，把有500年历史的江华县城所在地沱江镇变为一片废墟，经济损失840亿元（法币）。（冀-1048页，王孟庆　彭式昆　杨承尧）

【永明县惨案】1944年9月15日，日军2万余人侵犯永明县全境，日机于9月27—30日连续4天9次对县内8个乡进行轰炸。日军盘踞月余，全县遭炸和被杀害共死亡2945人，受伤5583人，经济损失690亿元（法币）。（冀-1049页，张运林）

【祁阳县大冲乡枪刺捅孩童肛门戏耍惨案】1944年9月29日，日军侵犯祁阳县大冲乡，盘踞六七天，在老屋院、横湾陈家院、大堡桥茅塘、陈家冲、高山院、富山院、毛塘等村杀害老百姓100多人，在富山院轮奸谢建福怀孕6个月的妻子，奸后剖其腹取出胎儿，用刺刀挑着胎儿玩乐；在横湾村杀害一名80多岁老人；在毛塘村打死一名80多岁老妪，并枪杀陈运发的妻子，其两岁的小孩伏在母亲尸体上大哭，被日军士兵残忍地用刺刀从肛门戳进去，顶在枪尖上戏耍。日军还烧毁房屋120多间。（冀-1049页，黄天）

【道县惨案】1944年9月12日和12月14日，日军先后两次在向广西进犯途中侵犯道县，出动飞机249架、41次轰炸道县，投弹367枚，全县被日军炸死和杀害24726人，伤9786人，造成经济损失1874亿元（法币）。（冀-1050页，张运林）

【邵阳县机枪扫射惨案】1944年10月2日至1945年9月中旬，日军侵占邵阳县一年之久。其间，日军在新渡口杀害国民党被俘伤病员200多人，在白沙洲资江边杀害俘虏100多人，在县城"宜园盆堂"杀害国民党军伤病员100多人，县城后街、北门口、师资街等地杀害居民200多人；在大坡岭沙子田用机枪扫射杀害无辜百姓100多人；在株桥朱家砍头杀害200多难民。据统计，全县遭日军轰炸和杀害致死15614人，伤95300人，造成经济损失6463亿元（法币）。（冀-1052页，张运林 陈球）

【常宁县惨案】据不完全统计，1944年10月至1945年8月6日日军侵占常宁县期间，全县被日军杀害22753人，受伤153400人，流徙187567人，被强奸妇女50567人，烧毁房屋5235栋，损坏房屋16936栋，损失粮食74.4万担，损失耕牛3226头。总损失价值在100亿元（法币）以上。（冀-1053页，常宁文）

【邵阳县五峰铺惨案】1944年10月某日晚，日军第20军第116师团所属一部押着由数百名民夫组成的挑运军需物资的队伍，行至邵阳县五峰铺罗城附近，一民夫不慎将两个箱子掉落在地上，子弹箱被摔坏，露出箱中所装的砖头。因暴露了"军情"，日军喝令队伍停止前进，将中段队伍拦腰截断，把100多名民夫就地杀害，并把尸体抛入附近水塘中。（冀-1054页，张运林 陈球）

【蓝山县惨案】1945年1月7日至29日，日军先后3次途经蓝山县境，在祠堂圩、楠木桥、洪观圩、新村、太平圩、荆竹等村，烧杀抢掠，强奸妇女，抓丁拉夫。据统计，日军3次袭扰共杀害129人，杀伤624人，不少妇女被强奸，被抓走100余人，烧毁房屋182栋，宰杀牛与猪667头，抢走和烧毁粮食4507担，经济损失315亿元（法币）。（冀-1055页，蓝文山）

【长沙县明道乡惨案】1944年12月上旬，日军第四次侵犯长沙县明道乡，在周公屋、二保等村杀害周敬之、刘路四等无辜百姓108人，强奸妇女71人，烧毁房屋88间。（冀-1055页，何瀚）

【道县楼田村毒药熏死惨案】 1944年12月25日，从附近村庄避难逃到山峦重叠道县的豸岭半山腰黑岩洞的1100多名难民，被日军发现。日军逼迫被抓来的老百姓挑来稻草、干柴和数担干辣椒，堆在洞口，撒上毒药，点火向洞内熏灌，火势迅速向洞内蔓延，毒气充斥，420多人被熏死，其中楼田村98人，17户死绝。日军还在楼田村强奸妇女47人，其中13人被奸致死。炸毁楼田村民房10多间。（冀-1055页，张运林 邓冬卿）

【零陵县幼童遭杀害惨案】 抗战期间，零陵县（今冷水滩市、永州市和双牌县一部分）累遭日军飞机轰炸和日军侵犯。据统计，全县遭日军杀害死亡59375人，其中幼童8563人；伤49244人，造成经济损失总额达544亿多元（法币）。（冀-1056页，冷文滩）

【资兴县惨案】 1945年1月10日、11日，日军出动飞机两次轰炸资兴县城及郊区，炸死2人，炸伤1人，烧毁房屋10多栋。1月27日至8月21日，日军再次侵占资兴县，杀害老百姓987人，伤残7864人，奸淫妇女无数，烧毁房屋8054栋；抢走、烧毁粮食98998担，宰杀耕牛7466头，造成经济损失443亿元（法币）。（冀-1057页，尹红革）

【宜章县惨案】 1945年1月16日至2月3日，日军侵占宜章县，猴子冲、余家湾、樟树下村、长村乡、白石渡等村，奸淫10岁至70岁妇女几十人，杀害无辜百姓527

人、杀伤4943人,失踪115人,烧毁房屋183栋,掳走耕牛123头,掠走粮食5万担以上,财物损失不计其数。(冀-1058页,李安牛)

【桂阳县惨案】 1944年11月11日至1945年8月19日,日军侵占桂阳县期间,杀害无辜老百姓3737人,杀伤2162人,强奸妇女271人,其中37人被奸致死;烧毁房屋128栋,3827户遭掳掠,直接经济损失达1940亿元(法币)。(冀-1059页,阳文桂)

【新化县楠竹分尸惨案】 1945年4月11日至5月27日日军侵占新化县期间,在县内15个乡共杀害手无寸铁的无辜百姓2664人,致伤致残1118人,被掳走和失踪1378人,烧毁房屋1759栋,炸毁稻谷100596担,杀死耕牛2257头,毁坏农田14783亩,全部经济损失1577亿元(法币)。日军在磨石坑将几名民夫反手连脚绑成木鱼形再把楠竹弯下,把人互系于两根楠竹竹梢上,再把楠竹放手弹开,让楠竹撕扯其分尸致死。(冀-1060页,张运林 文化新)

【新化县永固镇惨案】 1945年4月4日至6日,日军先后进犯永固镇,盘踞8天,在永固镇及所辖巴油村、凤形、前寨、回小、孟公等村,杀害老百姓154人,活埋3人。强奸妇女228人,其中强奸致死12人,烧毁房屋3372间,把5个村夷为平地,宰杀耕牛641头,抢走粮食2万余担。(冀-1061页,张运林 马日初 唐显桃)

【洞口县岩塘村惨案】 1945年4月29日,日军侵占洞口县岩塘村,盘踞20多天,杀害村民37人。他们把一个4岁小孩抛在空中,待其下落时用刺刀相接,小孩被戳破肚子而死。有的妇女被奸后用刺刀割开阴部惨死。日军退去后，瘟疫流行，全村死于伤寒病者120多人。日军还炸毁民房142间，宰杀耕牛110多头，损失粮食10余万斤。（冀-1062页，刘云中）

【溆浦县龙潭乡烧烤阴户惨案】 1945年4月，日军侵占溆浦县龙潭乡，在此盘踞20多天，其间在黄毛冲、太华、龙杨庙、高坪、东升岔等村杀害村民305人，35户被杀绝，7272人被迫外逃，烧毁房屋91栋，2800多间房屋被拆毁，抢走和烧毁粮食243万斤，宰杀猪、牛1871头，1742人被抓夫。日军在高坪村把一名50多岁妇女在光天化日下轮奸，再用竹片点火烧烤其阴部致死；日军在毛家庵堂，把一名84岁老妇剥光衣服轮奸，每奸一次后往阴部泼上一勺水再奸，直至奸死。（冀-1064页，刘洪超　张波）

【绥宁县惨案】 1945年4月，日军侵犯绥宁县，在枚口、武阳、唐家坊、黄土矿、瓦屋塘等村杀害村民556人，致伤1035人，被奸淫妇女不计其数，全县经济损失421亿元（法币）。（冀-1065页，袁公湘　刘应堂　袁喜梅）

【邵阳县潮水庙等9乡惨案】 1945年5月18日，盘踞在邵阳县潮水庙（今属隆回县）的日军以挖防空洞为名，逼迫野塘村村民18人挖坑，坑挖好后将18人活埋于坑内。日军用此手段，在中和、果胜、西胜、礼教、保和、隆回、隆治、隆中、挑洪镇9乡镇杀害村民2144人。各村因伤病逃难受害者16315人，烧毁房屋5252栋，抢走粮食11166万多斤，宰杀耕牛8058头。（冀-1066页，张运林　马日初　唐显桃）

【郴县惨案】 1945年1月24日至8月25日日军侵占

郴县期间，在五里牌乡窝丘村杀害为日军挑运大米、抬伤员、扛大炮的挑夫40多人。日军在全县共杀害老百姓4292人，杀伤546人，全县经济损失1148亿元（法币）。（冀-1068页，文县郴）

【冷水滩镇惨案】1939年秋至1942年8月13日，日军飞机108架次轰炸冷水滩镇，炸死炸伤国民党官兵300多人，炸死居民60多人；烧毁房屋780余栋，并炸毁了宝光寺、关帝庙、康王庙、小文昌阁等古建筑。（冀-1012页，唐正心）

20. 日军在安徽省制造的部分惨案

【广德县惨案】1937年10月8日，日军飞机多架轰炸广德县城，炸毁了飞机场和东门天主教堂。11月29日，日军第18师团侵占广德县，在县城烧杀抢掠无恶不作，致使当地百姓家破人亡。从1938年3月21日至1940年10月7日，日军在广德县邱村乡前路村杀害47人，在东亭乡大塔村杀害7人，在东北乡西米桥杀害80多人。（辽大-423页，屠筱武　徐承伦）

【蒙城县惨案】1937年11月下旬至1942年2月7日，日军对蒙城县先后10次轰炸，4次侵占，炸死、烧死、杀死老百姓1600余人，国民党军队驻蒙城县抗战官兵伤亡2740余人，日军烧毁房屋4180多间。蒙城县受害居民达2630余户，财产损失达2785余万元银元。（冀-705页，叶东）

【郎溪县城惨案】1937年12月3日，日军入侵郎溪县后，纵火3天，烧毁城内八大粮行的几十万斤粮食，杀害老百姓600多人，烧毁民房2400多间。1938年3月22日，日军再次侵入郎溪县城，杀害老百姓470多人。1939年3月4日，日军第三次侵入郎溪县城，枪杀老百姓10人。1940年10月13日，日军第四次侵入郎溪县城，枪杀群众数十人。1941年3月24日，日军飞机炸死县城居民500多人。同年12月20日，日军第五次侵入郎溪县城，杀害老百姓250多人。1943年10月15日，日军第六次侵入郎溪县城，杀死居民30多人。（冀－706页，文彦）

【芜湖德和号客轮惨案】1937年12月5日，由广东同乡会巨资租赁的英商怡和洋行德和号客轮，满载着1000多名旅客经芜湖前往武汉，客轮上大多数是广东籍的妇女和儿童。该船驶进芜湖码头时，日军出动飞机4架跟踪扫射轰炸，除100多人跳江活命外，船上1000多名旅客全部被炸死亡。（冀－707页，屠筱武）

【芜湖市把人当活靶子射杀惨案】1937年12月9日，日军第18师团侵犯芜湖，沿路烧杀抢掠，从江浙一带逃来此地的难民，大都被其集体屠杀。仅十里牌一户农民家中，就有20多个难民被杀。12月10日，日军进犯芜湖市内，在街上把多名路人当活靶子射死；在萧家巷内，把一家大屋内躲避的60多人全部杀害；在街上抓住一名妇女扒光衣服，把头发绑在树上，将其强奸后刺死。日军前后两次在城内共杀害居民2500多人。（冀－707页，屠筱武）

【合肥市机枪射击惨案】1937年12月至1938年5月，日军出动飞机40架次投弹100多枚轰炸合肥市，炸死居民300余人，炸伤致残100多人，炸毁房屋无数间。1938年5月14日晨，日军部队在飞机的掩护下侵入合肥市，开始烧杀抢掠强奸杀害妇女。日军对弃家逃跑的居民用机枪射击,还把合肥市的街巷当成刑场,大肆屠杀平民百姓,致使街巷血肉飞溅,尸横遍野;在苗圃、卫衙大关等地集体屠杀5000余人,并烧毁当时最高的建筑物四牌楼;还放火把大、小东门外以及北门外、大西门外的所有房屋烧毁。(冀-707页、719页,周明洁)

【凤阳县临淮关惨案】 1938年1月31日,日军侵占凤阳县临淮关时,遭到国民党军队和当地民众武装"红枪会"的抵抗。2月10日,日军为报复侵占了黄泥坂,见人就杀,黄泥坂庄内及附近的群众被日军残杀达1000多人。(冀-708页,张淮清)

【凤阳县剖腹挑胎机枪扫射惨案】 1938年2月1日,日军侵占凤阳县城,疯狂烧杀强奸妇女。仅5天时间,就杀害老百姓5000多人,烧毁房屋4000多间。他们把怀孕的妇女强奸后用刺刀挑出其腹中的胎儿取乐。5月4日,日军在县城小南门空地上集体枪杀了124名老百姓。5月8日,以"山贼造反"为借口,杀害了三眼井、四眼井一带老百姓80多人;又在西门内城墙上用机枪扫射杀害50多人;还在周家瓦房、曹家店等地屠杀军民2000多人。日军到卸甲店一带搜山,把当地的游击队和难民逼至山口,用机枪扫射杀害了3000人以上。(冀-710页,张淮清)

【凤阳县山马家村铁丝穿手心开膛割肉惨案】 1938年2月4日至6日,日军侵占凤阳县山马家村,日军进村后挨门逐户抓捕青壮年,把抓到的人用铁丝穿透手心,连成一串,拉到村东涧沟里排成行,用机枪扫射或用刺刀剥开胸膛杀死。村民马洪章被两个日军架着,另一个日军用刀一块一块地割他身上的肉,直至割净致死。日军强奸妇女多人，烧毁全村的所有房屋。此次日军共杀害老百姓300多人，其中青壮年270人、小孩21人、老人7人、妇女6人，有16户全家被杀绝。（冀-711页，张淮清）

【凤阳县考城乡烧活人惨案】 1938年2月13日，日军侵犯凤阳县考城乡小姚村时，遭到国民党军队痛击。日军遂疯狂进行报复，闯进考城乡十几个村进行烧杀抢掠。日军把姚郢南小张庄30多名群众抓住，用铁丝穿透其手心，排列一队，用木棒绑夹起来，燃着秫秸干柴将其活活烧死。又在考城西的黄白郢村用机枪扫射杀害200多名手无寸铁的群众。（冀-712页，张淮清）

【南陵县城惨案】 1938年2月17日至5月3日，日军出动飞机5架先后两次轰炸南陵县城，炸死居民200多人，炸伤多人，炸毁房屋300多间。（冀-713页，屠筱武）

【凤阳县沙沟沿机枪扫射惨案】 1938年2月26日上午，日军把凤阳县西泉以南的许村、唐村以及耿村、沈村、陆村5个村庄包围，各村逃跑的群众见四周都是日军，便向沈村和搬井村中间一条被称叫"沙沟沿"的大涧沟跑去躲藏。日军又把沙沟沿包围起来，逼迫老百姓跪在地上，用机枪把150多名老百姓全部扫射杀害。（冀-713页，张淮清）

【凤阳县曹店村烧活人惨案】 1938年3月3日，日军向曹店村山区发动大规模搜山，重点包围大徐庄，日军在大徐庄东面山上布置火力，把从大徐庄逃出的老百姓140多人用机枪全部射杀；又把抓到的100多名群众押到曹店东杨巷，关在三间牲口棚里，锁上门放火焚烧，除十几人逃出外，其余人全部被烧死。（冀-714页，张淮清）

二、侵华日军在中国制造的部分惨案 1062 例

【宿州县城惨案】 1938 年 4 月下旬至 6 月上旬，日军飞机多次轰炸宿州县城，投弹 100 多枚，炸死居民 400 多人，炸伤 100 多人。5 月 10 日第二次轰炸，又炸死炸伤 100 多人。6 月上旬，日军侵占宿州县城，在南关西边小薛家村杀害 13 人，在关芦家村杀害多人；在县城抓捕了邵传生、凌西蟠、李松坡等各界人士 20 多人，当即杀害；并把从滩溪抓到县城的 60 多人，全部杀害在县城南关外小河滩里。（冀 – 715 页，陈金沙）

【嘉山县惨案】 1938 年春天，日军"扫荡"安徽省古沛地区，屠杀居民 200 多人，放火烧毁了紫阳、姚郢、高咀、魏摆渡、坝底、涧西、蒲子岗、小溪等村镇数千间房屋，又把明光四周 20 里内的房屋烧毁了数千间，同年 5 月，日军又到天门陈高郢等地"扫荡"，杀害老百姓 170 多人。（冀 – 716 页，张淮清）

【蒙城县双涧、板桥惨案】 1938 年 5 月 9 日，日军攻占蒙城县城后，在一些集镇安设据点。驻双涧集的日军以"抗日部队来摸营而老百姓没有报告"为由，把 100 多名群众赶进一间大屋全部烧死，还用手榴弹把藏在华陀庙内的数十名老百姓全部炸死，炸毁了双涧集 800～900 间房屋。驻板桥集的日军，共杀害当地居民 40 多人，烧毁民房 1800 多间，把 300 余户的板桥集变成了"死集"。日军把板桥集周围 14 个村庄房屋烧光，杀害 100 余人，并到魏庄抓捕了 20 多名青年妇女进行轮奸。（冀 – 717 页，叶末）

【舒城县城关头灌水银剥皮惨案】 1938 年 5 月 10 日下午，日军出动飞机 3 架，对舒城县城关进行轰炸，投弹数十枚，炸死炸伤居民 160 多人，炸毁房屋 1000 多间。6

月8日，日军侵占舒城县城，用机枪射杀弃家外逃的居民400多人，同时杀害国民党第20军伤兵100多人。日军把县城爆竹店老板蒋春台划开头皮，灌进水银，剥皮致死。日军强奸妇女150多人，有的遭奸后被日军剖开肚子、割掉乳头。日军还杀害在码头盐仓扒盐的群众80多人。（冀-718页，汪士锶）

【亳州县惨案】1938年5月11日至28日，日军出动飞机22架4次轰炸亳州飞机场和县城，炸毁中国飞机5架，炸死炸伤居民131人，炸毁房屋360多间。日军侵占亳州后，抓住居民孙亭命去挑水，然后将其活埋。居民邵××被日军抓去干活，遭日军怀疑，被装进麻袋，日军刀扎脚踢，看着其在地上翻滚作乐，直至其被折磨致死才罢休。（冀-718页，叶末）

【砀山县周家寨村惨案】1938年5月15日，日军侵占砀山县周寨村，进村就抓"花姑娘"。多数村民闻讯逃跑，日军挨门逐户搜查，把未及逃走的老人和孩子抓起来，然后分别押到吴庄的涵洞、寨南、寨北、寨东北的堤壕里，用枪击、刺刀捅、马刀砍、枪托砸等残忍手段杀害手无寸铁的无辜百姓360多人，被杀绝的18家，炸毁民房1600多间。（冀-719页，陈金沙）

【萧县蒋丁娄村惨案】1938年5月15日，日军侵占萧县蒋丁娄村，把未及逃走的100多名老少村民押往村东北角的大坑里全部杀害。（冀-720页，陈金沙）

【涡阳县城惨案】1938年5月21日至5月31日，日军出动飞机11架3次轰炸涡阳县城，炸死炸伤400多人，炸毁房屋7000多间。（冀-720页，叶末）

二、侵华日军在中国制造的部分惨案 1062 例

【淮北县牛眠村木棍捅阴道活埋人惨案】 1938年4月23日，日军3000多人侵占牛眠村。日军在村口及附近村庄抓来老百姓，逼迫他们挖出6个大坑；坑挖好后，日军用刺刀把他们刺死推进坑里，再叫另一批人将其埋好后，又把这一批人刺死推倒坑内，就这样轮番杀害了约600人。日军还在牛眠村东湖涯活埋了120人，在村西杨树林活埋了100余人。日军还把抓来的村民分别关在几间草房内，用刺刀把他们一个个戳死，然后又在草房上浇上汽油焚烧，烧死400多人，其中只有刘成金一人幸存。日军在该村还强奸轮奸妇女100多人，1名18岁的女子遭轮奸后被日军用一根木棍从生殖器插到小肚子活活戳死。3000多名日军在牛眠村前后两天就杀害无辜百姓1780人，11户被杀绝，100多名妇女被奸污，15间房屋被烧，家禽和粮食被抢光。（冀-721页，周明洁）

【濉溪县渠沟村木棍捅阴道勒死老人和学生惨案】 1938年5月22日，刚从战场上吃败仗溃退到渠村的日军把老百姓当活靶子进行报复。日军用绳子把14岁的程玉坤、15岁的赵圣田两名学生活活勒死。65岁的妇女肖氏，被一群日军轮奸后用木棒捣进阴道活活戳死。日军共杀害村民264人，杀绝32家，奸后被杀妇女20多人，全村700多间房屋全被烧光。（冀-721页，周明洁）

【阜阳县城惨案】 1938年5月24日至1942年8月1日，日军出动飞机3次轰炸阜阳县城，造成全城近千人死亡，全家死亡的数十户，75%的房屋被炸毁。（冀-723页，叶末）

【安庆惨案】 1938年6月1日，日军侵占安庆，攻

城时就屠杀老百姓 200 余人。黄石矶有一条民船载有 36 人，被日军俘获后统统视为"中国兵"，拉到江边全部杀害。日军在安庆共杀害中国军民达一两千人之多。（冀 - 724 页，盛大全）

【金寨县流波童镇惨案】1938 年 6 月 15 日晨，日军出动飞机 9 架次轰炸安徽省政府临时住在地金寨县流波童镇，炸死居民 400 多人，炸毁房屋 700 多间。（冀 - 726 页，汪士锶）

【潜山县梅城镇惨案】1938 年 6 月 19 日至 1943 年 4 月，驻安庆城日军先后 3 次到潜山县梅城镇"扫荡"，其间日军飞机先后 20 多次轰炸梅城镇，炸死炸伤军民 600 多人，炸毁房屋 1000 余间。"扫荡"部队进城后屠杀梅城镇老百姓 300 多人，强奸妇女 120 多人，房屋商店被其烧殆尽。（冀 - 726 页，盛大全）

【望江县惨案】1938 年 6 月 24 日，日军从望江县华阳镇登陆侵占望江县，在华阳镇杀害 2 名儿童，强奸轮奸 8 名妇女，烧毁房屋 150 余间，把财物抢劫一空。1939 年 4 月 6 日晨，日军飞机轰炸望江县凉泉、龙保珠等乡镇，15 人被炸死。5 月 28 日，日军飞机再次轰炸凉泉，又有 14 人被炸死，炸伤 20 多人。1939 年 8 月 25 日，日军血洗杨湾村，用机枪扫射杀害 75 人，烧毁 64 户房屋。1940 年 1 月 26 日至 1944 年 2 月，日军在七里岗等村庄"扫荡"，刺杀、活埋、砍杀、淹死 132 名无辜老百姓。（冀 - 726 页，董玉英）

【青阳县城惨案】1938 年 7 月 2 日至 10 月 13 日，日军出动飞机先后 5 次轰炸青阳县城，把中街、富阳桥南、水巷、承天巷、狮巷口、杨泗庙、殷家巷、青通河畔等处炸毁，炸死居民 140 多人，炸伤 200 多人；炸毁夫子庙防空洞口，使洞内藏的 80 多人全部闷死；炸毁西街圣公会及居民房屋 50 多间。（冀-727 页，文彦）

【宿松县凉亭河镇剖腹挑胎取乐惨案】 1938 年 7 月 27 日，日军在宿松县凉亭河镇与中国军队交战，在攻占峰火山阵地时，日军施放毒气，山上 500 多名中国军人全部被毒死，山下 30 多名居民也被毒死。日军占领凉亭河镇后，疯狂烧杀和强奸妇女，共杀害老百姓 172 人，其中把农民刘初桃砍成 4 块；把段养元砍去双脚又将其剖腹；把刘坤成用开水烫泡后撕去全身皮肉，用刺刀剜心；把一个怀孕 8 个月妇女强奸后剖腹，用刺刀挑出胎儿取乐。日军强奸妇女 59 人，其中被摧残致死和羞愤自杀的 24 人。凉亭河镇周围 41 个村庄被日军洗劫一空，烧毁民房 1054 间，宰杀耕牛 31 头。（冀-728 页，盛大全）

【宿松县吃人心肝惨案】 1938 年 7 月 27 日至 8 月 4 日，日军先用飞机轰炸，随后武装侵占宿松县城。炸死学生、店员和居民 33 人，炸伤 21 人。日军武装侵占县城后，杀害居民 132 人，其中在四牌楼砍掉乞丐王花子的头颅并踢来踢去以此取乐；把居民张杰文削去手指，再砍下头挂在树上；把北街居民李毛弟一家 3 人残杀，剥光衣服捆在凳子上剜去心肝，供日军头目下酒；强奸妇女 157 人，其中奸后遭杀 4 人，拒奸遭杀的 18 人。1938 年 8 月，日军第 6 师团对宿松县农村进行"扫荡"，杀害农民 196 人，强奸妇女 274 人，其中 29 人被摧残致死；烧毁民房 1446 间。（冀-729 页，盛大全）

【泗县草沟集惨案】 1938 年夏的一天，正逢泗县草沟集的赶集日，日军出动飞机3架轰炸人群密集的草沟集，并用机枪低空扫射，炸死、打死居民300余人。（冀－730页，陈金沙）

【肥东县梁园镇惨案】 1938年10月14日至1940年冬，日军出动飞机11架先后5次轰炸肥东县梁园镇及相邻村庄，炸死炸伤20多人，炸毁房屋20多间。在飞机的掩护下，1000多名日军在梁园镇周围农村"扫荡"，杀害老百姓140多人，炸毁民房200多间。（冀－732页，周明洁）

【巢县温家套惨案】 1938年4月30日，日军第6师团侵占了巢县。同年9月30日驻扎在龟山脚下警备淮南铁路的一排日军过河到温家套孙村找"花姑娘"。村民为保护村中妇女，把日兵村野打死，把尸体扔进了巢湖。这件事很快传遍了温家套的河口村、温村、孙村的家家户户。邻近的下朱村汉奸朱维民把此事报告了驻龟山的日军。同年10月7日，日军100多人分水陆两路包围了温家套，见人就杀，见房就烧，见女人就强奸。孙村陈士宏的妻子被挖去双乳，扔进巢湖。年已七旬的孙善武的奶奶被用枪尖挑着，头朝下放在烈火上活活烧死。温村和河口村的70多名群众进行反抗，全被日军用机枪扫死。温家套三个村的大火整整烧了一天一夜，孙村被杀40多人，河口村被杀80多人，户数多的温村被杀180多人，三村总计被害316人，被烧毁房屋900多间。（冀－731页，金宏慧；辽大－417页，屠筱武　徐承伦）

【铜陵县毛桥村惨案】 1939年2月3日，驻铜陵县城的日军占领了水陆交通便利的毛桥村，并开始修建碉堡工事，在毛桥村安下据点，并在烟管山设置了一个杀人场。日军占领毛桥村3年多，在此杀害老百姓200多人，强奸妇

女 50 多人，还烧毁房屋 150 多间。（冀 -732 页，屠筱武）

【铜陵县白家涝万人坑惨案】 1940 年 4 月至 1945 年 8 月，日军占领铜陵县铜官山开采铜矿，逼迫民工每 30～40 人住一间 40 平方米的草屋或草棚子里，吃的是半碗糠菜半碗粮，不许工人自由活动。1942 年夏，铜官山流行霍乱，许多染病矿工还没断气就被拖到白家涝活埋。在铜官山铜矿累死的、病死的及被枪杀、活埋的矿工不计其数，故称白家涝"万人坑"。（冀 -735 页，无作者署名）

【青阳县九华山割乳头烧寺院惨案】 1940 年 4 月 26 日，日军进犯青阳县中国四大佛教圣地之一的九华山，烧毁了百岁宫、上禅堂、东岸下院、九莲庵、法华寺、佛陀里、普同塔、宝积庵等多处寺庙，还烧毁了湖北会馆等多处住房。在九华街上枪杀老百姓和尼姑多人。在九华山后山的南阳湾烧毁店铺 20 多栋，烧毁民房 30 多间、烧死民众 90 多人。他们抓到鲍家村的 3 名妇女，将其轮奸后割下乳房并杀死。（冀 -734 页，文彦）

【阜阳县大田集惨案】 1941 年 2 月 1 日，正逢阜阳县大田集开集，人流涌动，交易繁茂。上午日军出动飞机 27 架次，突然向集市人群投炸弹和燃烧弹，炸死老百姓 700 多人，其中 30 户全家人无一幸免，80% 的房屋被炸毁。（冀 -737 页，叶末）

【桐城县桐东镇惨案】 1941 年 2 月 15 日拂晓，日军进犯桐东镇，先以飞机轰炸 3 个小时，炸死当地群众多人。第二天，日军实行"清乡"，将王家排、许家排等村 40 多户农房烧光，杀害群众 600 余人。（冀 -737 页，盛大全）

【旌德县城惨案】 1941 年 7 月 29 日早，日军出动飞机6架轰炸旌德县城,投弹12枚,并低空扫射,炸死居民117人,炸伤74人,炸毁房屋多间,造成财产损失15亿多元(法币)。(冀-737页,文彦)

【太湖县田家滩惨案】 1942年12月25日,日军侵犯田家滩地区,方圆十几公里的12个村庄1000余间房屋被日军烧光,太湖山区重镇弥陀寺被日军烧毁173家店铺、1557间房屋。日军在太湖县田家滩地区"扫荡",共杀害老百姓300多人,奸淫妇女310多名,烧毁房屋3406间。(冀-738页,盛大全 董玉英)

【金寨县后畈惨案】 1943年1月1日,日军进犯金寨县后畈镇,杀死老百姓200余人,炸毁中国守军的弹药库,炸死为运送军需物资的民工230多人,另外残杀农民100多人,烧毁房屋900多间。(冀-739页,汪士锶)

【金寨县茅坪村机枪扫射惨案】 1943年1月2日晨,日军包围了有60多户人家的山村——茅坪,进行"清乡",挨家挨户地搜捕国民党第五战区李宗仁部队官兵。他们把被国民党军队从各地抓来的284名壮丁和茅坪村的462名村民逼赶到村西头的荒沙滩上用机枪扫射全部杀死,并把村中的400多间房屋全部烧毁。(冀-739页,汪士锶)

【金寨县杨家滩镇惨案】 1943年2月8日上午,日军飞机跟踪从金家寨逃往杨家滩镇的国民党省政府官员、家属和部分桂系军队,以及民夫、商贾,一路进行狂轰滥炸并低空扫射,把杨家滩镇的两条小街炸平,房屋及各种物品化为灰烬,街道上尸横遍野。同时炸死躲避在镇北侧的青峰岭头和岭北上硌子柳树林里的男女老少200多人;并打死在夹山店北侧、白马寺路、杨家滩街、关山河等地

的老百姓及难民多人。(冀-739页,汪士锶)

【金寨县金家寨镇惨案】1943年1月2日黄昏,日军大部队突袭国民党安徽省政府及第21集团军总部所在地金寨县(当时称立煌县)金家寨镇。当日晚,日军从古碑冲到老城25里长的道路两侧到处放火,大火一直烧到4日下午,共烧毁机关、学校、商店、民房10000多间。日军在县城内到处杀人、强奸妇女,共杀害居民、工人、学生100多人,强奸女中学生2名。全县财产损失数百亿元(法币)。(冀-740页,汪士锶)

【潜山县水吼岭割舌头剜心惨案】1943年1月8日,日军兵分3路进攻潜山县水吼岭地区,见人就杀,见房就烧。此次日军杀害群众125人,残杀中国军队家属及老百姓108人。其中,23人被活活刺死,有的被割舌头,有的被剜心脏。他们抓住妇女,不分老幼,均予以强奸,多数人奸后被杀,并且烧毁房屋600多间。(冀-740页,盛大全)

【太湖县挖心当下酒菜惨案】1938年6月,日军侵占安庆后,派重兵"扫荡"沿江各县。7月6日,日军飞机24架次轰炸太湖县城和徐桥两镇,炸死居民169人,炸毁房屋3000多间。1938年7月26日,日军占领太湖县城后,对全县乡镇进行了一个多月的"扫荡",在牌楼村、桃铺杨家岭、岔路口、花元鸣等村残杀村民2864人,并把花元鸣村村民鲁传明吊在树上,挖出心脏当下酒菜。日军还强奸妇女1804人,烧毁房屋7252间。(冀-741页,董玉英)

【马鞍山铁矿惨案】日军侵占期间,马鞍山铁矿向山矿区有一个"侉子坟",江边的老鹰窝有个"万人坑",制铁所内山凹村附近和驴子壁也有一个"万人坑"。这3处大坑都是被日本侵略者推行"以人换矿"、"以人换铁"残酷政策迫害致死的矿工的葬身地。日本工头用刺刀逼迫矿工在恶劣的环境中干活,一年就死掉矿工2200多人。工人一旦伤残或患上传染病就被活埋。在马鞍山铁矿因之而死亡的矿工共计有数万名。(冀-742页,文彦)

【淮南市大通煤矿万人坑惨案】 1938年6月,日军侵占了安徽省淮南市,并霸占了大通煤矿,成立了"淮南炭矿株式会社",又称"南公司"。至1943年10月,日军在淮南大通火车站附近修建碉堡、监狱、水牢、审讯室、刑具房、杀人房等,专门对付"土八路"、"共党嫌疑分子"和矿工。煤矿的矿工因井下事故冻死、饿死、病死、累死或伤病未死就被活埋的,不计其数,仅1943年半年时间就有13000多人死于非命。在大通煤矿南山脚下形成了白骨累累的"万人坑"。(冀-742页,文彦;辽大-142页,安臣 济民 徐承伦 张王民)

21. 日军在浙江省制造的部分惨案

【镇海县城惨案】 1937年8月26日,日军飞机轰炸镇海县县城,炸死1人。1939年6月23日至25日,日军飞机51架次,连续3天大轰炸,投弹304枚,炸死61人,炸伤25人,炸毁房屋1580间。从1939年6月末至1943年4月23日,日军出动飞机315架次轰炸镇海县城,投弹1052枚,炸死居民156人,炸伤153人,炸毁及震倒房屋3780间。日军为占领镇海县城,自1940年7月17日至22

日与国民党军队激战 5 昼夜后败退。日军恼羞成怒，用重武器从海陆两路疯狂炮轰县城和港口，炸毁民房、店铺、学校、庙宇 5370 间，杀害老百姓 196 人。1941 年 4 月 19 日，日军终于侵占镇海县城，进城后疯狂杀害居民共 737 人，打伤 2820 人，县城内被日军炸毁和烧毁房屋 10000 间以上。（冀 - 759 页，钟余云　王祖恒）

【金华县城遭炸惨案】1937 年 9 月 26 日至 1941 年 5 月 16 日，日军出动飞机 110 多架先后 50 多次轰炸金华火车站及县城，投弹 200 多枚，炸死居民 776 人，炸伤 200 多人，炸毁了 800 多米的长街上 153 家店铺的房屋 1685 间，始建于 1000 多年前的义济桥也被炸毁，财物损失无法估量。（冀 - 760 页，石夫　俞龙光）

【衢州城遭炸惨案】1937 年 9 月 26 日至 1942 年 5 月 3 日，日军出动飞机 110 多架先后 80 多次轰炸衢州飞机场、火车站及衢州城，炸死乘火车的旅客及居民 220 多人，炸伤 80 多人，炸毁和烧毁房屋 8128 间。（冀 - 761 页，程光明　楼翠如　朱子善）

【桐乡县石门湾村惨案】1937 年 11 月 6 日下午，日军出动飞机 7 架低空扫射轰炸石门湾村，东市、西市两地遭炸最重，共炸死居民 100 多人，炸伤数百人，炸毁房屋数十栋。（冀 - 762 页，朱近仁）

【鄞县县城惨案】1937 年 11 月 12 日至 1940 年 9 月 11 日，日军出动飞机 52 架先后 7 次轰炸鄞县县城，投弹 148 枚，炸死居民 293 人，炸伤 600 余人，炸毁房屋 2000 余间。（冀 - 762 页，蔡道人）

【嘉善县惨案】1937 年 11 月 11 日，日军侵犯嘉善县西塘镇，用机枪扫射杀害居民56人。1937年11月15日，日军侵占嘉善县城，到处杀人放火、强奸妇女。1938年5月1日，日军侵犯天凝镇，杀害居民8人，烧毁房屋60余间。同年6月，日军把张汇镇近百余家商店1000多间房屋悉数烧毁，并杀害居民10多人。1939年至1943年，日军在大通乡、丁栅乡、塘南湾、芦墟、莘塔、北库、周庄、大云乡等乡镇扫荡，共杀害老百姓达22511人，烧毁房屋80580间。（冀－762页，朱振林）

【吴兴县南浔镇惨案】 1937年11月19日至29日，日军侵占南浔镇，见人就杀，见屋就烧，沿街电线杆上挂满了被害者人头。在轧村齐家湾，吴姓姐妹均遭日军轮奸，其姐被奸后遭枪杀。此次日军共杀害居民400余人，烧毁房屋4993间。（冀－765页，温永之　林黎元）

【吴兴县惨案】 1937年11月22日至24日，日军从水陆两路入侵吴兴县，在县城杀害居民300多人，在获港杀害居民43人。（冀－765页，蒋乡）

【长兴县惨案】 1937年11月25日至1941年4月30日，日军侵占长兴县后实行"三光政策"，在县城杀害居民200余人，城内大部分房屋被烧毁；在后漾塘西村杀害平民19人；在林城东河杀害平民59人。1941年秋季日军扫荡时，枪杀平民140余人，打伤53人，烧毁民房3200余间。日军侵占长兴县8年，共杀害老百姓1008人，烧毁房屋34279间，抢掠粮食13.91万石。（冀－766页，张珊）

【萧山县城遭炸惨案】 1937年11月30日，日军出动飞机28架轰炸萧山县城，炸死平民200多人，伤者甚多，大批房屋被毁。1939年9月，日军出动飞机72架次轰炸全

县，投弹 530 枚，炸死 605 人，炸伤 2227 人，炸毁民房 4585 间。（冀-766 页，张意）

【安吉县惨案】 1937 年 12 月 20 日安吉县沦陷。日军在安吉县实行烧杀淫掠，无恶不作。1938 年冬的一天，正逢县城集贸日，有 400~500 人在长街集中交易。日军飞机低空扫射、投弹，炸死 300 多人，伤者数十人。据统计，该县共被日军枪杀老百姓 998 人，被日军飞机炸死 300 多人，炸伤 2840 人，被抓走杳无音讯的有 500 余人，被日军奸污的妇女计 270 人（其中致死 14 人、致伤 45 人），烧毁房屋 22850 间，烧毁农具 352225 件，烧毁及抢去粮食 3386510 斤、衣服 36387 件，抢杀耕牛 786 头、猪 2894 只、其他家禽 88811 只。（冀-767 页，陈宣中；冀-780 页，黄健）

【武康县三镇惨案】 1937 年 12 月 21 日，日军侵犯武康县城及三桥埠、上柏三镇，实行烧光、杀光、抢光的"三光政策"，把县城及邻村变成一片废墟。他们把三桥埠镇上、中、下三条街 1800 余间店铺和居民住宅全部烧毁，只剩下街头关帝庙屋角一侧，并杀害居民卢干法、王孝联等 7 人。上柏镇 2500 余间店铺及民宅，只烧剩下一座大庙和百余间零星小屋。在上柏镇大庙后山西首，有个"千人坑"，埋葬着三镇当时被日军杀害的数千老百姓。（冀-767 页，席志儒）

【德清县余不镇惨案】 1937 年 12 月 23 日，日军侵犯余不镇（今城关镇），在东门点火烧房 272 间，因居民倾城逃跑，有 12 人被杀。1938 年 3 月 26 日，日军 1000 多人对德清县城区进行扫荡，从武林头澉山沿龙溪西进，见房就烧，见人就杀，两岸房屋 7000 多间被焚烧一空，杀害村

民 1300 余人。（冀－767 页，仲明　汗青；辽大－297 页，冯宇甦）

【富阳县惨案】 1937 年 12 月 24 日，日军侵占富阳县城，该县从此沦陷达 8 年之久。其间，富阳县城店铺和民房被日军烧毁 16082 间，占房屋总数的 80%，1200 多居民惨遭杀害。日军还在县城中心城隍庙里设立"慰劳所"，抓来数百名妇女，不分老少，供日军淫乐，被奸后杀死 9 人。全县遭日军杀害的老百姓（包括被日军飞机炸死）2431 人，重伤致残 1928 人，烧毁房屋 54240 间，被奸污妇女不计其数。（冀－768 页，李师）

【富阳县宋殿村惨案】 1937 年 12 月 24 日，日军侵占富阳县城后，坐落在县城东北方向的宋殿村变成 150 余名日军的常住据点，日军把兵营设在村后的宋法师庙（俗称"宋殿"），据点里设森林笼、水牢、沸水锅等各种刑具，村口公路旁大白果树下即是刑场，即"千人坑"。在长达 8 年多时间里，日军在"千人坑"杀害老百姓千人以上，仅宋殿村被害人就有 331 人。1941 年 11 月下旬的一天，日军从外地抓来 48 名难民，全部杀害在这里。（冀－768 页，江舟人）

【兰溪县惨案】 1938 年 1 月 23 日至 11 月 14 日，日军出动飞机 45 架次轰炸兰溪县城，炸死 27 人，炸毁房屋 5200 余间。日军在全县 35 个乡扫荡 22 次，杀害老百姓 330 多人，400 余名妇女遭奸污，烧毁房屋 20900 间。（冀－771 页，周中）

【桐庐县惨案】 1938 年 1 月 25 日至 1945 年 8 月，日军出动飞机 147 架次，先后 43 次在桐庐县城乡轰炸、扫射，共投弹 564 枚，炸死平民 79 人，炸伤 137 人，炸毁民房 2778 间，炸沉民船 4 艘。1938 年 2 月 9 日至 1942 年，日军出动飞机 44 架，先后 10 次轰炸分水县（现为桐庐县的一个镇），投弹 84 枚，炸死平民 17 人，炸伤 29 人，炸毁民房 145 间，炸沉民船 1 艘。1940 年 10 月 12 日，日军进犯桐庐县窄溪镇，杀害平民 9 人，烧毁民房 678 间。1940 年至 1945 年 5 年间，日军 3 次侵占桐庐、分水两县，杀害平民 1291 人，奸淫妇女 1293 人，烧毁民房 6685 间，抢夺粮食 4250 石，抢夺耕牛 1259 头，致使 16400 余人无家可归。（冀－771 页，李缘）

【百里龙溪惨案】龙溪是浙江省德清县的两条主要水道之一，它的南段与通往杭州的运河相接，北段通往吴兴（湖州）流入太湖。日军占领杭州后，龙溪成了他们运送军火的交通要道。1938 年 3 月，日军在韶村树角龙溪沿岸的雷甸下高桥等地受到了抗日军队的袭击，为保护这条杭湖水道的"安全"，日军对龙溪沿岸村镇进行了有计划的大屠杀。1938 年 3 月 26 日，日军 1000 多人兵分两路，南北夹击长达 120 华里的龙溪两岸大小 150 多个村庄，他们见房就烧，见人就杀，见妇女就强奸。因为受害面积太大，被害人数散而多，无法统计准确，仅就 8 个乡镇受害概况就可以看出日军的暴行：龙溪乡受害村落 12 处，破家 243 户，烧毁房屋 473 间；曲溪乡受害村落 12 处，破家 169 户，被害死亡 39 人，烧毁房屋 473 间；方山乡受害村落 7 处，破家 213 户，被害死亡 230 人，烧毁房屋 610 间；余不镇受害村落 4 处，破家 75 户，被害死亡 12 人，烧毁房屋 272 间；下舍乡受害村落 16 处，破家 370 户，被害死亡 51 人，烧毁房屋 1660 间；白云乡受害村落 34 处，破家 442 户，被害死亡188人，烧毁房屋2126间；禹越乡受害村落2处，破家84户，被害死亡13人，烧毁房屋132间；双溪乡受害村落22处，破家449户，被害死亡193人，烧毁房屋1610间。以上合计焚毁村落109处，破家2045户，被害死亡726人，烧毁房屋7356间。这就是日军制造的"百里龙溪惨案"。（辽大–297页，冯宇甦）

【余杭县乔司镇机枪射杀惨案】 乔司镇是余杭县六大镇之一。1937年12月24日，日军100多人攻占乔司镇。1938年2月17日原驻守乔司镇的国民党第10集团军第62师100多名官兵深夜偷袭乔司镇，消灭了40多名日军。吃了败仗的日军，认为乔司镇民众对"皇军"不忠，便进行疯狂报复。2月18日早晨，日军200多人把被打死的日军尸体拉走后立刻包围了乔司镇，封锁了水路口，接着用机枪、步枪射击逃跑的群众，街道上、公路上、河边、桥头到处都是受难群众的尸体。日军把躲在屋里的400多名老百姓抓到保庆桥关在汽车站里，从上午9点至下午3点，在东面公路上将被关在汽车站里的人，一一射杀，直至全部杀光。2月19日晨，日军又从笕桥机场来到乔司镇，架起机枪见人就扫射，把前天逃跑回来看家的几百名老百姓射杀在各个街道上。据统计，乔司镇被日军杀害的老百姓计1360余人，烧毁房屋7000余间，乔司镇变成一片废墟，人们把汽车站后的池塘称为"千人坑"，并在"千人坑"旁建造了"戊寅公墓"，以示吊唁。（冀–772页，林萍；辽大–297页，冯宇甦）

【上虞县惨案】 1938年2月22日至1942年4月8日，日军飞机轰炸上虞县城乡，在曹娥老坝底炸死炸伤平民19人；炸死炸伤百官镇平民45人，毁房32间；炸死炸伤道墟赶庙会的平民 100 余人；在惠丰镇南街、学宫、新街口等地炸死炸伤平民 80 余人，炸毁商店 29 家，毁房 44 间。1942 年 4 月 8 日，日军飞机在县城投下燃烧弹，烧毁房屋近 1000 间，炸死炸伤平民 10 人。（冀-773 页，孙石）

【玉环县惨案】玉环县在八年抗日战争中被日军杀害村民 479 人，其中枪杀 352 人、刺杀 18 人、炸死 19 人、烧死 55 人、活埋 3 人、沉水淹死 23 人、砍头 2 人、断肢 1 人、奸杀 3 人、放狗咬死 1 人，毁坏船只 319 艘，烧毁民房 800 余间。（冀-777 页，张伍）

【桐乡县石门湾镇惨案】1938 年 7 月 23 日石门湾镇沦陷，日军进镇后即开始烧杀，共杀害老百姓 100 多人，其中包括年逾古稀的老人和育婴堂的幼童以及石圣庵的和尚等人。还烧毁了著名艺术家丰子恺新建的"缘缘堂"及有悠久历史的"振华女校"校舍与民房共 1000 余间。（冀-778 页，徐东）

【海宁县荷叶地村惨案】1938 年 8 月 2 日上午，日军闯进荷叶地村杀人放火，枪杀了村民许宝山、褚宝林等人，将韩洪尖的妻子强奸后杀害，用机枪扫射杀害了 34 名无辜老弱妇孺。此次日军在荷叶地村共残杀村民 110 多人，烧毁房屋 1100 多间。（冀-778 页，张敬夫）

【黄岩县惨案】1938 年 9 月 24 日至 1941 年 3 月 21 日，日军出动飞机先后 5 次轰炸黄岩县城，炸死居民 77 人，炸伤 36 人，炸毁房屋 312 间。1941 年 4 月 15 日，日军侵占黄岩县城，在县城、永宁乡、鼓屿、三童乡等地杀害居民 2000 人以上，烧毁民房 200 多间。（冀-779 页，明桔）

【德清县新市镇惨案】1938 年 11 月 9 日上午，日军在进占新市镇的路上刺死 3 人，冲进新市镇后，又枪杀了西栅万昌南货店的陈姓老板，之后，不论老人和孩子，见一个杀一个。仅仅 3 个多小时，日军就在新市镇杀害无辜百姓 120 余人，伤者数十人。（冀－780 页，高赓元　施九如）

【寿昌县城惨案】1939 年 6 月，日军共出动飞机 43 架 9 次轰炸寿昌县城（现为建德县的一个镇），炸死炸伤平民 100 余人。（冀－783 页，汪衡）

【临海县惨案】1938 年 9 月 24 日至 1945 年 8 月，日军先后出动飞机 65 次轰炸临海县城乡杜桥、沈家门川别洋等地，投弹 1288 枚，炸死平民 182 人，炸毁房屋无数。（冀－783 页，冯韦）

【奉化县溪口镇惨案】1939 年 12 月 12 日至 1941 年 4 月 22 日，日军先后出动飞机 13 次轰炸溪口镇蒋介石旧居，炸死百余人，蒋介石原配夫人即蒋经国的生母毛福梅也被炸死，炸伤几十人，炸毁房屋数百间。（冀－784 页，林木）

【绍兴县惨案】1940 年 10 月 26 日，日军侵占绍兴县城，当夜在绍兴城内最繁华的地段——大善寺至水澄桥一带纵火，烧毁了 8300 平方米房屋店铺，日军还杀害了 40 多名居民，民间文学作者丁梦魁被日军绑在电线杆上泼上汽油活活烧死。1942 年 1 月，日军路经绍兴时，大肆强拉民夫千人以上，浙赣战役后无一生还。（冀－785 页，陈纪璨　朱云间）

【衢县细菌惨案】1940 年 10 月 4 日上午 9 时许，日军出动飞机 1 架，在衢县城上空投下大量带菌的麦粒、麦麸、粟米、黄豆和棉花、碎布以及跳蚤等物。17天后，衢县县城发现大量死老鼠。28天后，城西柴家巷3号居民吴仁厚8岁之女患鼠疫病。自此，鼠疫从城西迅速蔓延，至同年年底死亡21人。1941年2月至11月，死亡274人。从1942年至1947年，衢州所属3个县58条街巷及15个乡镇23个村，相继发生鼠疫，死亡人数2000人以上。（冀-785页，陈执中）

【宁波市鼠疫惨案】 1940年10月27日中午，日军出动飞机1架侵入宁波（旧鄞县城）上空盘旋低飞，飞机走后，群众在市中心东大路开明街拐角处一带发现有麦子、粟米等物散落。3天后，该处一家豆腐店里的1个男人和2个孩子突然发病死去，接着又有14名居民死亡。经调查统计，当时共有103人染鼠疫死亡。（冀-787页，孙金铭 倪维熊）

【金华县细菌惨案】 1940年11月27日、28日两天，日军出动飞机数架在金华县上空投下大量白色细小颗粒异物，落地呈柳絮状。在城区的通济桥、马门头和乡间的五里牌楼、秋都乡一带落得最多。不久，这一带先后有群众发病，并陆续死亡，据医学鉴定均为染鼠疫致死，全县因鼠疫流行共死亡1617人。（冀-787页，史哲）

【浦江县惨案】 1941年4月15日至5月21日，日军出动飞机先后10次轰炸浦江县城及后卢金、郑家坞、石斛桥、吴一路、虞宅、中余、寺前、会龙桥等村镇，炸死炸伤平民140多人，炸毁房屋875间。1941年6月20日至月底，日军侵占浦江县，铁蹄所及之处，灾难深重：共有平民1200余人被杀死杀伤，烧毁城乡房屋140000多间，抢掠粮食100000余担。（冀-790页，俞富；冀-794页，石

镜）

【义乌县惨案】据不完全统计，抗日战争期间，义乌县城乡被日军杀害1767人，抢走粮食7065吨，抢掠牲畜65300头，炸毁房屋18518间。1941年4月17日至5月20日，日军出动飞机多架先后两次轰炸义乌县城和佛堂镇。4月17日上午正逢佛堂镇集日，集市上人山人海，日军飞机突临上空投弹并低空扫射，炸死平民120多人，重伤多人。轰炸县城时，居民虽已防空转移，但仍炸死平民6人。日军先后两次共炸毁房屋1134间，财产损失1500余万元（法币）。（冀－790页，陈宪 萧畅）

【海门县把民船和渔船当靶子射杀惨案】1941年4月19日，日军2艘小军舰闯入海门港后，沿江追逐民船和渔船，把船上的无辜百姓当作靶子射杀，把船烧毁。当日日军自海门上岸从码头起直至乃庵、沙门、海葭路上，一路进行大肆屠杀，共杀害平民及江上渔民200多人。1945年5月15日，日军第二次侵扰海门，杀害平民608人，飞机轰炸炸死351人，抓担夫285人（其中32人死于运送途中），奸淫妇女154人，烧毁房屋1500间，烧毁船只50多条。（冀－791页，温强）

【象山县茅洋碲矿惨案】1941年4月至日本投降，日军在象山县石浦茅洋开采碲矿。由日军300多人组成护矿队，护矿队驻地内设水牢、电椅、杀人台、活靶场、狼狗等刑具。在交通要道设置地堡、碉堡、哨卡、路障。从各地抓来的众多劳工，在日寇刺刀监视下从事极为繁重的劳动。茅洋碲矿上因病死、饿死、累死、冻死、酷刑折磨死、瘟疫致死、活埋等，死难矿工共计有2700多人。（冀－792页，周义华）

二、侵华日军在中国制造的部分惨案 1062 例

【永康县古山镇惨案】 1941 年 5 月 13 日和 1942 年 5 月 20 日，日军出动飞机先后两次轰炸古山镇，炸死 12 人，炸伤 9 人，炸毁民房 8 户。1945 年 5 月 21 日、22 日两天，日军侵扰古山镇，杀死平民 2 人，奸淫妇女 20 余人。日军后两次强征民工 2735 人，其中被折磨致死 452 人，伤残 2035 人，烧毁民房 850 间。（冀–793 页，金山）

【平湖县衙前镇惨案】 1941 年 6 月 7 日，日军从金丝娘桥、白沙湾、全公亭至衙前镇一带，抓捕了 140 多人押到衙前镇。当天晚上，日军把人们押到镇北母子桥边事先挖好的泥坑边，用刺刀挨个将人捅死，把尸体推入坑里，共有 136 人被杀害。此后人们把此地称为"百人坑"。（冀–794 页，秋月）

【义乌县鼠疫惨案】 1941 年 8 月，日军飞机在义乌县城投下鼠疫苗，造成"腺鼠疫"和"肺鼠疫"流行，时间延续达半年之久，当地百姓先后患鼠疫死亡者 100 余人，使整个县城阴森恐怖，一段时间内浙赣铁路客车也不敢在义乌车站停靠。（冀–795 页，楼秋星）

【东阳县鼠疫惨案】 1941 年 12 月，东阳县八担豆村泥工赵发清与俞店的吴美恒 2 人在义乌县鼠疫区做工染病后逃回家里，赵发清翌日即咯血而死。其父、母、嫂、弟等一家 6 口人和俞店吴美恒、吴森林及其亲戚邻居 7 人都相继染疫而死。东白乡桥村蒋顺伯因事赴金华，返回时经义乌住一宿，回家后其本人、妻子、儿子、女儿均死亡。从此疫情传开，至 1942 年 3 月，患鼠疫死亡达 120 余人。（冀–795 页，王人茂）

【奉化县惨案】 日军自 1939 年 12 月开始轰炸奉化县

城、溪口、江口、西坞、莼湖等主要城镇20余次，出动飞机66架，投弹222枚，炸死炸伤100余人，炸毁房屋400余间。1941年4月23日，日军侵占奉化县，溪口沦陷1576天，被日军杀害平民217人，被抓并失踪73人。日军在方桥镇强奸妇女30余人，烧毁房屋131间。（冀-796页，胡元福　王舜祁）

【磐安县窈川村惨案】1942年5月19日，日军追击国民党部队窜入窈川村，见人就杀，首先枪杀了村民郑满天等80多人，接着把国民党部队存放在大花厅内的4000多担枪支弹药点燃烧毁，大火烧了2天2夜，被关押在大花厅内的100余名民夫同时被烧死。日军还抓走百姓224人，烧毁民房2750余间。（冀-797页，马深培　韦永甘）

【东阳县惨案】日军入侵东阳县以前，曾派飞机轰炸县城6次，炸死居民66人，炸伤30人，炸毁官署房屋136间，炸毁民房854间，财产损失1.6亿余元（法币）。据不完全统计，1942年5月19日，日军进攻金华、衢州途中占领东阳，全县68个乡有61个乡遭受日寇铁蹄践踏，枪杀平民125人，打伤24人，抓伕19人，烧毁民房1700间。自1943年10月20日至11月1日，日军又在东阳县多次制造屠杀事件，杀死平民男451人、女53人；全家被杀绝的16户39人；致伤294人；抓民夫32人；奸淫妇女101人；烧毁官署房屋183间，烧毁学校房屋93间，烧毁民房69945间；财产损失（法币）1.5亿元。（冀-799页，丁勤）

【建德县将老人和小孩当活靶子打死惨案】1942年5月20日至7月28日，日军侵占建德县期间，在庵口村把农民叶根富扒光衣服用刺刀在胸前和阴部开口，使其五脏倒出惨死。日军用枪瞄准行人射击当活靶取乐,用此法杀害老人和小孩达 150 余人。同年 12 月 13 日,日军飞机轰炸县城梅城镇,炸死平民 322 人,炸毁房屋 200 余间。据统计,建德县因日机轰炸和日军入侵烧杀,伤残 4534 人,被抓民夫 113 人未归,被奸妇女百余人,被烧毁房屋 3373 间,被毁粮食 5200 石。(冀 - 800 页,梅新;冀 - 809 页,吴康复　汪佩珍)

【诸暨县浬浦镇惨案】 1945 年 5 月 25 日,日军 300 多人进犯诸暨县城,途经浬浦镇时在镇外沙滩上逗留,其中一名军医离队进镇强奸妇女。当他返回时,部队已走,他迷失了方向,被老百姓追打,他拉开手榴弹忘了扔出去,结果炸死自己。日军发现丢了军医,返回浬浦镇寻找,在浬浦镇杀害平民 120 余人,烧毁房屋 200 余间,造成浬浦镇惨案。(冀 - 801 页,孙林楚)

【汤溪县惨案】 1940 年 1 月 15 日至 1942 年 6 月 3 日,日军出动飞机 105 架先后 35 次轰炸汤溪县城及农村,投弹 140 多枚,炸死 30 人,炸伤 31 人,炸毁房屋 280 多间。1942 年 5 月 26 日和 1944 年 6 月 10 日,汤溪县两度沦陷,日军在汤溪县共杀害老百姓 722 人,其中男 338 人,女 218 人,幼童 166 人;受伤近 3000 人,其中重伤 211 人。全县 11.6 万多口人中,因战乱而流亡的有 10041 人。被强奸妇女 1805 人,其中 5 人被轮奸致死。全县被烧毁民房 7768 间,被抢劫粮食 10.61 万石,财产损失 45.24 亿元(法币)。(冀 - 802 页,石夫　俞龙光)

【金华县惨案】 1942 年 5 月 28 日,金华县城沦陷,至 1945 年 9 月 3 日日军撤离县城,全县 40 多个乡镇中,有 38 个被日军盘踞。日军从上海、杭州及沙溪当地抓来 3000

多名平民百姓在沙溪村附近拆毁铁路，昼夜不停施工，许多人因连续劳累体力不支而遭打致死，沙溪村村民就有1/3被活活打死，工地四周尸横遍野。日军还在上柳家、上姜村等地杀害平民44人。据1946年统计，日军在金华县共杀害平民2855人（不含被飞机炸死），先后死于建造金华飞机场工地的民工5000余人，被强奸的妇女1370人，因战乱伤亡5000余人。烧毁房屋45515间，财物损失估计129.48亿元（法币）。（冀-803页，石夫　俞龙光）

【龙游县惨案】1942年5月底日军侵占龙游县城，全县6个区42个乡先后惨遭日军铁蹄践踏。日军共杀害平民百姓854人，强奸妇女1820人（其中23人致死），烧毁房屋6509间，劫杀耕牛488头，家禽12834只，损失粮食3308.63万斤。（冀-806页，阿炳）

【永嘉县砻糠桥惨案】1942年7月11日，日军侵占永嘉县（今温州市），在南塘附近建起一座7米高的瞭望台，监视河中过往船只，见到小船就开枪射击。据统计，日军在砻糠桥附近共杀害居民353人，伤36人，失踪54人，总计443人。（冀-809页，叶汉龙）

【松阳县惨案】1942年8月2日，日军第116师团第178联队侵占松阳县城，从两个方向奔袭云和县，妄图袭击驻云和县境的浙江省政府。在松阳与云和两县之间的分水岭，遭到国民党军队伏击，日军败逃经过松阳县沙坑等村庄时，便把仇恨发泄在老百姓身上，不分男女老幼，见人就杀，见屋就烧。从分水岭至松阳县城沿路，凡是败逃日军经过的村庄皆尸横遍野、一片焦土。日军共杀害手无寸铁的无辜村民3000余人，其中有名有姓的1954人；烧毁民房3146间。（冀-810页，王存义）

二、侵华日军在中国制造的部分惨案 1062 例

【海门县雀儿岙岛惨案】1942 年 8 月 8 日,日军窜犯台州湾东麂列岛的雀儿岙,见人便杀,连老弱妇孺也不放过,共杀死 300 多人,使该岛成为空岛、死岛。(冀-811 页,黎风)

【云和县鼠疫惨案】1942 年 8 月 26 日,日军出动飞机 3 架在云和县城上空连续投弹,把多枚细菌弹倾泻在面积只有 5 平方公里的城区。从 1943 年至 1945 年,云和县城乡到处出现鼠疫,死亡率高达 81%～95.24%,全县先后发生鼠疫 183 处,死亡 1045 人。(冀-812 页,王存义)

【萧山县徐童山下惨案】1942 年 8 月 31 日,一艘汽艇上的日军用机关枪、迫击炮开路向徐童山下扫荡,陈家、方家两村顿成一片火海,来不及外逃的村民躲在屋里仍被炸死。一些从火堆里挣扎出来的村民,也被日军刺死或劈死。陈家、方家两村有 100 余人被杀害,烧毁民房 100 多间。同年 9 月 3 日,日军再次侵犯徐童山下和赶村王村,烧毁 300 多间民房。(冀-813 页,陈志放)

【武义县惨案】1942 年 8 月至 1945 年 8 月,日军盘踞武义县城乡 3 年,在县城、竹客、柳城、桃溪滩、下店等村镇,杀害手无寸铁的无辜百姓 3000 余人,烧毁民房 13800 多间,被抢被烧粮食 24600 余斤,遭日军洗劫 16700 多家,财产损失 42 亿元(法币)。(冀-813 页,吴芳)

【武义县童庐村割乳房刺刀捅阴道惨案】1942 年 5 月 23 日,日军侵占了武义县城东郊约 3 公里的童庐村,安插据点建炮楼、炮台,并把童庐后山当作杀人场。日军用活埋、砍头、枪刺、火烧、剖肚挖心、五马分尸、军犬咬等凶残手段,在童庐后山杀害中国军民达数千人,当地

居民称"万人坑"。日军把 1 名中年妇女扒光衣服吊在梁上戏弄,然后又将她捆卧在垫有黄沙的地面上,由 10 多个日军轮奸,而后割掉乳房,用刺刀捅进阴道,最后用柴片加煤油点着火将其烧死。(冀-814 页,姚境)

【义乌县崇山村惨案】 1942 年 10 月,日军飞机在衢州空投鼠疫跳蚤,使鼠疫传播到义乌县崇山村,致使崇山村暴发鼠疫,人们扶老携幼企图逃命,被日军 100 多人团团围住,然后放火烧房烧人进行"灭疫",还对外逃的人进行搜寻杀害,共杀害崇山村民 130 多人,烧毁房屋 500 余间。(冀-815 页,金富)

【永康县八字墙乡割乳房刺刀捅阴道惨案】 自 1942 年至 1945 年日军侵占永康县 3 年,为了修筑硼矿铁路,用刺刀逼迫当地农民在八字墙乡砍伐树木做枕木,共砍去木材 27000 立方米,杀害和因财产被抢烧而饿死村民 100 多人,抢去粮食上百万斤。曾有十几个日军把 1 名妇女轮奸后绑在柱子上,用刺刀挖去其两个乳房,又把刺刀戳入其阴户,将其活活捅死。(冀-821 页,郑彦)

【鄞县大皎村二马分尸惨案】 鄞县位于浙江省东部,大皎村处于四明山区,当时鄞县、余姚等 6 县政府都迁移到 300 余户的大皎村。1941 年 5 月 30 日,日军兵分 5 路扫荡大皎村,强奸 20 多名妇女,还残忍地把一名女孩的两脚分别绑在两匹马上,鞭打两马,将女孩分尸残害,并把全村 300 余户房屋只烧剩 6 间。(冀-793 页,田心)

22. 日军在广东省制造的部分惨案

【广州市惨案】 从 1937 年 9 月至 1938 年 10 月,日

军出动飞机先后轰炸广州市56次,大量商店和居民住宅被炸毁,造成无数人家破人亡的惨剧。1937年9月22日下午,日军出动飞机22架在广州市区投下炸弹多枚,炸死居民800多人。1938年初,日军飞机在广州市及郊区狂轰滥炸持续了十多天,市民及农民被炸死7000多人。1938年5月的一天夜晚,日军飞机轰炸黄华塘,炸死居民100多人,被炸死的居民尸首分离、肢体破碎,惨不忍睹。(辽大-235页,夏琢琼 黄蔼芙 徐启华)

【珠海市三灶岛机枪射杀惨案】1938年1月17日,日军6000余兵力在腾田中将的带领下侵占了三灶岛,并在岛上设立陆海空司令部。于4月12日至14日连续3天在三灶岛的鱼弄村进行大逮捕、大屠杀。他们将反抗日军的农民罗定志、袁定池等勇士用铁丝穿透手心,5人一串、10人一排拴起来,押到事先挖好的3丈长、7尺多深的大坑边用机枪将其射入坑内,然后浇上汽油焚烧,共杀害鱼弄村农民386人。13日,日军在上表、草塘、圣堂等36个村庄同时放火烧毁3264间房屋,164艘渔船。14日,日军在岛上又对无家可归、无船可逃的农民进行大屠杀,被杀害的农民、妇女和幼童共2000多人。日军还将许多青壮年押去修飞机场等军事工程,造成许多村屯十室九空的惨剧。三灶岛沦陷八年中,共被日军杀害2891人,饿死3500多人。日军还将从朝鲜、台湾以及万山、横琴等地抓来建飞机场的3000多名民工秘密处死,因而留下"万人坟"、"千人坟"、"百人坟"三处。(辽大-235页,夏琢琼 黄蔼芙 徐启华;冀-1133页,郎光琳)

【南澳岛惨案】南澳岛位于广东省的东端,是我国东海与南海、闽粤两省交界之处。1938年夏,日军侵占南澳岛后，对这个只有十几个村镇、2万余人口的孤岛进行烧、杀、封海政策，共计杀害全岛渔民2000人以上，烧毁渔船千余艘，被奸淫的妇女100余人，因家长被杀而成孤儿、难童的计有800多人，烧毁房屋3900多间，烧毁竹排、渔船462只（艘），使6700多人无家可归。（辽大-235页，夏琢琼　黄蔼芙　徐启华）

【潮阳县海门镇砍头活埋惨案】1939年8月21日，日军侵占潮阳县海门镇，砍头杀害老百姓140多人，活埋570多人。烧毁房屋1400多间，烧毁各种渔船467只。1941年3月25日，日军烧毁该县城北门和睦桥。1943年4至5月闹饥荒，日军却不准渔民出海，全镇有18000多人活活饿死，饿殍遍地，惨不忍睹。当地群众将这18000多具尸体埋在海边沙滩上的"红沙坑"。1946年各界人士募款，将"红沙坑"尸骨迁葬于莲花峰"万人冢"，冢前立碑曰："海门陷倭癸申夏死难同胞之墓。"（辽大-235页，夏琢琼　黄蔼芙　徐启华）

【电白县城惨案】1939年11月9日中午，日军出动飞机多架轰炸电白县城，并低空扫射，100多名居民被炸死炸伤，许多房屋被炸毁。（冀-1134页，夏琢琼　徐启华）

【惠州市惨案】日军侵犯广东期间，曾四次侵入惠州烧杀抢掠强奸妇女，犯下了滔天罪行。1938年10月13日，日军侵入惠州，把最繁华的商业区水东街和圹下街纵火烧毁，强奸妇女，抢掠财物。1941年5月3日，日军第二次侵入惠州，在蓬瀛村杀害村民和从城里逃难来的难民400多人，同时把惠州市内的商店和市民住宅烧毁了八九成，把惠州城变成一片废墟。1942年日军第三次入侵惠州，进行了历时三天的大屠杀，抓到男人就活埋，见到小孩就用军刀刺死,见到妇女强奸后杀死,还把许多市民用绳索捆成串丢入东江活活淹死,这次被杀害的老百姓有3000多人。1945年1月14日,日军第四次侵入惠州,又杀害老百姓500多人。(冀-1134页,彭华章)

【汕头市金沙乡惨案】1939年日军窜到汕头市金沙乡,见人就杀,在全乡杀害了300多农民,其中有50多名农民被日军用铁丝穿透手掌心,联成一串,用刺刀活活挑死。同一天,日军还从金沙乡抓走700多名青壮年押送到海南岛、菲律宾当劳工。日本投降后,被抓走的人只有10人回乡,其余人均被折磨死在他乡。至1945年日军投降,金沙乡先后被日军杀害800多人,被抓走逼走900多人。(冀-1134页,彭华章)

【广州市东山区黄华塘村惨案】1938年5月28日夜晚,日军飞机夜袭黄华塘村(即今越秀区黄华路一带),把全村炸为平地,炸死居民100多人,血肉横飞,惨不忍睹。1946年,人民群众及该村幸存者,自动捐资在被炸地点立碑,上刻"血泪洒黄华",以警示不忘日军罪行。(冀-1133页,郎光琳)

【遂溪县岭头村机枪扫射灭口惨案】1942年冬天,日军为在遂溪县岭头村附近修建飞机场,把1000多名青壮年抓去当劳工。他们在岭头村的坎沟里设置了一个"万人坑",每完成一项工程,为了保密,就把参加该项工程的民工杀害埋在"万人坑"里。1943年3月的一个早晨,该县平塘村和邻村的80多名农民,被日军抓去修飞机场的一项工程,太阳落山时完工后,日军即把这80多人赶到"万人坑"用机枪扫射杀害。日军还把机场附近一带800多间房屋烧毁,把村民赶走,不走者即予以杀害。(冀-1135

页，夏琢琼　徐启华）

【广州市牛山脚"万人坑"惨案】牛山位于广州市黄埔区文冲乡，原为清朝牛山炮台的炮坑，长约百米，深、宽各约3米，自1938年至1945年，这里变成了日军在广州市的杀人场，在此坑遭杀害的1万多人，故称"万人坑"。1939年2月19日，日军在此坑用刀砍或刺刀挑、枪杀等手段，一次就杀害280多人。（冀-1135页，郎光琳）

23. 日军在广西壮族自治区制造的部分惨案

【柳州市惨案】1938年至1939年7月15日，日军出动飞机多次轰炸柳州市市区，其中1939年7月15日的轰炸破坏最严重：50架次飞机对市区狂轰滥炸，并低空扫射，共炸死市民400多人，炸毁房屋数百间。（冀-1139页，于辉云）

【上林县石寨村砍头惨案】1940年1月下旬，驻上林县城的日军到石寨村扫荡，侵入石寨村后，利用两名汉奸向藏在山上的村民喊话："皇军安民了，不再杀人了，大家回家吧！"群众信以为真，跟着喊话的人下山回村。日军却把回村的群众男女分开，把72名青壮年男人单独关在一起，强迫脱光外衣，押到村头鱼塘边砍头杀害。（冀-1140页，集体）

【钦县上那冷村机枪扫射惨案】1940年2月10日，30多名日军闯进贵台乡上那冷村，把躲在屋里的村民一个个用绳子绑起来，押到村边岭坡上，用机枪扫射和马刀砍，把108名男女老少集体杀害，并放火烧毁全村所有

房屋。（冀-1140页，阮大洲　章慈芳）

【邕宁县吞榄坡惨案】 1940年5月12日，适逢邕宁县坛洛圩"四月八"传统家具节。方圆数十里内的群众3万多人前来赶圩。为了防空，集市地点移到坛洛圩东的吞榄坡密树竹林下进行交易。上午11时许，日军飞机3架突袭集市，投弹50多枚，并低空扫射，炸死群众400多人，炸成重伤300多人，轻伤者无法统计。（冀-1140页，卢裕绰）

【钦县大寺圩惨案】 1940年10月25日，正值大寺圩圩日，约3000人进入集市交易。当日11时许，日军飞机3架直冲而来，在圩场上空盘旋轰炸，投下18枚炸弹，并低空扫射。市场人群密集，江水又大，无法疏散，赶圩的群众被炸死154人，伤者不计其数，炸毁房屋30多间。（冀-1141页，阮大洲　章慈芳）

【钦县县城惨案】 1942年3月5日至4月22日，日军出动飞机21架先后两次轰炸钦县县城，投弹10余枚并低空扫射，炸死居民715人，炸成重伤30余人，炸沉木船3艘。（冀-1141页，章慈芳　阮大洲）

【永福县林村熏死惨案】 1944年9月17日，日军侵占林村，村民扶老携幼四散逃难，一部分老人小孩躲进下岩洞内。日军冲到岩口，见洞门封紧，就用石头砸破洞口进入岩洞，把堆在洞内的衣物、粮食点燃。此时正刮北风，风助火势，浓烟滚滚，躲在洞内的84人被熏死79人，另5人从隧道爬出逃生。人们为纪念岩石中死难的同胞，将"下岩"改称为"血泪岩"。（冀-1141页，毛圣超）

【桂林市七星岩惨案】 1944年10月，国民党第31军第131师第391团在漓江东岸一带与日军冈村宁次的第

40 师团激战后，日军侵占东岸各据点，国民党军队退居至洞深 1 公里许、可容万人的七星岩内。日军将七星岩团团包围，用机枪封住前后洞口，并用平射炮、火焰喷射器、燃烧弹和毒瓦斯，向洞内轰击。洞内的 391 团官兵只有少数人冲出日军火力网，绝大多数在洞内殉国。1945 年 12 月 8 日，桂林市政府组织人员搜洞，经清理，有尸体、尸骸 823 具。（冀－1142 页，杨昌智）

【桂林市黄泥岩熏死村民惨案】1944 年 10 月 28 日，侵占桂林市的日军占领了市东郊的柘木一带。当晚，王家村及附近的农民 400 余人躲进村东的岳山黄泥岩洞内。该洞是长一里左右的弯弯曲曲的"盘肠洞"。日军在村内抓不到人，便放火烧房，然后佯装撤走。这时洞内人急于救火，冒险下山，被日军发觉。日军把洞口堵住，把在村内抢来的大批干辣椒点燃，并用衣服包裹毒气瓶引爆后熏烧，把洞内的 142 人熏死 137 人。（冀－1143，赵平）

【桂林市大吉岩熏死惨案】1944 年 11 月 6 日上午 9 时许，驻雁山镇日军到雁山镇五塘村扫荡，村里人事先跟随国民党军队躲进大吉岩山洞内，因洞内人多且空气不流通，村民无法在洞内生火，只好到洞外山石间生火煮饭。日军发现煮饭炊烟，循迹进山搜寻找到藏人洞口。见洞口太黑，不敢深进，就将农民存放在洞口的箱笼衣物、烟叶等物浇上汽油点燃。山上的青年看到大火也不敢去扑灭，直至晚上日军退走，藏在附近的人才去救火，可是洞内的 300 多人已有 206 人被熏死。（冀－1144 页，毛庭栋　杨昌智）

【河池县机枪扫射惨案】1944 年 11 月，日军侵占河池县城。11 月 28 日，日军向县城近郊大杨村发炮轰击，炸毁 50 多间房屋，炸死村民和县城里去大杨村避难的难民 100 多人。日军在县城缺少食物，知道是因老百姓"坚壁清野"，把粮食转移到了近郊农村，日军即对近郊大杨村、坡岭村、怀竹村、大莫村多次洗劫，把鲤龙关关隘内数百名逃难的难民用机枪扫射杀害；黔桂铁路线上 300 余米长的 5 号隧道洞内住满了无家可归的难民，日军发现后，用机枪封住两端洞口把全部难民射死。（冀－1144 页，唐人基　黎式尧）

【桂林市燕岩熏死村民惨案】位于桂林市郊西南 10 余公里的马埠江村村民为逃难藏进燕岩洞内。1944 年 11 月 9 日中午，驻桂林市日军到马埠江村扫荡搜山，发现燕岩洞内有人，多次喊话无人应声。日军便把农民置放在外层洞中的物资堆积起来，纵火焚烧。时值初冬，北风呼啸，浓烟直往内洞灌。因无人抢救，大火烧了几日不熄，共有 111 人被熏死在洞内。（冀－1146 页，毛庭栋　杨昌智）

【马山县塘头村熏死惨案】1944 年 12 月 3 日 9 时许，驻马山县城日军到塘头村扫荡，村民得知消息纷纷弃家外逃上山，通过石城登竹梯进入一个叫做"敢细"的岩洞内躲藏。日军尾追在后也登竹梯进洞，因洞深黑暗，找不到洞内的藏人，便把洞口存放的粮谷什物点火焚烧。因谷物中藏有弹药，引发爆炸。又因洞口朝北，风助火势，浓烟涌进洞内深处，共熏死 95 人。（冀－1147 页，陈向虞）

【金州县茅坪村惨案】1944 年 12 月 18 日深夜，日军包围了民众抗日自卫队驻地茅坪村，自卫队与日军进行激战，因寡不敌众，自卫队伤亡惨重。由于出村的道口被日军机枪封锁，共有 78 人被俘并遭日军杀害。日军还杀害了茅坪村 21 名手无寸铁的老百姓。（冀－1148 页，廖耀敏）

【宾阳县上雇村惨案】1945 年 3 月 12 日夜，日军侵犯上雇村，进村后烧杀强奸妇女，无恶不作。有些妇女被集体轮奸，有的被奸后用刺刀捅死。日军在该村共杀害117名村民，打伤3人，4户人家被杀绝。（冀－1149页，黄载文）

【来宾县东汉塘村刺刀捅阴部砍杀小孩惨案】
1945年5月20日拂晓，日军从宾阳向柳州方向败退，途经凤凰、维都、东汉塘等村时，疯狂烧杀抢掠奸淫妇女。仅在东汉塘村就砍杀了30个儿童，强奸轮奸并杀死妇女38人，其中彭段寿的母亲被日军士兵奸污后还用刺刀插进其阴部将其捅死。日军把80名村民砍杀后，压上门板和柴草，并浇上汽油焚尸。日军在上述三个村庄共杀害108人，烧毁房屋8间。（冀－1151页，李大明）

【柳城县鸡母岭村毒杀惨案】 1945年6月17日晚，驻柳城县城的日军500多人，突袭在正沙埔街圩观看桂剧的群众，当场杀害40多人，并把30多个年轻姑娘拉进二寨屯进行奸污。6月20日晨，日军进攻鸡母岭村，县自卫队与日军交战，打退日军多次冲锋，日军即向村内发射毒气弹，致使数十名老百姓中毒倒地，自卫队也失去战斗力。日军冲进村后，进行大屠杀，鸡母岭村村民被日军杀害50多人。（冀－1151页，李雪辉口述　韦烽整理）

24. 日军在海南省制造的部分惨案

【崖县三亚割生殖器惨案】 1939年2月14日，日军2450多人分乘数艘军舰侵占崖县三亚地区。登陆前，日寇先用飞机、大炮对岩上城镇村庄进行轰击。日军陆军部队从三亚湾登陆后，立即开始大屠杀。从1939年2月14日至 1945 年 8 月 6 年多时间里，日军先后在崖城乐罗村用机枪扫射杀害外逃的村民 200 多人；在木头园村把几十名村民活活埋在井里；枪杀务道村民 20 多人；在铺村杀死 19 名村民；在三亚港榕根坡枪杀 200 多名被抓的群众；在崖城杀害 11 名共产党员；在保平村杀害 8 名村民，其中陈多儒被割去生殖器；在港门村杀死 4 人；在妙山等村庄杀害 30 多人；杀害田尾村村民 11 人；杀害红袍村村民 20 多人；为保密，在荔枝沟南丁村地下军事工程竣工后，日军把参加工程建设的 1000 多名朝鲜劳工用机枪集体扫射杀害，造成被人称为"南丁千人坑"的惨案。（冀－1157 页，龙建武）

【崖县田独镇万人坑惨案】1939 年 2 月日军侵占三亚后，至 1945 年 8 月，在崖县田独镇黄泥岭开采铁矿，从各地招募和抓来的劳工先后共 68 批，总人数达 2.5 万人。日军逼迫劳工每天下井劳作 14 多个小时，劳工仅靠吃番薯、玉米、南瓜汤果腹，穿的是破麻袋和洋灰纸袋。6 年多来，日军在此地共开采矿石 2691263 吨，掠走 2687687 吨。日军采取以人换矿石的政策，许多劳工被累、饿、病、刑罚折磨死，至 1945 年 8 月，劳工只剩下 1713 人。日军在田独镇采矿 6 年多，被枪杀、活埋、烧死、打死和饿死、病死的劳工共 1.2 万多人，其中崖县本地劳工 10120 人，在黄泥岭东面 50 米的一片坡地上形成"田独万人坑"。（冀－1160 页，龙建武）

【陵水县港坡村惨案】1939 年 9 月 2 日夜晚，日军包围了我抗日革命根据地港坡村，由于村民每天夜黑都出屋隐藏到苦气岭上的丛林里，日军在村中扑了空，于是摸黑悄悄地在村外寻人。在船上未入睡的村民发现日军，跳水潜逃进山林向村民报警，尾追的日军把苦气岭北边的红石岗围住，先是杀死了70多岁的村民林石泰，然后缩小包围圈，见人就杀，因天亮后目标明显，村民很少逃脱，共有352人惨遭杀害，然后日军又闯到村里烧毁了全村房屋。（冀-1162页，龙建武）

【东方县旦场村惨案】1939年9月23日，日军100多人包围了"宁做断头鬼，不当亡国奴"的旦场村，把不当顺民不领"良民证"的人一律杀害。日军从1939年9月23日至1944年9月初，先后4次到旦场村屠杀，共杀害120多人，强奸轮奸妇女10多人，烧毁房屋38间。（冀-1163页，龙建武）

【临高县新盈镇惨案】1939年9月25日上午，日军从新盈港海道登陆，占领了临高县一带，并在新盈镇设立司令部，专事屠杀中国人。新盈司令部所辖四周日军据点，天天在据点周围各村抓人杀人。日军在双岗村强奸妇女100多人；在和合村以搜查共产党员为由，杀害村民300多人，烧毁房屋80多栋；在头洋村杀害村民30多人，烧毁房屋180多间；在鲁倪村杀害30多村民；在和饱村等地杀害村民100多人，烧毁房屋230多间；并烧毁头嘴、新盈等港口渔船20多艘。（冀-1164页，龙建武）

【万宁县燕乌洞惨案】1939年10月14日晨，驻万宁县城的日伪军100多人到龙滚一带扫荡，正巧国民党抗日游击队在龙滚乡乐礼村征粮，突然发现日军来袭，慌忙开了两枪后立即撤退。日军即疯狂地对乐礼、文郎、福山等10多个村庄进行报复。村民闻讯急忙离家逃向海边山钦岭燕乌洞，该洞洞内既长且宽深，能容纳400多人。日军追到燕乌洞，先向洞内喊话，见无人应答，就向洞内扔进了十几枚手榴弹。因洞直无弯度，人多拥挤，400多村民全

部被日军炸死。在清理尸堆时，仅发现一名小孩邢福源尚存一息，经抢救得以生还。（冀-1164页，龙建武）

【万宁县西截村惨案】1939年10月19日晨，驻万宁县日军利用汉奸制造偷船事件，却诬陷为西截村村民所为，以此为借口包围了西截村。日军围村后，见人就杀，不分男女老少一个不留。仅3个多小时，日军就杀害了115人，有30户被杀绝。（冀-1166页，龙建武）

【汀迈县龙楼等村惨案】1939年11月至1943年冬，日军在汀迈县进行大扫荡，在新吴乡龙楼村杀害村民8人，烧毁房屋124间；在沙土峒13个村庄杀害村民1300多人；在仁兴乡灵地村杀害村民200多人。在汀迈县坡尾赤浮岭医院杀害中共琼崖纵队伤病员100多人。（冀-1166页，龙建武）

【陵水县龙板村惨案】1939年12月的一天清晨，日军包围了黎寨龙板村，因该村四周早年为防匪栽满了密密层层的刺竹，仅留下一两处通往村外的路口。日军封住路口，造成村民难以外逃，全村仅7人逃出村外，其余男女老少均被赶到村边一块坡地上。日军逼迫村民挖好一个大坑，把全村100多名黎族老少驱赶进坑里用大刀砍、刺刀挑、枪击杀害，并烧毁了全村所有房屋，把龙板村变成一片废墟。这一天，陵水县呏号镇的新坡、旧娘园、伸根坡、挑丛等黎族村寨也有30多人被杀害，130多间房屋被烧毁。（冀-1167页，龙建武）

【昌江县石碌铁矿劳工惨案】1940年3月15日至1945年8月，日军侵占昌江县石碌后，即着手进行开采铁矿。他们共招募劳工24万多人，其中从朝鲜、印尼、印度等国招募劳工 2.5 万多人。这些劳工分别从事为铁矿服务的公路、隧道、矿井、建房等工程，每天劳作 11～13 个小时。每人每天只有 3 两米，其余常用番薯或番薯干代替，睡的是潮湿的工棚。繁重的劳累、饥饿，非人性的残暴管理，恶性传染病等因素，造成工人成批死亡。日军在石碌铁矿西桥处、矿山钢铁厂高炉处设置了两个焚尸坑，将死亡的劳工运到两处用汽油焚尸。六年间，劳工因饿死、病死、打死、活埋、烧死的不计其数。至 1945 年，平均每天死人达 8 人之多，至日本投降时，全矿仅存 5800 多人。（冀－1169 页，龙建武）

【陵水县朝拜山村惨案】 1940 年 7 月 23 日凌晨，日军包围了朝拜山村，把村民男女老少 100 多人赶到村中一棵大榕树下事先挖好的 7 个大坑旁，逼问是谁破坏电线杆。见无人回答，日军就用刺刀将村民捅杀，把尸体推入坑中，当日共有 104 人被杀害。（冀－1171 页，龙建武）

【八所港劳工万人坑惨案】 1940 年 3 月 15 日，日军占领石碌，开始兴建石碌至八所的铁路和八所港。他们从上海、广州、江门、汕头、台湾、香港、澳门等地抓捕、强征劳工，加上英国、印度、加拿大等国的战俘，共 2 万多人被其驱赶到此地。进场的劳工立即失去人身自由，每 500 人编为一团组，衣服上印上编号，住的是"猪仔棚"，每人每天吃 3.6 两大米和 6 两红薯干混煮的饭团，每天要干十多个小时的活，凡怠工、逃跑者均予以残酷处死。由于饿、累、传染病、酷刑折磨，造成劳工成批死亡。日军先是将死亡的尸体在医院里焚烧，后因人数太多，就在港口东南野外掩埋，从而形成了"万人坑"。（冀－1172 页，龙建武）

二、侵华日军在中国制造的部分惨案 1062 例

【文昌县昌文村烧活人惨案】1941 年 3 月 18 日拂晓，日军从琼海县长坡据点到文昌县重兴乡昌文村抓捕伏击日军汽车的八路军。他们把全村老百姓赶到李氏祠堂，祠堂大门架着机枪，日军和汉奸抱来许多干柴，浇上汽油焚烧，顿时大火冲天，祠堂变成一片火海，107 个村民被活活烧死，烧毁房屋 36 间。（冀－1174 页，龙建武）

【乐会县坡头乡三村惨案】1941 年 5 月 13 日拂晓，日军包围了乐会县坡头乡上岭园、边岭和坡头村，以查"良民证"为由抓捕青壮年。日军在这三个村杀害 129 人，强奸妇女多人，烧毁瓦房 132 间。（冀－1175 页，龙建武）

【定安县大河等四村烧活人惨案】1941 年 8 月 25 日晨，驻黄竹据点的日军包围了大河、后田、牛耕坡和周公 4 个村，共抓捕 110 个村民，分别关押在大河、后田、牛耕坡村的 3 间大房内，他们将房门上锁，机枪对着门窗，然后向房内泼洒大量汽油点火焚烧，对破门出逃者一律射杀。上述 4 个村共被日军枪杀、烧死 109 人，烧毁房屋 118 间。（冀－1175 页，龙建武）

【乐会县北岸、大洋村惨案】1941 年 6 月 25 日晨，驻嘉积市日伪军认为乐会县的北岸、大洋两村都有八路军，于是派出近 400 人的兵力将其包围，进村后见到老百姓就杀。当天日军共杀害 499 人，其中包括 130 名过路的外乡人，烧毁瓦房 40 多间，财产及牲畜被掠夺一空。（冀－1176 页，龙建武）

【琼东县江湖乡三村惨案】1941 年 10 月 17 日晨，驻嘉积市日军认定川教村、田独村、江湖村都是不当"顺民"的村子。日军以验"良民证"为由对这 3 个村子进行

扫荡，杀害了田独、江湖、川教3个村村民180多人，把所有房屋烧得清光。（冀－1177页，龙建武）

【屯昌县羊角岭矿工惨案】 1942年至1945年8月，日军在屯昌县羊角岭开采水晶矿，共招募矿工2000多人，全部是来自屯昌县各村的农民。他们逼迫矿工住茅草房，每日两顿饭，每顿饭只吃同2个拳头大小的饭团和一小块拇指大的咸鱼，但每天要挖矿12个小时以上。劳累、饥饿、瘟疫、刑罚等造成矿工死亡率达80%，共死亡矿工1600多人。（冀－1179页，龙建武）

【琼中县岭门墟惨案】 1942年3月，日军飞机轰炸黎族、汉族农副产品聚散地岭门墟，炸死居民20多人，炸伤50多人，炸毁店铺多间。日军向岭门墟进犯途中在鸡菊村杀害村民100多人，强奸妇女30多人，日军在向岭门地区进犯时杀害村民达300多人。1943年，日军在琼中县湾岭镇修建据点炮楼等工程，强征附近村庄民工1000多人，其中被日军砍头杀害100多人。从1942年至日本投降期间，日军在岭门墟地区共杀害村民500多人。（冀－1180页，龙建武）

【文昌县机枪扫射惨案】 1942年9、10月间，日军在文昌县东北平原各村庄采取"拉网捕鱼"、"箆子捕虱"战术，把东阁乡流坑村、流翠村300多人网住，逼问："谁是共产党？谁是干部？……"村民无一作声，结果全部被日军用机枪扫射杀害。日军在罗豆乡秀田村把柴草浇上汽油活活烧死了100多名村民。日军在文昌县北部大扫荡，杀害了无辜老百姓3700多人，烧毁房屋7000多间。（冀－1182页，龙建武）

【文昌县南阳乡把女孩剁成6块、刺刀捅阴道

惨案】1942年11月10日至1943年4月19日的151天里，日军对南阳乡琼文抗日根据地进行"蚕食"、"扫荡"。5个月里，日军杀害南阳乡老百姓1549人，200多名妇女被强奸，烧毁房屋1457间，18个村庄变成废墟。1943年1月5日，日军在托盘坑村把一个2岁女孩剁成6块，把一个6岁男孩劈成两截。1943年2月7日，日军在美文山村轮奸6名妇女，奸后用刺刀插进其阴道乱捅致死。（冀－1183页，龙建武）

【文昌县石马村锅煮活小孩惨案】1943年2月20日夜，日军700余人以"围剿"抗日人员为名，包围石马村。日军分为杀人和烧房两组，杀人组把潘光孝家3个小孩中的两个大的用刺刀挑死，接着残忍地把最小的年仅3岁小孩丢进大铁锅，盖上锅盖，烧火煮死。日军在石马村共杀害130多人，强奸妇女多人，烧毁房屋380多间。（冀－1184页，龙建武）

【保亭县南林乡惨案】日军自1943年开始，从各地农村抓捕农民修筑三亚至南林山区的公路。1943年3月12日中午，日军突然包围什助村，声言要抓逃跑的修路民工，把村民李亚养、吉亚义等15人用一束手榴弹炸死在一间屋子里。1944年1月5日，日军抓住逃跑的民工吉亚德等4人，将其砍头杀害。同年9月，日军在南通村，挖了4个土坑，把患病、被酷刑折磨得断手、断脚的劳工和战俘80多人赶进坑里烧死。1945年8月，日军宣布投降撤离南林乡前，把军用仓库八道坑炸毁，库里的工人同时被炸死。日军在南林乡杀害劳工共144人。（冀－1185页，龙建武）

【乐会县长仙乡惨案】1945年4月12日晨，日军为报复日军据点一名携枪向下埇、长仙保的抗日队伍投诚的翻译官，调动了3个据点的人马围剿长仙乡的坡村、长仙、三古、南桥等9个村庄，抓捕了700多名青壮年押到中原镇的日军据点，将其扒光衣服，三五人一串捆绑起来，押到燕岭坡预先挖好的大坑边将其砍头杀害。日军士兵杀得累了，又把两个农民贴身绑好，用刺刀一捅两个。另一部分日军同时在上述9个村杀害了200多人，总共约有1000人被杀害，烧毁房屋127间。为悼念无辜死难同胞，后人在燕岭坡建起了一座"千人墓"。（冀－1188页，龙建武）

【万宁县月塘村惨案】 1945年5月2日夜，盘踞在万城据点的日伪军300多人包围了我党领导的抗日组织驻地月塘村。进村后挨门逐户杀人，村民有的被捅死，有的被砍头，日军对逃跑的人就用机枪射杀。仅仅4个多小时，日军就杀害村民286人，烧毁房屋70多间。（冀－1188页，龙建武）

【日军在三亚开办"慰安所"的罪行】 日军占领海南岛崖县（今三亚市）的6年中，共建立"慰安所"11间，共有"慰安妇"270人左右，平均每间"慰安所"有"慰安妇"10～20人，勤杂人员10个左右。在尊道一村占用陈家民房建立的"华南庄"中有"慰安妇"30人，专供军官享受；占用林家民房建立的"崖泉庄"中有"慰安妇"20人，供士兵享用；占用西关村张氏祖庙建立的"清水租"中有"慰安妇"20人供工兵享用。（冀－1188页，龙建武）

25. 日军在重庆市制造的部分惨案

【重庆市遭大轰炸惨案】1937年12月13日南京沦陷后，国民党政府迁都重庆，日本侵略者为逼迫蒋介石投降，将重庆市变成了以武力迫降中国的重心之地。1938年10月4日上午，日军飞机首次轰炸重庆。同年12月26日，日军出动飞机22架再次轰炸重庆市。1939年5月3日中午，日军出动飞机36架次轰炸重庆长江北岸大梁子、左营街、苍平街、都邮街、一牌坊、储奇门、太平门、商业场、神仙口、陕西路、西四街、朝天门、玛瑙溪等地，市区人口稠密、工商业繁华的27条街道中有19条被炸。同年5月4日，27架日军飞机又一次轰炸市区，把都邮街、大梁子、夫子池、七星岗一带炸成火海，大火烧续多日，整个市区毁于一旦，街道上遍布死尸，死者的手、脚、腿、头颅、腹脏等器官被炸飞挂在电线、树枝上，触目惊心，惨不忍睹。这几次轰炸共炸死市民3991人，炸伤2287人，炸毁房屋4871栋，全市37家银行有14家被炸毁，经济和物资损失惨重。同年12月27日，日军飞机轰炸了北碚，复旦大学教务长被炸死。据统计，1939年日军飞机共轰炸重庆34次，出动飞机865架次，炸死市民5247人，炸伤4196人，炸毁房屋6599栋。

1940年6月11日，日军出动飞机126架轰炸重庆市，炸死居民64人，炸伤172人。12日，日军出动飞机117架轰炸市区，炸死平民222人，炸伤463人，炸毁房屋1112栋。同月16日，日军出动飞机117架轰炸市区，炸死平民286人，炸伤108人，江北区和金陵兵工厂遭到毁灭性破坏。8月19日，日军出动飞机135架次轰炸重庆，炸死平民181人，炸伤132人，炸毁房屋2194栋。同月20日，日军出动飞机126架轰炸市区，炸死平民133人，炸伤148人，炸毁房屋5921栋。1940年5月18日至9月4日，日机总计轰炸重庆80次，出动飞机4722架次，投弹10587枚，炸死平民4149人，炸伤5411人，炸毁房屋6952栋。

1941年6月5日，日军飞机轰炸重庆，造成躲进"和平大隧道"内数千人在防空洞中窒息死亡的大惨案。1941年日军总计出动飞机3495架次轰炸重庆，炸死平民2448人，炸伤4448人，炸毁房屋5793栋。从1938年10月4日至1943年8月23日，日军共出动飞机10000多架次轰炸重庆，总计炸死平民11844人（不包括"和平大隧道"内窒息死亡人数），炸伤14055人，炸毁房屋17608栋，造成市面街道店铺等建筑物彻底毁坏，此即日军制造的轰炸重庆大惨案。（冀-1193页，王建西　杨耀健　王启泰；辽大-440页，谯大俊）

【开县县城惨案】 1940年6月25日至1944年12月19日，日军出动飞机28架先后4次投弹200多枚轰炸开县县城，炸死居民210多人，炸伤457人，炸毁房屋241间。（冀-1216页，李方伟）

【梁平县城惨案】 1938年10月4日至1944年12月27日，日军出动飞机81架次轰炸梁平县城，共投掷爆破弹2568枚、燃烧弹和细菌弹2882枚，炸死居民1708人，炸伤773人，炸毁房屋5069间。（冀-1218页，田光国）

【云阳县惨案】 1940年8月17日至1941年8月30日，日军出动飞机61架先后6次轰炸云阳县城及周边乡村，投弹360多枚，炸死居民450多人，炸伤300多人，炸毁烧

毁250多间，造成经济损失近1000万元（法币）。（冀-1220页，汪周宪　黄新民）

【巫山县城惨案】 1939年7月12日至1941年8月17日，日军出动飞机125架，先后11次轰炸巫山县县城，投弹650多枚，炸死居民300多人，炸伤370多人，炸毁房屋1000多间，损失食盐184包，其余物资损失无数。（冀-1223页，罗光楣　李常明）

【涪陵县城惨案】 1939年6月16日至1941年8月11日，日军出动飞机75架，先后8次轰炸涪陵县城，投弹172枚，炸死居民351人，炸伤227人，炸毁房屋5390栋，造成经济损失100余万元（法币），使5000多口人无家可归。（冀-1224页，方蒲）

【南川县城惨案】 1939年10月13日至1940年7月28日，日军出动飞机73架，先后4次轰炸南川县城，投弹492枚，炸死居民221人，炸伤228人，炸毁房屋1334间，造成经济损失326万元（法币）。（冀-1226页，吴南　张怀迅）

26. 日军在四川省制造的部分惨案

【成都市惨案】 1938年11月8日，日军出动飞机18架首次轰炸成都市，11时40分向外北凤凰山机场投弹56枚、向外南红牌楼空军训练基地投弹46枚，炸死2人，重伤2人，震倒民房数间，烧毁房屋多间。1939年6月11日，日军飞机27架轰炸成都市区，炸死市民226人，炸伤432人，炸毁房屋4709间。同年11月4日，日机54架再次轰炸成都市区，炸死市民 16 人，炸伤 18 人，炸毁民房 62 间。从 1938 年 11 月 8 日至 1941 年 8 月 11 日，日军共出动飞机 596 架次，投弹 1420 枚，炸死成都市民（含医务救护人员）1549 人，炸伤 2648 人，炸毁房屋 6343 间，经济损失 300 多亿元（法币），成都市区内的盐市口、东大街、提督街、顺成街、西大街等 89 条繁华街巷被炸成焦土。（冀－1206 页，姜梦弼　陶宏能）

【崇庆县机场惨案】1940 年 6 月 15 日，5000 多名民工正在崇庆县王场国民党新建机场工地中施工，日军飞机突临上空进行低飞轰炸，人员四下逃跑躲藏，但仍被炸死 80 余名民工。（冀－1211 页，杨文泽）

【泸州城惨案】1939 年 1 月 14 日至 1943 年 7 月，日军出动飞机百余架先后 6 次轰炸泸州市区，炸死市民 1530 多人，炸伤 1800 多人，炸毁房屋 7660 多栋，该市主要街巷和店铺均化为灰烬，财产损失 2000 万元（银元）以上。（冀－1212 页，刘志翔）

【合江县城惨案】1940 年 8 月 16 日上午 11 时许，日军出动飞机 20 余架经合江县上空向泸州方向飞去，从泸州返回时排成"一"字形，分组向县城俯冲，投下多枚炸弹并低空扫射，造成 500 多人死伤，炸毁、烧毁房屋 2000 余间，占全县城房屋总数的 2/3。（冀－1213 页，张中庠　张学廉）

【乐山县城惨案】1939 年 8 月 19 日至 1941 年 8 月 23 日，日军出动飞机 43 架先后两次轰炸乐山县城，计投弹 146 枚，炸死居民 849 人，炸伤 410 人，炸毁房屋 3100 多栋，炸毁大小街巷 27 条，造成经济损失 2 亿元（法币）以

上。(冀-1213页,吴琼芳 江岚)

【万县县城惨案】 1939年1月4日至1943年8月24日,日军出动飞机472架先后19次轰炸万县县城,投弹2200多枚,炸死居民1381人,炸伤1138人,炸毁房屋6033间,造成财产损失700多万元(法币)。(冀-1214页,陆露峰 金娅兰)

【奉节县城惨案】 1939年6月28日至1941年8月11日,日军出动飞机先后4次轰炸奉节县城,投弹630多枚,炸死居民979人,炸伤1139人,炸毁房屋1660多间,县城主要街巷变成一片焦土。(冀-1222页,夔民)

【自贡市惨案】 1939年10月10日至1941年8月19日,日军出动飞机476架7次轰炸自贡市城区,投弹1500多枚,炸死居民366人,炸伤672人,炸毁房屋2620多间,财产损失2400多万元(法币)。(冀-1227页,何元文 杨子)

【富顺县城惨案】 1940年8月17日上午9时许,日军出动飞机27架轰炸富顺县城,投弹100多枚,炸死居民140多人,炸伤145人,炸毁房屋700多间,市内的万寿寺、南华宫、简家巷等多条街道被炸毁,财产损失(法币)500多万元。同日上午11时许,日军出动飞机9架再次轰炸该县城,投弹28枚,炸死居民40余人,重伤127人,后因抢救无效死亡50余人,炸毁房屋700多间。(冀-1228页,苏铁生 陈家芸 梁官臣)

【宜宾县城惨案】 1939年10月20日至1944年底的5年间,日军出动飞机153架11次轰炸宜宾县城,投弹1073枚,炸死平民117人,炸伤126人,炸毁房屋170余间,把县城南街、外南街、栈房街、合江门街、南福街、

大扁担街、小鼓楼街等 38 条街巷炸得房倒屋塌、残垣断壁。（冀-1230 页，陈星奎）

【南充县城惨案】 1940 年 5 月 18 日至 1941 年 7 月 27 日，日军出动飞机 64 架先后 3 次轰炸南充县城，投下 53 枚重型炸弹，炸死居民 1300 多人，炸伤多人（未能进行登记），炸毁房屋 2300 多间，正南街、簧墙街、四桂坊、学院街等主要街巷全部被炸毁，造成财产损失共计 372192 元（法币）。（冀-1230 页，林维明）

【广安县城惨案】 1940 年 7 月 23 日至 9 月 3 日，日军出动飞机 89 架先后 3 次轰炸广安县城，投弹 219 枚，炸死居民 101 人，炸伤 169 人，炸毁房屋 410 栋，造成的财产损失计 25 万元（法币）。（冀-1232 页，李正明）

【阆中县城惨案】 1940 年 7 月 27 日至 1941 年 8 月 29 日，日军出动飞机 94 架先后 3 次轰炸阆中县城，投弹 900 多枚，炸死居民 250 多人，炸伤 430 多人，炸毁房屋 785 间、302 幢（总计毁房数千间）。（冀-1233 页，李正明）

【三台县城惨案】 1940 年 7 月 10 日上午 11 时许，日军出动飞机 27 架轰炸三台县县城，低空扫射并投下数十枚炸弹，把县城东岳庙、新西街、正北街、府堂街、宁靖街、陕西街等 28 条主要街巷炸毁，炸死居民 99 人，炸伤 127 人，炸毁房屋 580 多间。造成财产损失近千万元（法币）。（冀-1234 页，钟利戡）

【渠县县城惨案】 1940 年 8 月 21 日至 1941 年 7 月 30 日，日军出动飞机 63 架 2 次轰炸渠县县城，投弹 94 枚，炸死居民 413 人，炸伤 200 多人，全城 400 多家房屋被炸

毁，万石仓储备的军粮毁之一炬，共损失粮米 400 石，财产损失数亿元（法币）。（冀－1235 页，文世安）

【隆昌县城惨案】 1940 年 8 月 2 日午后 1 时许，日军出动飞机 5 架分 3 批轮番轰炸隆昌县城，投弹 119 枚并低空扫射，共炸死居民 166 人，炸伤 195 人，炸毁房屋 637 间，财产损失 50 万元（法币）左右。（冀－1237 页，赵嘉祯）

27. 日军在贵州省制造的部分惨案

【贵阳市惨案】 1939 年 2 月 4 日上午，日军出动飞机 18 架轰炸贵州省省会贵阳市，投弹 200 余枚，把中山东路、中山西路、大十字路、富水中路、正新街、打鱼街、观音寺、马棚街炸毁，炸死市民 488 人，重伤 735 人，轻伤不计其数，炸毁房屋 1326 间，财产损失 3380 万元（法币）以上。（冀－1241 页，陈克炜整理）

【贵州省惨案】 1938 年 9 月 25 日至 1942 年 10 月 1 日，日军出动飞机 130 多架，先后 17 次轰炸贵州省贵阳市、独山县城、八寨县（今丹寨县）县城、三合县（今三都县）县城、安龙县城和贵阳市郊区，投弹 350 多枚，炸死无辜百姓 534 人，炸伤 777 人，炸毁房屋 1616 间。（冀－1241 页，陈克炜整理）

【荔波县惨案】 1944 年 11 月 25 日至 12 月 4 日，日军侵占荔波县城，烧杀抢掠强奸妇女无恶不作。在县城及全县 13 个乡（镇）杀害老百姓近 2000 人，打伤 3000 多人，烧毁民屋 7000 多间，宰杀耕牛 7000 多头、马 300 多匹、猪 15000 多头、家禽数万只。抢走稻米 30 万石以上，造成 5 万多亩农作物颗粒无收，使 2 万多人无家可归。（冀 -1243 页，陈克炜整理）

【三都县惨案】1944 年 11 月 27 日至 12 月 5 日，日军侵占三都县城，见人就杀，见房就烧，在九阡村打死群众 13 人，打伤 7 人，烧毁房屋 253 间。在三洞乡打死、毒死 30 多人。在姑罗、新寨、岔河口等村寨打死打伤群众 6 人，烧毁房屋 84 间，烧毁粮食 10 万多斤，屠杀耕牛和猪 100 多头。日军在三都县境内共打死群众 119 人，打伤 180 人，造成财产损失 400 多亿元（法币）。（冀 -1243 页，陈克炜整理）

【独山县城惨案】1944 年 11 月 30 日至 12 月 4 日，日军 4000 多人侵占了独山县城，共杀害群众 19880 人，强奸妇女 40 多人，烧毁房屋 16000 多间，财产损失 361 亿元（法币）。（冀 -1244 页，陈克炜整理）

【丹寨县城惨案】1944 年 12 月 2 日至 4 日，日军侵占丹寨县县城，烧杀抢掠、拉丁抓夫、奸淫妇女，无恶不作。打死打伤居民近百人，烧毁房屋 235 间，造成财产损失法币 5 亿多元。（冀 -1245 页，无作者署名）

【独山县城洞口爆炸惨案】1944 年 12 月 4 日下午 5 时许，一股日军把抓来的 20 多名妇女带入县城东高 1 丈多、宽 3 丈多、深不可测的石洞内强奸。洞内一片漆黑，日军点火照明时引起爆炸，洞内 20 多名受蹂躏的妇女及在洞口附近避难的几十名难民全部遇难。震毁洞外房屋数十间，近百人受伤。（冀 -1246 页，无作者署名）

28. 日军在云南省制造的部分惨案

【昆明市惨案】1938年9月28日至1943年12月22日五年间，日军出动飞机1311架先后67次轰炸云南省会昆明市，投弹1742枚，炸死无辜民众1430人，炸伤1717人，炸毁房屋14990间。（冀－1249页，孙锐）

【红河州惨案】1939年4月13日至1942年10月27日，日军飞机对红河州蒙自县城、蒙自机场、湾塘火车站、开远县城、个旧县城、建水县城先后进行21次轰炸，炸死无辜民众830人，炸伤1053人，炸毁房屋3361间。（冀－1250页，蒲元华）

【文山州惨案】1940年2月2日至1941年6月24日，日军出动飞机62架先后11次轰炸文山州属西畴县城、马关县城、富宁县城、文山县城、广南县城，投弹90多枚，炸死居民347人，炸伤300多人，炸毁房屋500余间。（冀－1250页，孙锐）

【大理州惨案】1941年7月15日至1943年10月25日，日军出动飞机22架先后6次轰炸大理州属大理县城、祥云县城、祥云机场、大理下关等地，投弹多枚并低空扫射，炸死居民458人，炸伤409人，炸毁房屋60余间。（冀－1251页，蒲元华）

【德宏州惨案】1942年5月3日至1944年6月，日军第56师团从缅甸踏进我西南国门，我德宏州数十万汉族和少数民族同胞落入日军魔掌。日军在侵占德宏州2年零8个月的时间里，烧杀抢掠、强奸妇女，罪恶累累，罄竹难书。日军先后在畹町镇、潞西县芒市镇、梁河县芒东村、盈江县旧城、芒满寨陇川县城、盈江县芒允镇6县城乡杀害傣族同胞1359人，烧毁房屋4865间，抢走粮食20万箩，在潞西县抢粮13万斗，抢走牛4972头、马7305匹、猪23817口。（冀－1251页，蒲元华）

【保山县城惨案】1941年1月3日至1944年10月3日，日军出动飞机40多架先后8次轰炸保山县城，炸死居民3953人，炸伤578人，炸毁房屋2205间。因尸体无人掩埋，腐烂发臭，不久发生了霍乱、鼠疫等烈性传染病，蔓延至附近城乡，并持续数月，造成保山县死于传染病者达60000余人。（冀－1253页，丁蜀滇）

【保山县松山乡铁丝穿锁骨惨案】1942年5月5日，日军第56师团第113联队在怒江惠通桥被国民党第71军第36师打败，日军退至松山乡盘踞，修碉堡筑工事，待机向保山县和昆明市进犯。日军在松山盘踞2年多时间，对松山18个自然村245户人家进行烧杀抢、奸淫妇女。日军在白泥井、大湾子、蚂蝗水、松山寨子、小水沟、永兴寨等18村杀害老百姓45人，他们把白泥井村农民杨富朝和大湾子村段金凯，用铁丝穿透锁骨，将2人装入麻袋，放进汽油桶里活活煮死。奸淫妇女20多人，烧毁和拆毁房屋230间。日军的残酷烧杀造成民不聊生，各地因病饿造成504人死亡，29户人家死绝。（冀－1254页，蒲元华）

【泸水县栗柴坝渡口机枪扫射惨案】1942年5月19日，日军第56师团第148联队80名日军由北斋公房翻灰坡山窜犯怒江，截击从缅甸撤退回国的中国远征军。日军发现在泸水县境内栗柴坝渡口有等待过渡的200多名华侨难民，即对其进行三面包围，把华侨难民赶到江边，用

机枪扫射，200多名华侨难民全部被残杀。（冀－1255页，丁蜀滇）

【泸水县蛮云乡惨案】1942年5月19日，日军侵占蛮云乡，将此商业集散地变成军事据点，在蛮云乡杀害村民200多人，纵火烧毁蛮云街100多间房屋，造成许多居民无家可归，烧毁粮食等财产难以计数。（冀－1256页，蒲元华）

【腾冲县煮活人油炸活人气枪插阴道打气胀死人惨案】1942年5月10日至1944年9月14日，日军第56师团少将水上源藏部队侵犯腾冲县。在2年零4个月时间里，日军在全县各乡村进行烧杀抢掠、强奸妇女，其手段之残忍，罄竹难书：在保家乡，日军把抓住的数名老百姓用刺刀逼迫其脱掉裤子，从肛门拉出大肠头，拴在甩杆尖上，一放甩杆，肠子被一串一串拉出来致死；把上北乡保长戴广仁和张德纯用滚油烹炸致死；把卜川乡长杨炳云扔进沸腾的铜锅中活活煮死；把上北乡第四保长张启福用锯子将身体分解，并锯下其首级悬示村外。1944年6月，在曲石徐家寨的紫薇花树林里，将俘获的6名中国军人，分别用铁丝绑在树上，用3把大锯肢解，有2人被锯成两半，一半瘫在树下，一半被铁丝捆着手臂粘在树上；其中一人被日军从头中心锯到脖根，脑壳一分两半耷拉在肩膀上；另有两人被从头锯到腰部，血肉模糊；日军士兵还用刺刀从一名村民的太阳穴扎进去，将其人头钉在树上，尸体则被其用刺刀剁成肉泥。日军还在保家乡奸污妇女128人，奸后用刺刀捅死2人，用气枪插入阴道打气胀死3人。据不完全统计，日军在腾冲县共杀害老百姓6400多人，烧毁民房24000多间，抢掠粮食6000万斤，抢走牲畜5万多

头，财物损失（法币）50亿元。（冀－1256页，蒲元华）

【腾冲县中和乡炒人心肝吃惨案】 1942年7月13日，日军第148联队到中和乡扫荡，用机枪扫射杀害39人，还把村民民寸长宝和李光华二人的心肝用刺刀挑出来炒熟吃掉。（冀－1257页，李硕）

【腾冲县碗窑乡惨案】 1942年8月21日，日军第148联队到碗窑乡扫荡，在碗窑乡各村共杀害137人，其中有13名妇婴。（冀－1257页，李硕）

【龙陵县头顶灌水银惨案】 1942年11月5日，驻黄草坝的日军第50师团第113联队100多人去藏叶坝扫荡，在10多个寨子中疯狂地搜查抗日游击队。把湾塘寨子匡开文扒光衣服用稻草包裹捆扎，泼上汽油烧死。把新寨村农民赖德有的头顶锥通一个小洞，用水银灌进其脑子，使其剧痛难忍，慢慢折磨致死。据统计，日军盘踞龙陵县期间，在各乡村共杀害无辜民众6814人，烧毁房屋9618间，劫掠牛11104头、马9568匹、猪27703口，抢劫粮食2482万斤。（冀－1259页，蒲元华）

29. 日军在香港制造的部分惨案

【九龙惨案】 1941年12月8日凌晨，日军飞机轰炸香港启德机场，接着日军第38师团主力渡过深圳河向九龙半岛进攻，开始了侵占香港的战役。1941年12月11日下午，中国守军退守香港，日军于12日上午进占九龙。因战乱被断水、断电、断粮数日的九龙市民，成群结队走上街头，要求日军帮助解决生活问题。日军挺进队认为上街市民全系"暴民",竟以步枪、机枪向手无寸铁的人群进行野蛮扫射,并开炮轰击,数百名市民被日军打死打伤,街上尸体横躺竖卧,鲜血满地,造成数百个家庭家破人亡的惨剧。(冀－1273页,郭贵儒)

【香港惨案】1941年12月25日,英国驻香港总督杨慕琦向日本侵略军投降,日军占领香港后即开始大屠杀。日本侵略军驻香港副总督平野茂后来写了《我们在香港的苛政与暴行》,承认日军对"香港人进行了残酷的掠夺、抢劫、杀人"。他进入港九时,看到"港九的街道还有许多尸骸未曾清理","海面上浮着数不清的死尸"。其中,1941年12月26日下午,十几个日军在香港皇后大道西太平戏院还枪杀了一名老妇。(冀－1273页,黎显衡)

【九龙活人靶惨案】1942年,日军一批新兵调驻九龙日军兵营。日军教官吉田为培养训练新兵杀人胆量,把新兵带到兵营附近的山冈上,把一个年龄约35岁的农民捆在木桩上,使其手、脚不能动弹。教官吉田向新兵们训话后,首先命令士兵深石去练习刺杀,深石端着上了刺刀的步枪走近目标,面对怒目凝视的农民,心里害怕,双手双膝剧烈颤抖。吉田喝令深石退下,换上竹田去刺杀。竹田一枪刺中农民的胸部,拔出刺刀,鲜血直喷,由于没有刺中心脏,农民尚有气息,吉田又命令花井补刺一刀,这名农民当即死亡。(冀－1274页,黎显衡)

【香港妇女遭强奸惨案】1942年1月初,香港中环一间米店开市营业,日军为维持秩序,在米店外拦上一条长绳,逼迫市民凭购米证进入长绳内排队购米。一少妇领着一个3岁小孩越绳而入,被米店的日军哨兵捉住,当众剥去她的上衣和裤子,让她在寒冷的天气中赤身裸体,日军淫笑不止。日军占领期间,在香港大街上遇见"花姑娘"(年轻妇女)就掳走奸污。许多妇女上街为避日军,被迫女扮男妆。日军在街上找不到妇女,便以查户口为名,到各家抢女人。被抓的妇女本人或家属,稍有反抗者即被杀害。1941年12月29日,香港中环俞寰澄家附近的一名妇女一夜之间被日军强奸3次之多。(冀-1274页,黎显衡)

编　后　话

2004年3月，党中央和国务院制定印发了《关于进一步加强和改进未成年人思想道德建设的若干意见》。同年10月24日，全国"五老"队伍建设工作座谈会在郑州市召开，中共中央政治局常委李长春同志发去贺信。他在贺信中强调："'五老'队伍和关工委的同志们是未成年人思想道德建设工作的一支重要力量。在当前全社会大力推进未成年人思想道德建设的大好形势下，希望广大老同志以邓小平理论和'三个代表'重要思想为指导，继续发扬'五老'队伍的光荣传统，充分发挥关工委各成员的特长和优势，为加强和改进未成年人思想道德建设工作做出新的更大贡献。"

我身为在党史岗位服务多年、现已退休的"五老"队伍成员，应该用历史为未成年人思想道德建设做点贡献。为了响应中央领导的号召，我开始自费做调查工作，找了一些在校的小学生、初中生、高中生、职业中专生、大学生，向他们询问对抗日战争时期中国人民对世界反法西斯战争的贡献及侵华日军给中国人民造成的灾难情况。询问之后我惊讶地发现，史学家及党史部门多年来辛辛苦苦调查撰写的侵华日军给中国人民造成巨大灾难的长文厚书，广大青少年却知之甚少。党史部门及专家、历史学者的辛劳果实成了书库存货，书店和书市上销售量很少，互联网上与各地图书馆藏书也很有限，它们并没有变成广大青少年的精神食粮，其利用率和社会效益极低。

◎倭戮略——侵华日军制造的大屠杀事件罪行辑录

　　产生上述现象的原因有很多，我觉得，青少年肩负的学习和工作压力太大，没有时间阅读长文厚书；或者是买不起、买不到有关书籍，这不能不说是原因之一。

　　面对这种现实，使我产生了用精简过的辞条形式来揭露侵华日军罪行的念头，于是在退休后即着手编著《倭戮略——侵华日军制造的大屠杀事件罪行辑录》一书，欲把那些浩如烟海的史料用辞条形式向广大青少年进行普及，将书库存货变成青少年精神食粮。当时我的家庭经济生活比较拮据，祖孙三代5口人居住在只有42平方米的小屋里，冬天生个小土炉子，夏天则酷热难挨；没有办公桌椅，我和孙女共用一桌一椅，白天我写书，晚上她写作业。经过几年的艰苦努力，《倭戮略——侵华日军制造的大屠杀事件罪行辑录》一书终于脱稿，这也是我身为共产党员、国家干部，响应党中央的号召，为青少年的培养教育和成长，自找苦吃，自费编著《倭戮略——侵华日军制造的大屠杀事件罪行辑录》一书的动机。

　　在编著此书过程中，我们得到了中共承德市委党史研究室离休干部陈秉德同志的热情支持，他潜心研究、精心为本书制作了图文相符的封面，并对本书的前言和编辑说明提出了宝贵建议；承德市民政局原局长、退休干部刘宗玉同志则热心地提供了日本友人访问兴隆县的资料。

　　在此我还要特别感谢我的学生王剑同志，他不仅通过 E－mail 对此书的编写多次提出修改意见，而且还一字一句地对本书的内容进行了校正、审定，使之符合出版要求；他还为出版此书多方联系出版部门。更令我感动的是，解放军广州军区原副司令员周玉书中将接到王剑同志亲自递交的书稿后，老将军欣然命笔为本书撰写了"序言"。经过

编后话

王剑同志与其好友刘鸿广同志的不懈努力,终于赢得广州中山大学出版社领导和同志们的大力支持,使此书得以出版、面世。在此我们向上述同志和本书出版单位——中山大学出版社一并表示衷心、诚挚的感谢!

庶人心系国,言行筑邦兴,铭记民族耻,编书育后生。

彭明生
2014 年 12 月 16 日

后 记

51年前的1963年4月5日，清明节。那年我刚9岁，还在承德市文庙小学读三年级。一大早，我们身着白衣蓝裤，系着红领巾，在班主任彭明生老师的带领下，与全市各大中小学校的学生代表一起，到承德市郊水泉沟参加"万人坑"墓揭幕典礼。

塞北的初春，乍暖还寒。那天，阴风阵阵，细雨蒙蒙，白花如雪，哀乐低回，由我国著名词曲作家李劫夫于1945年作词作曲的《忘不了》在空中凄婉回荡："滦河的流水流潺潺，流不尽的愁来流不尽的冤，""忘不了14年前那一天，日本鬼子强把咱热河来占，杀人放火如虎狼，眼泪把铁石也滴穿！"看着脚下被侵华日军杀害的数万抗日军民、平民百姓的累累白骨，生在新社会、长在红旗下的我才第一次知道：我的可爱美丽的家乡，在多年前还有这么一段惨痛的历史！从那年起，每年清明节，我和同学们都在彭老师的带领下，到水泉沟"万人坑"墓前祭奠死难者，让幼小的心灵接受爱国主义教育，直到"文革"爆发……此情此景，让我终生难忘！

自那以后，上中学、上山下乡、参军，直到退役、退休，我每次回承德探家都到母校的院子里看一看，但时隔多年，不仅人事皆非，连当年金碧辉煌的文庙也已经荡然无存，仅剩下一个空落落的院子，彭老师也早已调动了工作。

2000年夏天，我再次探家回到承德。人到中年易怀旧。已经离休的老父亲向我提起彭老师，说每每在街上碰到彭

后 记

老师，他总是打听、询问他当年中意的学生现在可好。听到此言，我内心的愧疚感油然而生。于是，由老父亲带路，我驱车前往彭老师家。

老师的家住在一座普通的旧居民楼里。当年才二十五六岁、风华正茂的老师于今竟已过了花甲之年！分别了34年的师生相见，激动的心情自不必多言。虽然只是下午四点多钟，老师、师母仍盛情将我们父子留下对饮了几杯酒。言谈中，我忆起小时候的旧事，包括清明节老师带我们到水泉沟祭奠情景。我说："这么多年过去了，每到清明节，我就想，不知道有没有人把水泉沟万人坑这段历史写一写？"让我意外的是，老师立刻拿出了一本书送给我看，书名是《罪证——日军在承德街屠杀罪行录》。这是老师前后用了4年多的时间，行程3万多公里，跑遍了北京、吉林、辽宁、河北、内蒙古等五省区的20几个县市，走访了100多名受害者及家属，复印、摘抄了几百万字的资料，终于基本查明了侵华日军在承德制造水泉沟万人坑的史实。《罪证》这一书就是这次研究的结晶，老师还用颤抖的手在扉页上签了名。

看到这本书，我心中感慨万千：没想到我惦记多年的事竟在自己老师的手中完成了。但老师告诉我，这段历史还有很多事情需要写，他将继续写下去，一定要给后人一个完满的交代。

几年后，老师告诉我，他将编写一本辞书，把日寇在中国所犯罪行简要地一一列出，便于史学研究者查阅，更为了让年青一代能在简短的时间内对日寇侵华史有一个概要的了解，并希望在编写的过程中能得到我的帮助。我在受宠若惊之余，深感责任重大。我完全能够想象得出：严寒酷暑中，一套40多平方米的旧屋里，窄小的写字台上，堆满了资料，年近古稀、鹤发童颜的老师在伏案疾书；荒山野岭上，奔走着老师高瘦的身影；不会使用电脑，老师就让自己的女儿、儿子一次次地帮他发送 E-mail 与我研讨……2006年隆冬，《倭戮略——侵华日军制造的大屠杀事件罪行辑录》——这部30多万字、历时两年、凝结着老师心血的专著终于定稿了。承蒙恩师的信任，从那时起，我就为协助恩师为出版此书而奔走。经过多年的努力，终于赢得广州中山大学出版社领导和同志们的青睐，使此书得以出版！我相信，待到这本书正式出版发行时，定会受到史学界的肯定，因为该书和老师所著的《罪证》等专著填补了中国乃至国际抗日战争研究史的空白，具有重要的研究价值。

周玉书老将军是我崇敬的老前辈、老首长。他曾经在中国人民解放军第二十四集团军工作了整整36年，从战士到军长，他从未离开过这支英雄的部队；而从1969年这支部队移防到承德，他整整20年没有离开过这片热土。老将军对我说："我是用双脚走遍了承德的山山水水！"他与承德人民结下了深厚的感情。当我把这本辞书的清样送给老将军时，他对彭明生老师的这种强烈的政治责任感、对历史和未来负责的精神十分赞赏，欣然提笔为此书写了"序言"。

纵观几千年来中日关系发展史，和平友好是主流，是发展的大方向，这是符合中日两国人民长远和根本利益的。可是在日本国内，总是有一部分人企图掩盖、美化直至否认日本侵略中国的罪恶历史，近几年来其右翼势力更是变本加厉，为了配合美国遏制中国的崛起，以"走向正常国家"为借口，企图颠覆战后国际秩序，将邪恶当成神圣，

后　记

把罪行当成善行，不断在侵略历史、慰安妇和中日领海等问题上挑起事端，在复活军国主义的道路上越走越远。这就使包括我们师生在内的中国普通百姓愈发感到决不能湮埋、忘记这段不幸、痛苦的历史，我们有必要、也有责任把承德人民、河北人民直至全中国人民曾经被日寇毫无人性地侵害、蹂躏、屠杀的悲惨历史告诉后人。历史已成事实，它不会因任何改变而改变，它既不容美化，也不容否认和篡改。但这并不意味着要传承仇恨，加深隔阂，而是要"以史为鉴，面向未来"，维护世界和平，防止新的战争发生。对于中日两国来说，和则两利，冲突则两相伤害。只有正视历史，才能更好地走向未来。

2014 年是甲午战争爆发 120 周年，2015 年是中国人民抗日战争胜利 70 周年。120 年前、70 年前笼罩在黄海乃至全中国、全亚洲上空的战争硝烟早已散去，今天的中国已经不是 120 年前、70 多年前那个积贫积弱、任人宰割的国家，今天的世界也不是 120 年前、70 多年前那个弱肉强食的世界了。历史事实不容篡改，国际正义不容藐视，人类良知不容挑战，历史的悲剧更是绝对不能重演。饱经沧桑、历经磨难的中华民族，最热爱和平，也最懂得珍惜和平，我们不仅铭记历史，要更要用历史事实去警醒、遏制军国主义势力的复活，遏制战争，捍卫历史尊严与公平正义，把我们用生命和鲜血换来的胜利与和平保持永远，与周围所有的国家和人民永做好邻居——这是中国人民的善良愿望，也是我们师生编写这本书的美好希冀。

王　剑